JN140072

「記紀」から読み解く

『魏志』倭人伝とその後の倭国

田口紘一
Taguchi Koichi

軍師張政の策と卑弥呼、そして天孫降臨

海鳥社

本扉写真・吉野ケ里遺跡（佐賀県神埼郡吉野ヶ里町）
著者撮影

はじめに

現在、考古学的知見や、『漢書』や『魏書』の情報から言えば、「少なくとも二世紀中頃までは九州から近畿までの西日本を統一した国はなかった」ということでは、異論はなさそうである。『後漢書』に記載されている「倭奴国」（紀元五七年に朝貢）や「倭国」（一〇七年に朝貢）は北部九州の国であり、近畿、吉備、出雲、その他の地域にもそれぞれ国はあったであろうが、「倭国」には含まれていない。四世紀には大和を都とする少なくとも関西以西をほぼ統一した国ができていたことも異論がない。問題は三世紀で、『魏志』倭人伝に記載されている「邪馬台国」が九州の範囲なのか、近畿を含む西日本を統一した国なのかで意見がわかれ、まとまらない状況になっている。

邪馬台国から大和政権成立までは、いまだに闇の中である。『魏志』倭人伝に記述されている邪馬台国の場所はもちろん、女王卑弥呼の死因、宗女壹輿《いよ》があとを継いだのち、どうなったのか、また「記紀」では、邇《に》邇芸命《にぎのみこと》（『日本書紀』では瓊瓊杵尊《ににぎのみこと》）はどうして日向の高千穂に天降りしたのか、いまだに解明されていない。

資料不足で、いわば、式の一つ二つ足りない連立方程式を解くようなもので、いくつかの仮定・仮説を導入しなければ解けない。この仮説が真実でなければ、当然、解も真実ではない。過去に多数の人がそれぞれの仮説を設け、解を求めてきたが、大多数の賛意を得られているものはない状態である。『古事記』や『日本書紀』に記されている事柄は歴史を解明するために重要な要素であるが、その信憑性を疑う人は多い。日本の建国を西暦紀元前六六〇年としており、考古学的見地から大きくはずれているためである。従って、その内容をほとんど否定する人から、かなりの部分は正しいのではないかという人まで、その真実性の評価には大きな幅がある。特に、神話の部分の邇邇芸の天降りに関しては、国譲りの交渉を出雲で行いながら、天降り先は高千穂となっているところなどは、誰も解明していない謎とされている。

最も信憑性が高いと考えられている『魏志』倭人伝においても、それだけでは女王卑弥呼の都の位置もわからないし、卑弥呼の死因や、その後を継いだとされる「壹與」によって狗奴国《くなこく》との抗争は勝利したのか否かもはっきりしない。また、卑弥呼の要請によって邪馬台国に派遣された塞曹掾史《さいそうえんし》張政《ちょうせい》の檄《げき》についてもほとんど解明されていない。

また、歴史は継続しているものであるから、その解明は連続性がなければならない。部分的に説明できても、先に繋がらなくては真実の可能性は少ない。

本書の試みは、その塞曹掾史張政は、優秀な軍師の働きをしたという仮説を設け、主に『日本書紀』『古事記』および「考古学の成果」から邪馬台国と、そのあとの経緯を推測することである。

すなわち本書では、「記紀」に記されている事件や物語は、神話の部分も含めて何かしらの事実を伝えているという見方をしている。

さらに、『日本書紀』『古事記』の内容の大筋が一致していることから、その原資料は同一のものという仮説をたて、それが七世紀初頭、厩戸皇子《うまやどのみこ》と蘇我馬子《そがのうまこ》が共同で作ったと『日本書紀』に記されている『帝紀』

『国記』ではないかという想定のもとに思考を進めたものである。
その結果、今まで謎とされていた事柄を、ほぼ説明でき、邪馬台国のその後の経緯を説明することができた。

田口紘一

二〇一八年十一月吉日

◉目次

第一章　漢倭奴国

「倭人」「倭国」

江戸時代、博多湾に浮かぶ志賀島《しかのしま》で農作業中に偶然金印が発見された。金印には「漢委奴国王」の文字が刻まれていた。一方、中国の歴史書『後漢書』には、建武中元二年（五七）に、光武帝が倭奴国王に「印綬」を与えたことが書かれており、この「印」が志賀島で見つかった金印と考えられている。「倭」は「委」と略することもあるので、「漢倭奴国王」と考えられている。金印に刻まれた「倭奴国」は、どう読むのか、どこなのか、発見当時から議論が続いているが、なお決着がついていない。

邪馬台国の卑弥呼が活躍する前、一～二世紀に、

中国の歴史に名が残っている国として、「倭奴国」と「倭国」がある。『後漢書』倭伝では、次のように記されている。

倭は、韓の東南大海の中に在る。山島に依って居を為す。およそ百余国ある。武帝が朝鮮を滅ぼしてから、漢に使駅を通じる者は三十国ほどある。その国（の首長）は皆王と称し、代々統治している。その大倭王は邪馬台国に居している。楽浪郡《らくろうぐん》の境からその国までは万二千里はなれている。その西北界の狗邪韓国《くやかんこく》までは七千里はなれている。その地はおおむね会稽《かいけい》・東冶《とうや》の東に在り、朱崖《しゅがい》・儋耳《たんじ》に相近い。故にその法・俗は同じものが多い。（中略）

建武中元二年（五七）、倭奴国が朝賀し貢物を

奉った。使人は大夫と自称した。倭国の極南海なり。光武《こうぶ》は印綬を賜った。
安帝の永初元年（一〇七）、倭国王師升等、生口《せいこう》（捕虜または奴隷）百六十人を献じ、謁見を願い請うた。
桓（帝）と霊（帝）の間（一四六～一八九年）、倭国大いに乱れ、こもごも相攻伐し、暦年にわたって主がいなかった。一女子有り、名を卑弥呼という。年長で嫁いでいない。鬼神道に従事し、妖術をもって民衆を惑わすことができた。ここにおいて（彼女を）共立して王と為した。

『後漢書』は『魏書』よりも後に書かれている。したがって、『三国志』「魏書」第三〇巻烏丸鮮卑東夷伝倭人条（通称『魏志』倭人伝）を引用した部分もあると思われる。

「倭奴国」は、金印の発見された場所から、博多湾に面する福岡平野にあったと推測されている。そこは、その後の歴史書から「奴国」という国であり、実際、その当時の遺跡もあり、繁栄していたことがわかっている。そして、次の一〇七年の朝貢時の「倭国王師升等」の記録から「倭国」と呼ばれた国があったことがわかる。

また『三国史記』新羅本紀に「儒理三四年（五七）、脱解王はもと多婆那国の出身で、その国は倭国の東北一千里（四二〇キロメートル）の所にある」という記事がある。多婆那国は丹波国（兵庫県）と考えられているので、倭国が北部九州ならば、その位置関係は正しく捉えられていることがわかる。

『後漢書』に記された「倭国」の認識は、次のように考えられる。

・倭国は三十ほどの小さなクニから成り立っており、その大倭王は邪馬台国に居する。
・倭国の西北界は「狗邪韓国」で、楽浪郡から七千余里の所である。

・「倭奴国」は倭国の極南界にあり、そこまでは一万二千里である。

・二世紀後半、倭国は乱れたが、その後、鬼道・妖術を使う卑弥呼を王に共立した。

「倭国」について『魏志』倭人伝の道程に関する記事を抜き出せば、次のように記されている。

帯方郡より倭に至るには、海岸に沿って水行し、韓国を経て、南や東へして、北岸の狗邪韓国に到る。七千余里。ここで初めて一海を渡り、千余里で対馬国に至る。

また、南に瀚海《かんかい》という名の一海を渡ること、千余里、一大国に至る。

また別の海を渡り、千余里で末盧国《まつろこく》に至る。

東南に陸行すること五百里で伊都国に到る。東南の奴国に至るには百里、東に不弥国《ふみこく》に至るには百里である。

南に投馬国に至るには水行二十日。南に邪馬壹国の女王の都に至るには、水行十日、陸行一月。傍らの位置や人口がよく分からない国が斯馬国など二十一か国あり、その南に狗奴国がある。郡より女王国に至るには一万二千余里である。

国を表す語として、「倭」「倭国」「倭奴国」「邪馬台国」「狗邪韓国」とでてくるが、「倭」と「倭国」は同一とみなしても差し支えなさそうである。そして「倭国」とは「狗邪韓国」や「邪馬台国」といった小さなクニをまとめ大倭王が支配する国であることがわかる。

まず、倭国の中の小さなクニ「狗邪韓国」について検討してみよう。

狗邪韓国について

狗邪韓国については、ここから海を渡って、千里で対馬に着くというのであるから、狗邪韓国は朝鮮半島南端部にあると考えられる。

朝鮮半島にあり、しかも「韓」の文字が入っているので、そこは倭国ではないという見解の人が多い。しかし、『三国志』「魏書」弁辰伝には「弁辰には十二国あり、国は鉄を産出し、韓、濊《わい》、倭など皆、これを採りに来る。諸貨の売買には皆、鉄を用いる。中国で銭を用いるがごとくである」とある。

また「弁辰の瀆盧《とくろ》国は倭と接している」とある。『後漢書』韓伝（范曄《はんよう》の撰、五世紀前半）に、「韓には三種がある。馬韓は西に在り、五十四か国あって、その北は楽浪に、南は倭に接している。辰韓は東に在り、十二か国、北は濊貊《わいばく》に接する。弁辰は辰韓の南に在り、また十二か国、南は倭と接している」とある。

このように種々の書で、韓の国の南は倭と接するとしているので、朝鮮半島の南端は倭であると考えるべきである。特に『後漢書』韓伝では、「馬韓の南も、弁辰の南も倭である」としているので、朝鮮半島南岸はかなり広い範囲が倭であると書かれている。

弥生人は中国長江中・下流域の米作地帯から米作技術をもって北に移動し、山東半島から朝鮮半島中・南部にわたり、そこから北九州に渡ってきたというルートが最有力視されている（寺澤薫著『王権誕生』講談社、以後引用「寺澤薫」はこの書を指す）。それは、紀元前一千年ころからはじまり、紀元後も続いたとされる。

このように、弥生人は、長い年月をかけて朝鮮半島を伝わって日本へ移動してきたという大きな流れの中で、この時代、倭種の人たち（弥生人）がまだ朝鮮半島に残っていたとしてもおかしなことではな

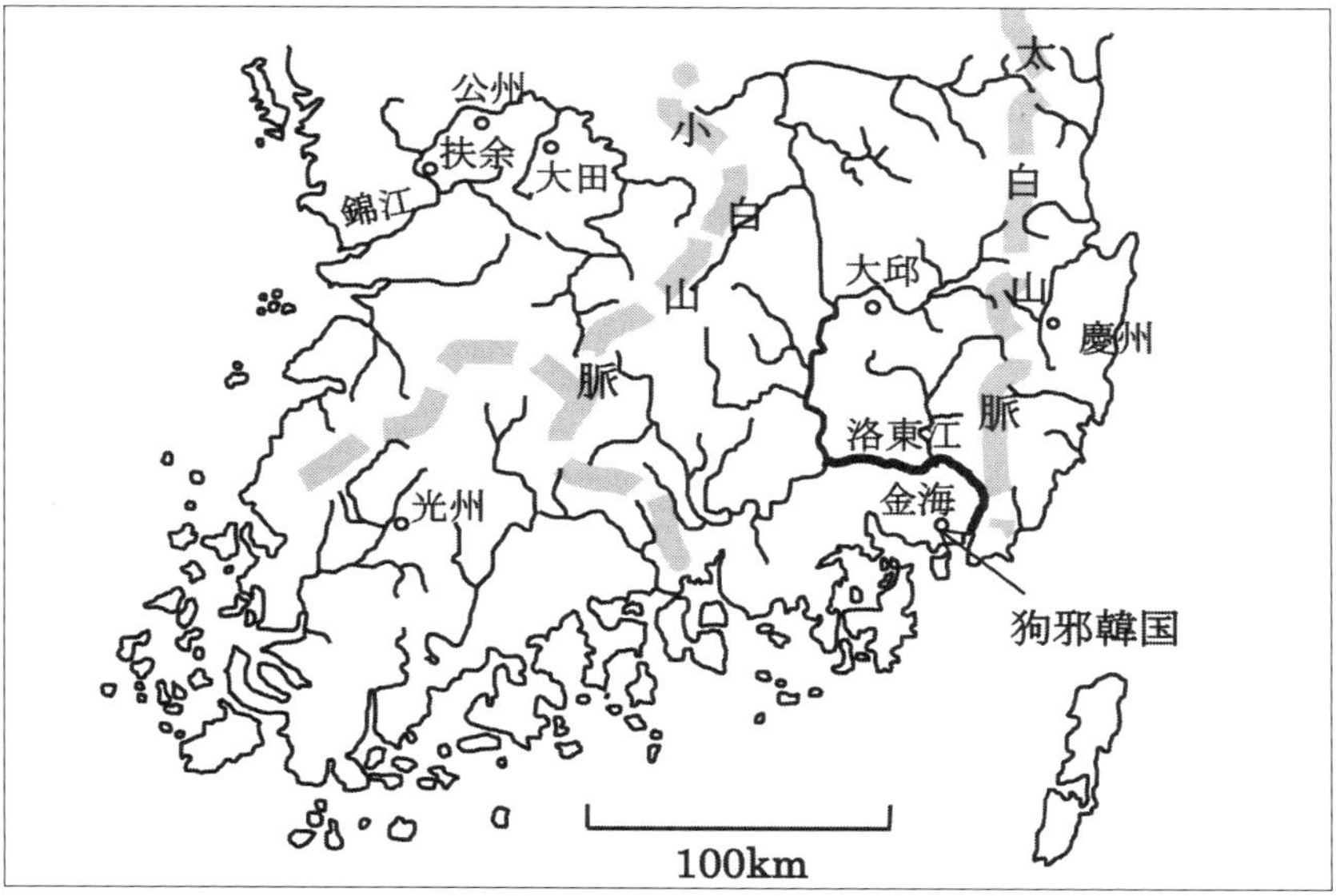

図１　朝鮮半島南部

く、まったく自然な現象と言えるのではないか。

邪馬台国のあった三世紀前半にも、依然朝鮮半島南端に倭人主体の国があったと考えるのが自然であろう。対馬や壱岐の人々の交易拠点であって、同時に半島の中の一国として振舞っていたと考えられる。

図１に朝鮮半島南部を示すが、狗邪韓国は現在の金海市にあったとされる。図からわかるように、その北側には半島第二の大河洛東江およびその支流が東流しており、それが狗邪韓国を守る大きな濠の役目を果たしていることが読み取れる。この地域は北からの侵入に対して防御性に富み、このことが、倭人が七世紀まで踏みとどまることができた要因のひとつと考えられる。

狗邪韓国は、朝鮮半島の南端の洛東江の河口付近にある洛東江と海で半島状に区切られた地域を占め、倭種の人たちが住んでいたと考えられる。倭種の人たちは、洛東江流域を占める弁辰（のちの伽耶諸国）の国々のなかの一国として独立していた。それは現代でいえば、ちょうど、カナダのケベック州のようなものである。ケベック州はフランス人が多く、公用語がフランス語である。しかし、当然のことながらカナダ国に属し、フランス国の植民地ではない。倭語を使う狗邪韓国が弁辰を構成する国の一つであっても何らおかしなことではない。

しかし、利害の共通する事柄では、同盟国として倭国と行動を共にする体制をとっていたと考えられる。

「倭奴国」

従来の説

さて、金印に書きこまれた「委奴国」とはどう読むのか。また、どこなのか。「倭の奴国」と読んで「奴国」とする説（三宅米吉）、「イド国」と読んで「伊都国」とする説（青柳種信、上田秋成ほか）がある。最近では「ワド国」（柳田康雄氏・元国学院大学教授）、あるいは「ワヌ国」（黄當時氏・佛教大学教授）と読んで、当時の王墓と考えられる遺跡が糸島市から発見されているという考古学上の見地から、伊都国と考える説に傾いているようである。

黄氏の説は、「奴」を表音文字として使う場合、「ヌ」音は「奴」の字以外にほとんど考えられないので、「奴」を「ヌ」以外に使うことはなかったのではないかというもので、かなり説得性が高いと感じる。

しかし、決め手に欠け、奴国説も根強い支持者がいる。

『後漢書』と『魏志』からの解釈

読み解くための鍵は、一、「倭奴国」は倭国の極南界にある、二、大倭王は「邪馬台国」に居する、と考える。種々の場合を検討してみよう。

図2に『後漢書』からの倭国の概念図を示す。

ケース①は「倭奴国」を「倭の奴国」（ナ国）、あ

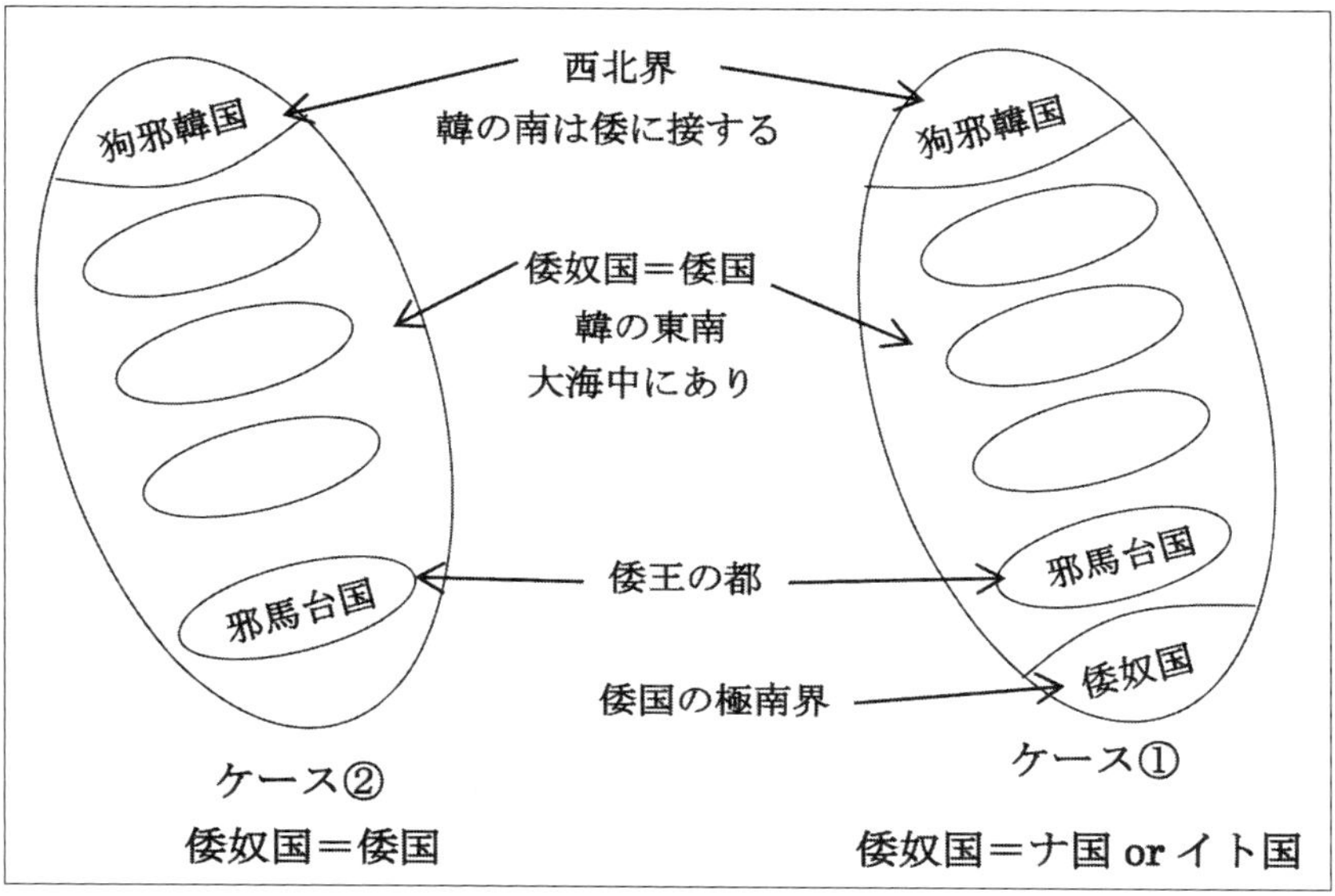

図２　『後漢書』からの倭国の概念図

るいは「イト国」と解した場合である。

大倭王は別に「邪馬台国」に居しているので、「倭奴国」は倭国を形成する小国の一つとなる。そうであれば、「倭奴国」を「倭の奴国」あるいは「伊都国」と読んでも、大倭王の都は別にあるのだから、大倭王の居るところが「奴国」や「伊都国」ということにならない。

倭奴国王は、倭国王をさしおいて朝貢し、金印を得たことになる。平原遺跡の発掘に携わった原田大六は、このケースを考え、倭国王の妬みを買い、奴国王は金印を志賀島に隠したと考えている（原田大六著『悲劇の金印』学生社一九九二年）。

ケース②は、「倭奴国」を「倭の国」とし、「倭国」のことと解した場合である。

この場合は、倭王の都が邪馬台国であることは説明できるが、今度は、「倭奴国は倭国の極南界」の説明ができない。

結局、「倭奴国」を「奴国」、「伊都国」、あるいは「倭

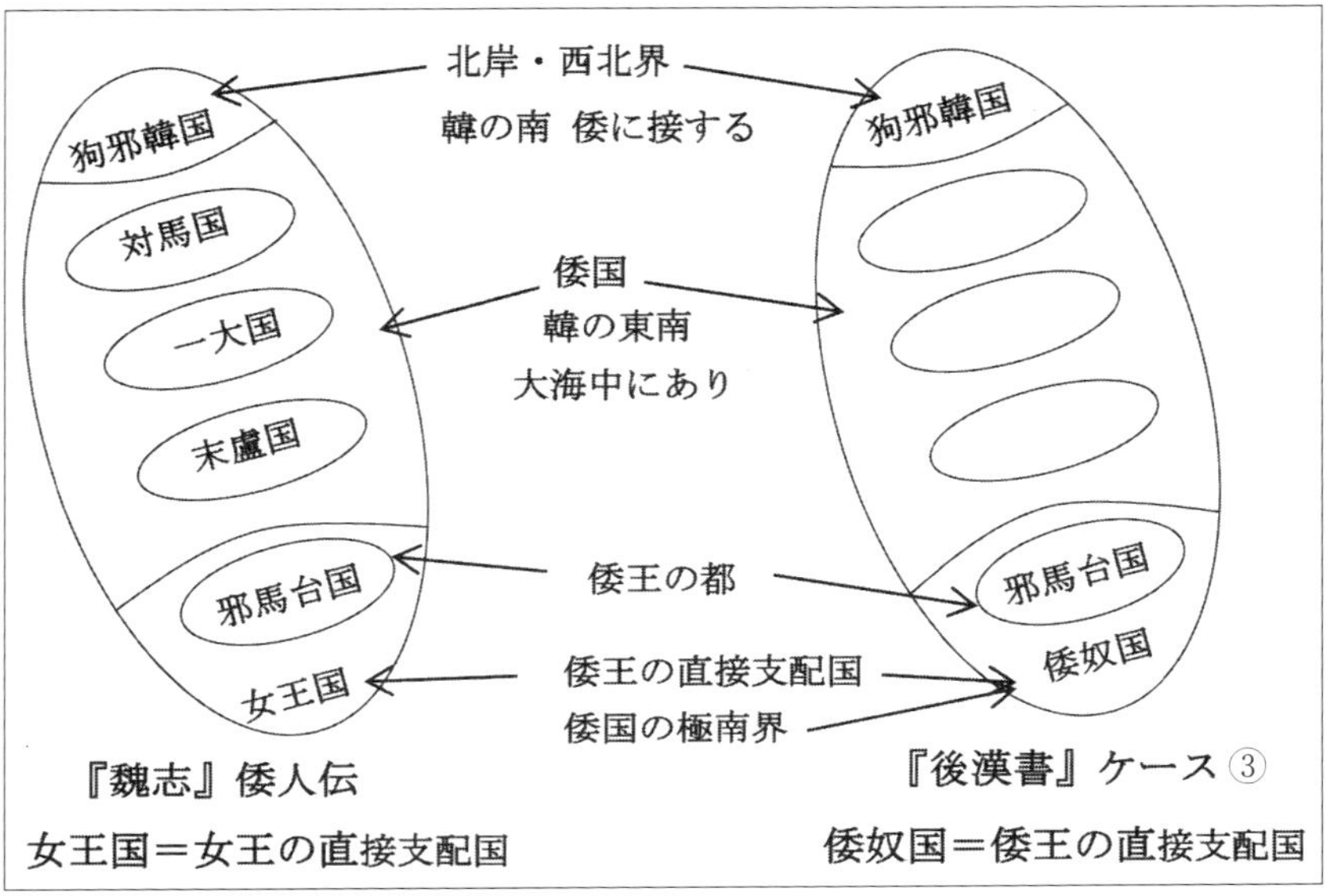

図３　中国側からみた倭国の概念図

国」のいずれと解しても、うまく説明できない。

そこで、また別のケースが考えられる。

それをケース③に示す（図３）。この場合は「倭奴国」を北部九州にある倭王の直接支配国と考えるのである。これは『魏志』倭人伝と合わせて考えた場合に誘導されて出てきたもので、第二章で説明するが、倭国は、『魏志』では、北から狗邪韓国、対馬国、一大国《いきこく》（壱岐国）、末盧国、女王国から構成された連合国家で、卑弥呼は女王国の中の邪馬台国を都としている。これと同じ構成で、倭国王の都は倭奴国の中の邪馬台国にあり、「倭奴国」は倭国王の直接支配する国（「倭奴国内」も小さな国々に分かれており、それを倭奴国王が直接束ねている）と考えるのである。倭国は、この「倭奴国」と「狗邪韓国」、「対馬」などと連合国家を形成しているとみなす。この場合は、「倭奴国」は倭国全体からみれば、倭国の極南界にあり、倭王の都は「倭奴国内」にあることになる。

この図は、純粋に『後漢書』と『魏志』のみから推論されるもので、中国側すなわち『後漢書』を記した范曄《はんよう》が倭国をどのように理解していたかを示すものである。

『後漢書』倭伝に記された「大倭王は邪馬台国に居する。楽浪郡からその国まで一万二千里」は『魏志』倭人伝の記述から類推したものとみられるが、楽浪郡から倭奴国まで「一万二千里」ということは、『魏志』に記されている「帯方郡から女王国まで一万二千余里」の「一万二千余里」とほぼ同じ道程であり、楽浪郡と帯方郡間は極近いと考えると、郡からの道程がほぼ同じで、大倭王の居するクニが『魏志』に記された「邪馬台国」と同じ名であることから、「倭奴国」は『魏志』に記された「女王国」と同じだろうと考えられていたということだ。

結論として、「倭奴国」は、「倭の奴国」でも「イト国」でもなく、「倭国」のことでもない。対馬国や壱岐国と連合国家をなす、大倭王が直接支配するところの九州本土にある「倭奴国」である。その「倭奴国」の都が「邪馬台国」といっているのである。

『後漢書』の成立は五世紀だが、編纂者は、倭国の王都は三世紀と同じと考えて「邪馬台国」とした。これはおかしなことではなく、一般に、ある国で最も都にふさわしい所というのは、沢山あるわけではなく、大抵の場合、一つに限られるからである。

すなわち、「魏」の時代は、都「邪馬台国」に女王卑弥呼が居していたが、「倭奴国」の時代は、都「邪馬台国」に「倭奴国王」が居したと范曄は考えていたのである。都「邪馬台国」がどこにあったかについては、現在、わが国でさえ、定めることができないでいる。当時の中国でも「倭奴国」あるいは「女王国」の中にあったということ以上の情報はなかったのである。

金印は倭国の盟主「倭奴国の王」に授けられたのである。

このように考えれば、中国側では、三世紀になって卑弥呼が共立されたとき、王家が替わったので

「倭奴国」から「女王国」となっただけで、王の居する都は同じであるから、したがって、倭国の構成は同じであると認識していたということになる。

金印の「委奴国王」について

しかし、上記のことは『後漢書』と『魏志』からの結論であって、その一部を否定すれば、また、様子が変わってくる。たとえば、大倭王の居する「邪馬台国」は『魏志』においては正しいが、後漢の時代はそうではないと考えられるからだ。『魏志』を著した陳寿が、女王の居する都を「邪馬台国」とし、その支配の及ぶ地域を「女王国」としたのは、狭義と広義を区別するために、広義の「邪馬台国」（女王卑弥呼の直接支配域）を「女王国」としたと考えられる。したがって、図3に示す「倭奴国」が広義の国名であるならば、「倭奴国」の都（国王の居する所）も「倭奴国」（狭義）である。一方、あとでもう少し説明するが、「伊都国」について「世々王有り」と『魏志』にあることから、女王卑弥呼が共立される前の「倭奴国」の王は歴代「伊都国王」が治めていたと読み取れるのである。つまり都「倭奴国」は「伊都国」となる。また金印には「倭奴国」ではなくて「委奴国」と彫られている。「委奴国」を「イド国」と読み、「伊都国」を「イト国」と読んで音が異なるという意見もあるが、「委奴国」も「伊都国」も中国での呼び名である。しかも、金印の「委奴」は後漢時代、「伊都」は魏の時代で、二百年という年月を隔てて、発言した人も聞き取った人も、まったく時代が異なる。言葉が訛って当然である。したがって、若干の違いは許容する必要がある。『隋書』に「哥多毗《かたひ》」という人物が出てくるが、それは「額田部《ぬかたべ》」の音訳と考えられている（全訳注藤堂明保他『倭国伝』講談社）。現代日本人は英語のRとLの区別がなかなかわからない現象もある。外国語の音を正確に聞き分けることは難しい。俳優から米国大統領になった人に「レーガン」という人がいるが、昔は「リーガン」

と表記していた。

また、伊都国があったとされる糸島市には「怡土《いと》」の地名が残っている。「怡土」はまさしく「イド」と読める。したがって、広義の「倭奴国」の都は「伊都国」であった可能性が高い。金印に「倭」ではなく「委」としたのも、単なる「倭」の略字ではなく、「ワ」とも「イ」とも読めるように選ばれたということも考えられる。

「倭奴国」を「倭の奴国」と読むことについては、『魏志』に記された「卑弥呼の前の時代の王は伊都国王」を否定する理由を見つけ出さなければならず、かなり困難になるのではないか。

『翰苑』や『通典』では、『後漢書』の「倭国王帥升」を「倭面土国王帥升」としているが、この「倭面土国」は、「倭の面《かお》となる土（領地）を持つ国」つまり「連合国家をなす倭国を代表する国」という意味を表そうとして命名したのではないか。

「倭奴国」の支配域

では、倭奴国の支配域はどの範囲であったろうか。

第二章で詳細に述べるが、『古事記』には、「筑紫島（九州）には四つの顔があり、筑紫国、豊国、肥国、熊襲である」と記されている。発掘された人頭骨調査で、福岡平野や吉野ケ里のものは南の熊本県や東の豊前や山口県西部の氏族とは異なっていることがわかっている（寺沢薫）。また、白石太一郎氏は九州北部の墓制について、「墓と墓地」に著している（森浩一編『三世紀の考古学　中巻　三世紀の遺跡と遺物』学生社、一九八一年）。

氏のいうところを整理すると次のようになる。
①北九州地方は、弥生時代を通じて、土壙墓、木棺墓、箱式石棺墓、甕棺墓など各種の葬法や墓制が複雑に展開した地域である。土壙墓は長方形の穴を掘り、その壁面に何も施さないもの。木棺墓

は同壁面を木片で保護したもので底板はない。箱式石棺墓は同壁面を石で保護したもの。甕棺墓は二つの大きな甕の入り口を合わせ、その中に遺骸をいれたものである。したがって土壙墓、木棺墓、箱式石棺墓は壁材が異なるだけで、基本的にはいずれも遺骸を土壙に伸展葬で葬るもので、巨視的には同一の葬法と理解される。

②北九州地方では、甕棺墓が出現する前、すなわち、弥生前期までは土壙墓や木棺墓がもっとも一般的であった。

③前期の中頃から福岡・佐賀県を中心に甕棺墓が出現、盛行し、土壙墓や木棺墓も共存するが、いちおう甕棺葬がもっとも普遍的な葬法となる。周辺の大分、熊本、長崎県などでは、甕棺はそれほど多くはみられず、大分、熊本県では土壙墓・木棺墓が、長崎などでは箱式石棺墓がより一般的な墓制であった。箱式石棺墓は長崎県や本州西端および瀬戸内沿岸西部に多く分布し、福岡県や佐賀県にはほとんどみられない。

④二世紀後半から三世紀、しだいに甕棺が姿を消し、かわって箱式石棺墓、土壙墓、石蓋土壙墓、木棺墓が普遍化する。ことに弥生前・中期には箱式石棺墓がほとんどみられなかった福岡、佐賀県の甕棺の盛行地域にも箱式石棺墓がみられるようになる。

その甕棺墓は墓を造る場所を強制的に規制した列埋葬という埋葬法であるという（高島忠平「東アジアと倭の政治」『季刊邪馬台国』一二九号、梓書院）。それが二世紀には衰退し、箱式石棺に変わったという。これは「倭奴国」の盛衰と一致しているように見える。すなわち、甕棺墓制は「倭奴国王」の強い指示であった可能性がある。甕棺は技術を持った職人しか作ることができない。支配者が職人に作らせ、その甕棺を埋葬者に場所を指定して渡すということになる。一方、箱式石棺は、板状の石を拾ってきて、それを棺の形に並べればよいので、埋葬者が自分で作ることができる。それで、倭奴国の衰退とともに、その強制力が弱まり、箱式石棺になったと考えられる。したがって、「倭奴国」の領域は甕棺墓の分布と密接に関係があると考えられる。

　甕棺墓の分布が福岡平野から筑後平野、佐賀平野にかけて集中している。倭奴国の本拠地は、王墓と見られる三雲《みくも》南《みなみ》小路《しょうじ》遺跡《いせき》や井原《いわら》鑓溝《やりみぞ》遺跡《いせき》があることから、現在の糸島市と考えられるが、その支配する範囲は筑紫の国全域に渡っていたのではないか。

　『魏志』に記された伊都国は「代々王がおり、皆、女王国に統属し、郡使の往来では常にここに逗留する」。また、女王国の説明のところで「その国は、本来、男子を王として、七、八十年続いたが、その後、倭国は乱れ、数年にわたり相攻伐するありさまだった。そこで、一人の女子を共立して王とした」とある。『魏志』倭人伝では、「王」としているのは、女王卑弥呼、狗奴国王と伊都国王だけである。他の壱岐や奴国など小さなクニの王は「官」と称し、明確に区別をしている。すなわち、「王」とは卑弥呼の治める女王国と同等の大きさの国の王を指す。狗奴国は女王国と対立しているので、同等の大きさの国である。したがって、伊都国王は、卑弥呼が王に就く前、倭国乱の前の時代の王を指している。すなわち、「倭奴国」の時代は伊都国王が倭国の盟主で「倭奴国王」であったが、卑弥呼共立により王家が替わったので「女王国＝女王卑弥呼の支配範囲＝広義の邪馬台国」になり、伊都国は引き続き存続しているが、今は皆女王国に統属しているといっているのである。中国では王家が替われば国名が変わるのである。

　『後漢書』の「倭奴国」は、のちの『魏志』の「女王国」、『隋書』の「竹斯国（筑紫国）」であると考えられる。

「倭国」について

あらためて、漢が金印を印綬した目的は何か。それは中国が宇宙の中心と考える中華思想に基づき、周囲の国々の異民族を文化程度の低い国として、中国に隷属させせようとする思想的なものだけでなく、臣下の礼を取らせたり（漢倭奴国王）、友好国として扱ったり（親魏倭王）して、漢と同盟関係を結び、周辺諸国に今の大使に相当する役人を送り込み、友好を図るとともに、中国を取り巻く周辺に中国を脅かす不穏な空気が生じたら、ただちに本国に知らせて、事前に防衛軍を中国との国境に配置するという軍事的な目的を忘れてはいけない。

中国を取り巻く長い国境線に防衛のための軍隊を配置するには莫大なコストが生じる。国境の外に衛星国をつくり、そこに監察官を常駐させて観察していれば、突然中国の国境を越えて、敵が乱入してくるという危険がなくなり、常時軍隊を国境に置く必要はなくなる。衛星国の献上品に対して倍返しの品を下賜しても、十分に引き合うのである。

このため、中国は常に周辺諸国を観察・吟味して「臣下の礼を取る」あるいは「友好国になる」誘いをかけたのではないか。漢の時代の楽浪郡や魏の時代の帯方郡は臣下の礼を取った国々を監視するのみではなく、周辺諸国の中で次に中国側に付いてくれる国を模索していて、その国が承知すれば、中国側の役人が段取り（日取り、旅程、献上品の選定など）をつけ、中国側の護衛（他国を通ることになるので）のもとに朝貢が行われたと考えられる。そうでなければ、他国を通って倭の使節が無事に帯方郡まで行けるはずがない。

しかしそのためには、当然のことであるが、中国の防衛の役に立つほどの大きさの国である必要がある。すなわち、奴国や伊都国などのクニグニではなく、その国の盟主として、どこまで影響を及ぼしているか、その範囲の大きさが大事である。

　奴国あるいは伊都国、どちらが盟主としても、「壱岐、対馬と朝鮮半島の南岸の狗奴韓国までを治めている」と判断されていることが必要なのである。

　壱岐、対馬について、『魏志』倭人伝には

対馬は絶海の孤島にあり、一辺四百里余である。山は険しく、森も深い。道路は鹿の通う道のようである。千余戸あり、良田はなく、海産物を食して自活しており、船で南北の市（物々交換の場）で糴《てき》（穀物を買い求める）する。また、南に一海を渡ること千余里、名を瀚海《かんかい》という。一大国に至る。首長は卑狗《ひこ》、副は卑奴母離《ひなもり》という。一辺三百里余、竹林や叢林が多い。三千ほどの家があり、農地はあるが、耕作しても食べるに不足しているので、また、南北の市に糴《てき》している。（著者訳）

とある。

　対馬や壱岐の住民は、朝鮮と九州の交易で生きている。交易を生業とする集団は独立自治を指向する傾向があり、戦国時代の堺衆がその例である。まして、島国である対馬や壱岐は、陸の国に対して、海で隔てられているので、侵略に対する防御性は絶大である。海上の戦いでは、陸の国は歯が立たない。

　『日本書紀』に、「伊弉諾尊《いざなぎのみこと》が禊ぎをした時、底津《そこつ》少童命《わたつみのみこと》・中津《なかつ》少童命《わたつみのみこと》・表津《うわつ》少童命《わたつみのみこと》が生まれ、その神は阿曇連《あずみのむらじ》のお祀りする神である」と記されているが、これは紀元前五世紀、中国南部の呉が越に滅ぼされたとき、海に逃げ、対馬海流に乗ってたどり着いたという安曇族なのではないかという説もある。安曇族であれば、海洋船を持ち、航海術にも優れているであろう。

　対馬海峡はそう簡単には渡れないことは、この時代を想定した和船での実験で証明されている。おそらく、この海峡の渡航は対馬、壱岐の住民すなわち安曇族に頼るしかなかったのではないか。彼らは、この海峡を自分たちの領海として行き来しているのである。海峡を安全に自由に渡れるということが彼らの生存をかけた必須条件である。彼らは安全に渡れる大型の丈夫な船を持っていたに違いない。自ら建造できなければ購入すればよいことなのだ。奥野正男氏は、

> 漢・秦の時代には、南部で、既に、長さ三〇メートル、百人乗りの船は造られており、それは、一九七六年に広東省広州市で大型船の造船所遺構が発見されたことで考古学的にも証明されている。その後、中国北部の魏でも遼東の公孫氏を攻めるのに、海路大軍を朝鮮に派遣したと東夷伝に記されており、その程度の大きさの船は製造していたであろう。
> （『邪馬台国はここだ』梓書院）

としている。その大きさの船であれば、渡海はそう困難ではなかったはずである。平成十四年（二〇〇三）の一月から六月までの一八〇日間の、この海峡での日々の最高波高を調べてみると、〇・六メートル以下の日が二五日、一メートル以下の日が六二日、一・五メートル以下の日が一二四日、二メートルを越える日は二五日となっている。いつも波が荒いわけではないのである。谷川健一氏は「一九七二年に釜山から下関まで船で帰った時、ほんとに、べた凪で波一つたたないですよ。『波高き』玄界灘ながら、そのときはまったく鏡のごとき感じでした」（『地名の古代史』金達寿《キム・タルス》共著、河出書房新社）といっている。また、奥野正男氏（前述の書）は『三国史記』新羅本紀の倭人の侵入記事を調べ、ほとんどが台風のこない三月から八月であることを明らかにしている。

実際、岐阜県大垣市にある荒尾南遺跡出土の弥生時代の土器に八〇本の櫂で船を漕ぐものや三角形の帆とみられるものが描かれていて、当時そのような

船があったことがわかってきている。

安曇族が交易を行うには、陸地の港とする拠点の確保が必要である。それが朝鮮半島南岸の狗邪韓国、倭国の末盧や志賀島ではなかったか。その拠点が攻められた場合に援護してくれる国として、同じ倭人である倭奴国と契約していたのではないか。軍事同盟である。

朝鮮半島南部洛東江流域の弁辰の韓人や倭人の国々も盟主となる国はなく、連合国家をなしていたと考えられている。小国がそれぞれ独立していたのである。小さな国であるから、もし外部から攻められるようなことがあれば、倭奴国に救援を求める。倭奴国にとっても弁辰に産する鉄材の輸入に関わることなので無関心ではいられない。

この事は『三国史記』新羅本紀に「西暦十四年、倭人が兵船百四隻で略奪」と記されているのをはじめ、「五九年倭国と国交樹立」とあるなど、新羅の前身である辰韓の時代から、加耶諸国の前身である弁辰、百済の前身である馬韓などの周辺諸国との争いとともに倭国との争いや国交が記されているのである。西暦五九年といえば、倭奴国が漢に朝貢し、金印を授けられた五七年の二年後のことである。この「倭国と国交樹立」の記事はある意味重要である。朝鮮半島の国々と対等の外交を結ぼうとするならば、その国々と同様に中国皇帝の承認を得ておかねばならなかったということだ。それまでは、朝鮮半島の国々からは、野蛮な海賊集団の首領と見なされていたのだ。後漢から金印を下賜されたことで、半島の国も倭国を対等な国と認め国交を樹立させたのかも知れない。

また、後の時代になっても、しばしば倭国は兵を出している。

援助のために兵を出せば当然見返りの褒賞が得られるわけで、産物の乏しい倭国にとって傭兵の派遣が大きな収入源になっていたであろう。これを中国から見れば、安曇族の海洋国家と倭奴国は一体に見えたのではないか。倭人の国であるし、朝鮮半島に何かあれば派兵してくる倭奴国王が盟主と思われたと考えられる。

二〇一五年、佐賀県立名護屋城博物館で開催された「考古学から見た日韓交流の実像」というシンポジウムで、韓国の洪潽植氏が、韓国内の倭系の遺物の発掘状況から、「倭人が鉄を入手して、代わりに加耶の社会に渡した対象品としては、米・海産物・労働力・兵士などが議論されている」（申敬澈、二〇〇一）と話されていた。

倭国側からの交易対象品のなかに「労働力・兵士」という言葉があり、「労働力」は奴隷とも受け取れるが、「兵士」は「兵の派遣」すなわち出兵ではないかと思われる。我が意を強くした報告であった。

「倭国」といった場合、我々日本人から見たら、九州北部だけでなく、日本列島全体に日本人、すなわち倭人が住んでおり、倭奴国並の多くの国を形成しているのを知っているので、この「倭奴国＋安曇族自治の狗邪韓国から末盧までの地域＝広義の倭奴国」のみを「倭国」と呼ぶのはいささか奇異に感じるのだが、漢からみれば、海の遙か東方の、神仙思想による蓬莱山《ほうらいざん》があると信じられてきた未知の世界であったのである。

「倭奴国」の首都伊都国について

さて、紀元前後、この地域で栄えていた国として伊都国（『魏志』倭人伝ではこの字が当てられている）があった。これは、今の糸島市で、以前は怡土郡と志摩郡の二つの地域に分かれており、イトの名が残されている。

王墓と考えられる墓がいくつか発見されており、その発掘状況からみると、奴国の首都とされている須玖岡本《すくおかもと》遺跡《いせき》（春日市）から発見されたものよりも、伊都国（糸島市）の首都とされる三雲《みくも》南《みなみ》小路《しょうじ》遺跡《いせき》あるいは井原鑓溝遺跡《いわらやりみぞいせき》から発見されたものの方が秀逸であるという見方もある。

奴国と伊都国の国王墓

柳田康雄氏は著書『伊都国を掘る』（大和書房）の中で弥生王墓の条件を次のように挙げている。

①他の集団墓から独立した一定規模の墳丘をもつ特定個人墓。
②隔絶した内容の副葬品をもち、なかんずく超大型・大型鏡を含む多数の鏡群をもつこと。
③王墓とされる背景として、その地域に王が存在する証明があること。

そして、この三点を満たす墓は、弥生時代に限れば、北九州あるいはそれ以外の地域をみわたしても、伊都国（糸島市）の三雲南小路・井原鑓溝・平原の特定個人墓と奴国（春日市）の須玖岡本の特定個人墓以外に見つかっていないという。

ここで、その王墓とみられる遺跡の内容を見ておこう。

須玖岡本王墓は、明治三二年（一八九九）に大石の下の甕棺墓（D地点）から発見された。その後、遺物が散逸し、詳細なことは知りえない状態であるが、前漢鏡三十枚前後、青銅武器十本以上、ガラス璧、ガラス勾玉、ガラス管玉などが把握され、その内容は他と隔絶している。また、そばに他の甕棺はなく、単独の墳丘墓であった可能性が高い。このため被葬者は五七年に後漢光武帝から金印を下賜された王より数世代前の奴国王と考えられている。（「須玖岡本遺跡」〈『奴国の丘歴史資料館常設展示図録』春日市〉）

三雲南小路王墓は、文政五年（一八二二）に一号甕棺が発見され、黒田藩の青柳種信が詳細な記録を残した。王墓径は三二メートルの方形墳丘墓で、二基の大型甕棺墓が埋葬されていた。一号棺からは、大型・中型前漢鏡三十五面、銅矛二本、有柄式銅剣《ゆうへいしきどうけん》・銅戈各一本、ガラス璧八個、金銅製四葉座飾金具八個、ガラス勾玉三個、朱入り小壺が出土した。その内、朱入り小壺は甕棺の上に、有柄式銅剣はさらにその上に剣先を上に向けて埋められていたという。重要なことは、一号棺に副葬されたガラス璧と金メッキされた金銅四葉座飾金具は、中国では皇帝が王侯クラスの家臣にたいして下賜する埋葬道具の一つであるので、一号棺の男性が中国から「王」として認識されていたことになり、「伊都国王」の墓となるという。

その後、一九七四年に再調査の時に発見された二号甕棺は、盗掘されていたが甕の大半は残存しており、小型前漢鏡二十二面以上、ガラス璧片、ペンダント、ヒスイ大型勾玉、ガラス勾玉十二個がみつかり、武器はなかった。小型前漢鏡十四枚に赤色顔料が塗布してあった。女性墓とみられ、両者は近親者と見られている。副葬された最も新しい鏡が紀元六年製の鏡の直前の形式とみられることなどから、この墓は紀元前後の墓とみられている。(柳田康雄前掲書より概要)

井原鑓溝遺跡は、天明年間(一七八一〜一七八八)に発見され、一つの壺形の甕棺に入れられてあったという。青柳種信が発見から四〇年後に記録した。後漢鏡十八面(青柳の記録では二十一面)が出土、すべてが方格規矩文鏡である。銘文に「漢有善銅」、「七言之紀」があることから紀元頃の王莽《おうもう》の「新」の時代前後に製作されたものとみられる。その他、鉄製刀剣、巴形銅器三、鎧の板、朱が出土している。径一五センチの大径の巴形銅器の形式が弥生後期後半(紀元一世紀)と考えられることから墓の年代は紀元一〇〇年頃とみられる。柳田氏は西嶋定生氏(東京大学名誉教授)の説を取り上げながら、『後漢書』倭伝に記されている「倭国王」は「伊都国王」であり、その墓がここである可能性をにおわせている。

(柳田康雄　前掲書より概要)

平原《ひらばる》遺跡は、三雲南小路遺跡の西北一・三五キロメートルの低丘陵上にあり、一九六五年福岡県教育委員会の事業で原田大六が中心になって調査され、柳田康雄氏も当初より参加されている。王墓とみられる一号墓は、東西一三メートル、南北九・五メートルの長方形に周溝が囲み、南東側が切れて入口がある。主体部は、墳丘の北東側に寄って、東西四・六メートル、南北三・五メートル、深さ四五センチの墓壙である。墓壙の中央に朱が敷かれた長さ三メートル・幅八〇センチの丸底木棺の痕跡があり、墓壙の周辺に柱穴群があり、葬送儀礼の施設跡と見られる。主体部主軸方向の一四・八メートル東側に直径三五センチの「大柱」遺構がある。

副葬品は、棺内から、瑪瑙管玉《めのうくだだま》十二個、ガラス管玉約三十個、ガラス小玉約五〇〇個、ガラス連玉八八六個、ガラス耳璫《じとう》二個が出土した。

棺外からは、ガラス勾玉三個、ガラス丸玉約五〇〇個、素環頭大刀《そかんとうのたち》、超大型内行花文八葉鏡《ないこうかもんはちようきょう》五面、「大宜子孫」銘内行花文鏡・「長宜子孫」銘内行花文鏡・虺龍文鏡《きりゅうもんきょう》・仿製方格規矩四神鏡《ぼうせいほうかくきくししんきょう》合せて三十二面出土し、鏡はすべて破砕されていた。

周溝では、鉄鏃《てつやじり》十個、鉄鑿《てつのみ》、鉄斧、砥石二個、土器片が出土している。

墓の製作時期は、周溝出土の土器片、鉄器、方格規矩四神鏡、超大型規矩四神鏡など後漢末の鏡製作技術から、二世紀後半と考えられている（柳田康雄前掲書および「伊都国フォーラム　伊都国から日本の古代を考える『伊都国女王と卑弥呼』」糸島市教育委員会　二〇一五年二月一日）。

柳田康雄氏の墳墓の年代観が正しければ、井原鑓溝王墓が一〇七年に朝貢した「倭国王」の墓、三雲南小路王墓が「倭奴国王」の墓である可能性が高くなる。

平原王墓を卑弥呼の墓と考える研究者もいるが、現在の考古学の比定では、二世紀後半の墓とされており、三世紀半ばに死んだ卑弥呼の墓とするのは、時期が一世紀ほどずれている。むしろ、『三国史記』新羅本紀に「一七三年、倭の女王卑弥呼の使者来訪」と記されている女王にあてはまるのではないか。

「卑弥呼」については、安本美典氏が新井白石・本居宣長の書をあげながら、「卑弥呼」は「ひめこ」と読み、「姫子」あるいは「姫御子」の意味に解するのが穏当であり、また、『魏志』倭人伝にでてくる官名「卑狗」は多くの人が説くとおり、男王を指す「彦」にあたるとみてよいと言っておられる(『封印された邪馬台国』ＰＨＰ)。筆者も同意見である。

倭奴国の時代にも女王の時があったのではないか。そのことは「倭国乱」のあと、倭国がまとまるために卑弥呼という女性を女王として共立することに違和感がなかったことを意味する。代々の王が男だけであったなら、共立とはいえ、初めて巫女を王にすることにはかなり抵抗を覚えるか、あるいはそもそも女王擁立の発想すら起きなかったのではないか。

伊都国の地形

伊都国の地形は周辺の地域に比べて、王都とするには、すばらしく良い地形である。図４は弥生時代の伊都国の遺跡を示す。北面に交易を行う朝鮮に向けて北に広がる海岸があり、そこに玄界灘の荒波を遮る島（今は糸島半島）が天然の防波堤のように横たわって海峡をつくっていた。その海峡となるところに雷山川と瑞梅寺川という二本の川が流れ込んでおり、流出した土砂で海峡の中央が埋まってからは、その二本の川は東西の入江にそれぞれ流れ込み、深い入江を形成している。すなわち糸島半島の根元には東西どちらにも深い入江があり、特に東側は博多湾につながり、外洋の波はほとんど入って来ない。

西側の船越湾の最深部、半島の付け根の潤地頭《うるうじとう》給《きゅう》遺跡からは二〇〇四年弥生時代終末期（二世紀

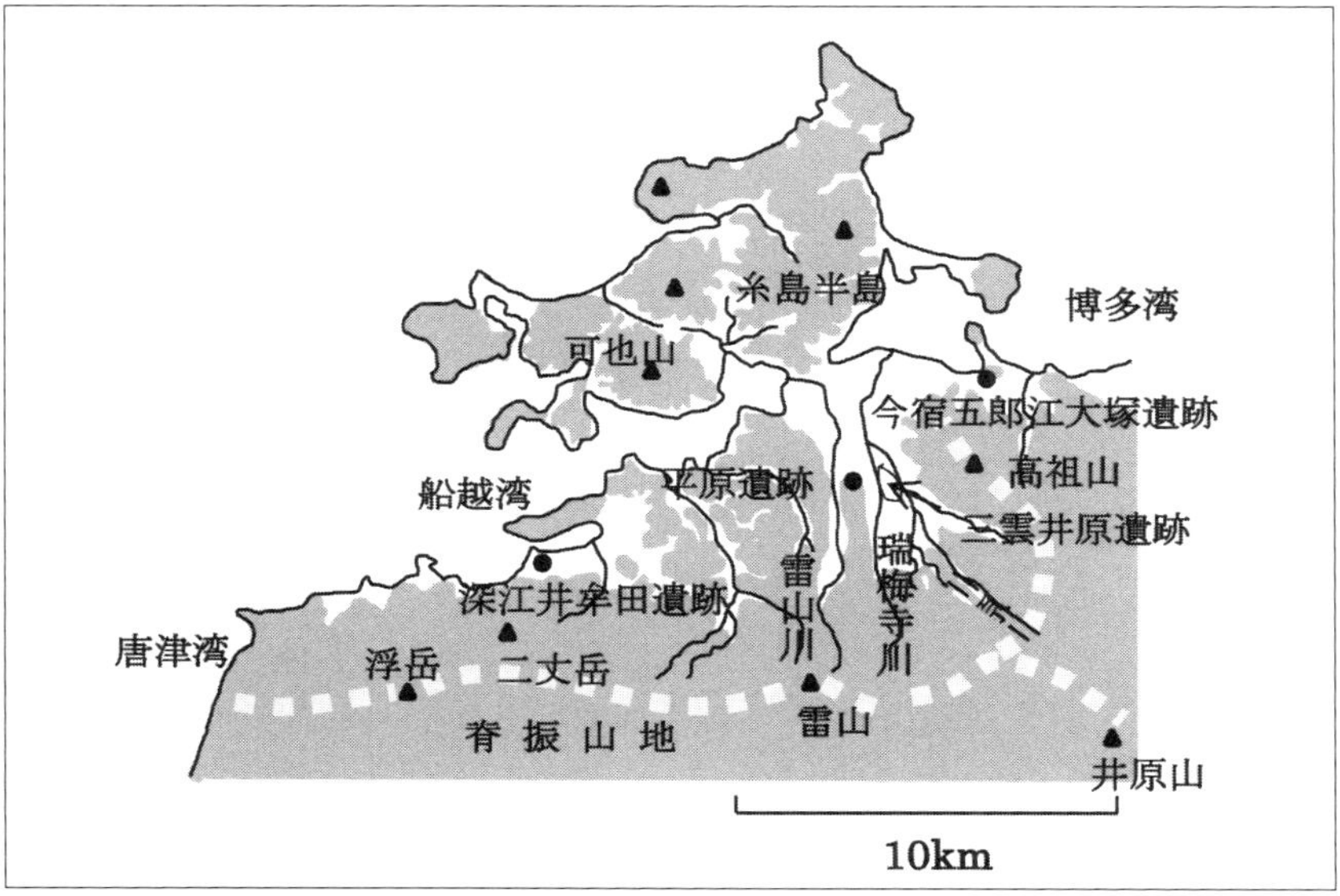

図４　伊都国（海岸線は伊都国歴史博物館資料による）

末）の準構造船の部材が発見されている。港も当然あったのである。

船越湾の「船越」という名も、この一キロメートル余の狭い陸橋を越えて、船を博多湾あるいは王都のある三雲・井原地域へ行くことのできる瑞梅寺川の方へ運んだことに因んで付けられたと思われる。伊都国歴史博物館によれば、伊都国の西側に位置する深江が外界交易の大型船の入る港であったろうと推測されている（『常設展示図録』平成二十三年発行）。深江は、今は田になっているが、当時は地名のとおり一貴山川《いきざんがわ》に沿って大きな入江になっていて、そこにある深江井牟田遺跡からは、楽浪土器や中国式の銅剣などが出土しているという。

また伊都国の東側の博多湾に面した今宿五郎江・大塚遺跡は五ヘクタールにもなる大規模環濠集落で、すぐ後方に王都の三雲・井原遺跡が控えていることから王都に直結した港湾施設であった可能性があるという。このように伊都国には港湾に適したところ

写真1　三社神社付近の瑞梅寺川より
手前左側の森が三社神社、その向こうが高祖山、中央右側のもっとも低い所が日向峠(◯印部)。左側の下流に向かって穏やかな傾斜の土地であることがわかる

がたくさんある。

陸地は南に八〇〇～一〇〇〇メートルの脊振山《せぶりさん》系が横たわり、そこから海岸までなだらかな斜面となった扇状地形で何本もの小さな川が流れ下り、洪水に悩まされるような大河もなく、田地をつくるのに最適な地である。さらに東の福岡地域と西の唐津地域の間も数百メートルの連山で遮られ、天然の城壁となっている。

島のある海に面し、他の三方を山脈という天然の城壁に囲まれた平地は東西一〇キロメートル、南北五キロメートルほどで、現在、糸島市の農地は六〇平方キロメートルほどである。半島部を除くと五〇平方キロメートル弱、弥生時代の農地面積はその五分の一としても一〇平方キロメートルすなわち一〇〇〇ヘクタール、一万人ほどが暮らせる耕地があった可能性がある。

第二章　邪馬台国

倭国大乱・高地性集落・巨大地震

前章で、倭国は北端の狗邪韓国から南は伊都国王を盟主とする北部九州（筑紫国）であり、倭奴国はその筑紫国を指すと推定した。

『魏志』倭人伝では女王卑弥呼が誕生する前に「倭国乱れ、相攻伐すること歴年」とある。また、『後漢書』倭伝には、「桓帝と霊帝の間（一四六～一八九年）、倭国は大乱、互いに攻伐しており、歴年に渡って君主なし」とある。この時期、発掘調査では、瀬戸内海沿岸に高地性集落が出現している。低地の水田耕作地とは別に山の頂上や急峻な丘の上につくられているという、明らかに防衛のためと考えられ、V字壕をめぐらした集落もあるという。寺澤薫氏（『王権誕生』講談社）によれば、高地性集落は三回発生している。第一次が弥生中期後半（前一世紀後半～一世紀前半）、第二次が弥生後期（二世紀）、第三次が三世紀前葉から後葉にかけて発生している。「倭国乱」はこの第二次高地性集落の発生時期にあたる。

柳田康雄氏は講演（「伊都国フォーラム　伊都国から日本の古代を考える『伊都国女王と卑弥呼』」）で「倭国乱」について、およそ次のようにいっておられる。

・高地性集落は、北部九州に王墓が出現する中期後半前後（前一世紀）に、第一次が瀬戸内沿岸に出現し、後期前半以後に、第二次が内陸・近畿に出現し、近畿地方で終息する。

・北部九州は、高地性集落が少なく、弥生時代から古墳前期まで継続して繁栄している拠点集落が多いので、二世紀には「倭国乱」の痕跡がない。

・したがって、二世紀後半の大きな戦争は北部九州が戦場になったのではないと考える。

・「倭国大乱」は「イト国」を盟主とする倭国が首謀者となり、前一世紀から一世紀にかけて瀬戸内沿岸、二世紀には近畿内陸まで戦争を拡大したものと考える。

・『後漢書』倭伝の「生口一六〇人」は瀬戸内へ進出した時の捕虜と考える。

・特に近畿地方では、後期後半に新たに拠点的高地集落が卓越して出現するのは、軍事的緊張が後期を通じて恒常化していたものと考える。

・一世紀以後、北九州の武器は鉄製（剣・刀・矛・鏃）に交代している。前一世紀末の王墓・首長墓だけは青銅武器を埋葬しているが、小首長墓には鉄製武器が普及している。

・二世紀後半（弥生後期後半）の「倭国乱」時には、鉄製武器の保有は北部九州に限られていると考える。

・「倭国乱」の後（二世紀末以後）も鉄製武器が北部九州に圧倒的量が集中する構図に変わりはない。

このことは、西暦五七年、一〇三年の朝貢によって、倭奴国は最盛期を迎え、その勢力に対して、東方の瀬戸内海の国々が脅威を感じ、防衛のための高地集落を建設した。これが後漢書にいう「倭国大乱」に相当するということになるのであろう。

しかし、第一章で示したように「倭国」は対馬国や壱岐国、倭奴国からなる連合国家で、倭奴国は北部九州の国であり、『魏志』倭人伝に「女王国の東、海を渡りて千余里、また国あり、皆倭種なり」と記されているので、瀬戸内はその倭種にあたる。したがって、「倭国乱」は瀬戸内地方の混乱をいっているのではない。卑弥呼の共立も倭国内の内乱を止めるために行われたと採るべきである。

高地性集落発生の原因ではないかとみられる大きな情報がある。南海トラフの巨大地震の発生である。詳細は第八章にゆずるが、通産省及び独立法人産業技術総合研究所に勤められた寒川旭氏は数多くの古代遺跡の発掘現場で、大地震の時に生じる液状化現象の痕跡を発見されている。氏の著書『地震の日本史』（中央公論社）によれば、第一次、第二次、第三次のすべての高地性集落の発生時期に、南海トラフに大きな地震が発生した可能性があるのだ。その後、氏は「高地性集落が増えるころにも、南海トラフから巨大地震が発生したことが遺跡の地震痕跡から推測できる」と発言しておられる（深萱真穂・『歴史読本』編集部編『森浩一の古代史・考古学』KADOKAWA／中経出版）。

この地震の痕跡は近畿各地の遺跡において液状化による砂脈や噴砂痕として観測されている。この地震によって津波が発生し、瀬戸内海沿岸にも押し寄せたかもしれないことは、十分に想像できる。二〇一二年に内閣府が発表した試算では瀬戸内海沿岸各地に四～五メートルの津波高が予想されている。平地の住民は高台に逃げ、地震の再来の恐怖から高地に住居をつくることになる。一度、田畑が海水に冠水すると、その塩分のため数年は農作物が育たず、田畑は使いものにならなくなる。田畑を失くした弥生人の食料事情は困窮を極め、周辺のクニグニ（寺澤氏にならい、郡程度の小さい国をカタカナで表示する）の間で争いが起きる。食料不足での紛争は凄惨をきわめる。食料を奪いに行く方は、奪えなければ死を待つのみ、防戦する方も食料を奪われれば餓死する。双方死ぬまで戦うほかないのだから、高地性集落において、その防御性を完璧にするのは必然なのだ。田畑の塩分が薄まり、津波の恐怖が癒されるまでかなりの年月を要したはずだ。高地性集落は、麓から一時間以上も登らなければならない高所に位置しているものもあるという（寺澤薫）。津波の恐怖から集落を高地に遷すにあたって、低地の田畑は使えないので、集落の標高は制限されることなく、今後の生活に都合の良い場所を選ぶことになる。また、滋賀県の琵琶湖西岸では、地震により地盤沈下が繰り返し起こっている。すべての高地性集落にあてはまるものではないにしても、南海トラフにおける地震の発生は、高地性集落発生の有力な原因と考えられるのではないか。

一九八三年に出雲の荒神谷遺跡から銅剣三五八本・銅矛一六本・銅鐸六個が、一九九六年に加茂岩倉遺跡から銅鐸三九個が発見された。他に例のない大量の埋納量である。弥生中期後半（紀元前後）の遺跡という。それは第一次高地性集落の発生した時期であり、南海トラフB海域（淡路島の南二〇〇キロメートル）を震源とする地震が発生したと考えられる時期と一致する。震源が南海トラフであり、徳島県板野郡の黒谷川前の宮遺跡で液状化現象痕が発見されているので、巨大地震であったと推測される。

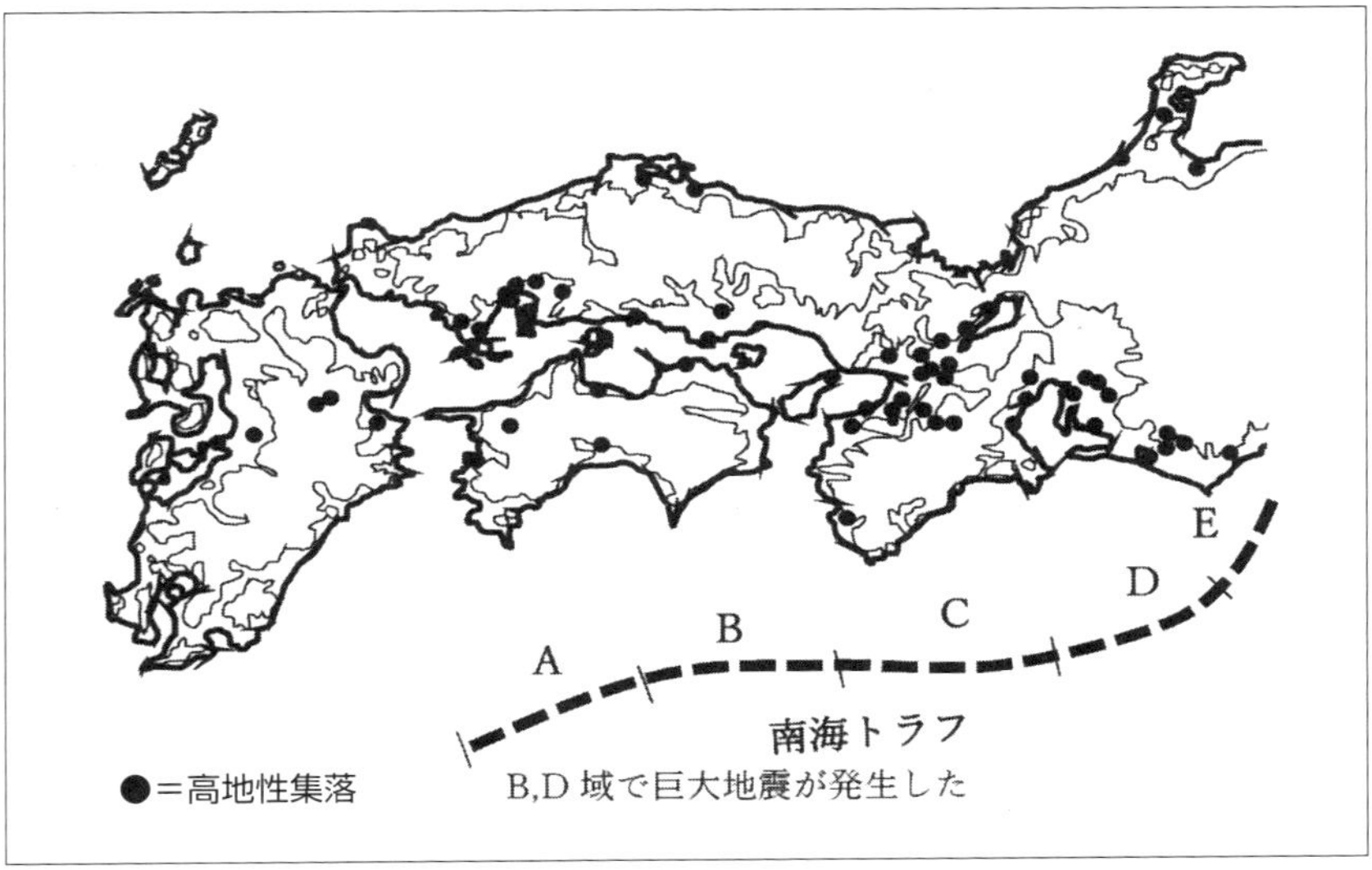

図５　倭国乱の頃（200年前後）の高地性集落と巨大地震
（高地性集落の位置は、寺澤薫『王権誕生』講談社による）

巨大地震の前後には各地で大きな地震が発生することが知られている。この時も、山陰地方で大きな地震が発生したのかも知れない。大きな大地の揺れが続き、恐怖のあまり持っているすべての祭器を地中に埋め、大地の神の怒りを鎮めようと祈ったのではないか。

二世紀末に起きた「倭国大乱」は、第二次高地性集落が発生した時期であり、それはまた、二回目の南海トラフB海域を震源とする巨大地震が起きたと考えられる時期と一致する。瀬戸内・近畿地方では地震と津波による田畑の喪失という天災で大混乱を招いたことを指していると考えられる。

それに対して九州北部では、津波の被害は少なかったとみられる。津波が押し寄せたとみられる周防灘に面した豊前地方は海に向かってなだらかな傾斜を成しており、いわゆる平野というべき地はない。

いまでも標高一〇メートルのラインは海岸から一～二キロメートルのところである。もともとなだらかな丘陵地で生活が営まれていた地域なのである。高地に移動する必要はなかったとみられる。

しかし、瀬戸内地方で大混乱に陥った影響が北部九州に及ばないはずはない。瀬戸内地方の住民が難民となって九州へ押し寄せてきたことは十分に予想されることである。彼らは生き延びるために移動してきたのであって戦いを望んではいないので、先住民もこれを拒否してむやみに殺害はできない。現在のシリア難民と同じである。結果、まだ開発されていない土地を提供することになる。一部は朝鮮半島まで逃げたようだ。『三国史記』新羅本紀には、西暦一九三年に「倭人が大飢饉となり避難民到来」という記事がみえる。実際には天候不良も重なったかもしれない。中塚武氏（総合地球環境研究所）は、木の年輪・成分などから紀元一〇〇年から一八〇年にかけて大雨と干ばつが交互に起きたとしている（NHK「英雄たちの選択・古代人のこころと文明に迫る」二〇一七年一月三日放送）。

天候不順の原因に火山の大爆発が考えられる。ニュージーランド北島のタウポ湖（直径二〇数キロメートル）は火口湖で、紀元一八六年に爆発を起こし、その火山爆発指数はＶＥＩ７（降下火砕物量一〇〇立方キロメートル以上）といわれ、直径二〇キロメートルの大カルデラとなった阿蘇山の爆発と同規模であったという。噴火灰が太陽光を遮り、広範囲に天候不良を招いたと推測される。中国や倭国でもその影響を受けた可能性がある。

一方、後漢王朝は二世紀に入ると衰え始め、宦官《かんがん》が権力を握り、賄賂政治が横行し、一六六年には党《とう》錮《こ》の禁（宦官による科挙官僚たちの官職追放）事件が起き、一八四年には黄巾《こうきん》の乱（太平道の教祖張角が起こした数十万の農民反乱）が起きている。天候不順も重なって人口が十分の一にまで激減したという。

このような後漢の衰えは、倭国にどのような影響を与えたであろうか。

漢の植民地であった楽浪郡も衰えたであろうし、漢との交易も減じたであろう。倭奴国をまとめていた伊都国王は、かつての権威・権力を保つことができなくなったのではないか。倭国内で「漢から印綬された国」という権威も落ちたであろうし、その中では、倭国の盟主という地位をしっかりと保つことができなくなったのではないか。

北部九州の筑紫国では弥生後期（二世紀）には甕棺墓が急速に減り土壙墓・石棺墓に替わったとされる。甕棺墓は倭奴国の墓制で、その衰退とともに減少したと前章で述べた。その上、第二次の高地性集落の発生が弥生後期末（二世紀末）であるから、その時に筑紫地方に逃れてきた人たちが土壙墓・石棺墓をつくったことも石棺墓への変更を加速させたのではないか。この東部からの別氏族の侵入で、次第に氏族の結束も薄れたであろう。

北部九州地方は人口が増え、自分の領地内では新たな耕作地を開墾する余地がなくなっていたのではないか。その上、天候不順、あるいは台風襲来などがあれば、農作物の収穫が激減し、大飢饉となり、隣のクニとの領地争いが頻発し、倭国内が乱れる因子は十分にあったと考えられる。

伊都国王は倭奴国の盟主となり、後漢に朝貢し、漢の臣となり漢の権威を背景に持ち、朝鮮半島から得られる鉄製品その他の高品質の輸入品の交易で発展した。その倭奴国の大王が没し、漢が亡び、伊都国王の後ろ盾がなくなると、その権力が低下し、その上、前述の津波やそれに伴う混乱が起きると、それまで伊都国王に従属していた倭奴国内のクニグニの王たちの不満が現れた。そこで力を持っていた奴国が謀反を起したのではないか。伊都国を乗っ取り、伊都国王を追い出し、福岡平野一帯の元伊都国王の直轄地を継いだのではないだろうか。

奴国王は通説では伊都国とは別個の国と解釈されているが、この両国は戦争を起こした形跡がないといわれている（寺澤薫）。この両国は、強い絆があったとみられ、また、遺跡からの出土物をみると、伊都国は石斧などの石器を生産し、奴国は青銅器・鉄器の生産というように分業していたとみられる。すなわち、元は兄弟など、ごく近い親族関係であったと推測できる。このため、この乗っ取りも内輪の争いであり、大きな戦にはならなかったと考えられる。松本清張氏も元は一つの国であったのではないかと言っている（『吉野ヶ里と邪馬台国』NHK出版）。

『魏志』倭人伝には「奴国は二万戸」とある。他の国々に対して、ずば抜けて多い。一戸四人としても八万人の人口である。その食物を栽培あるいは野生のものを採集して賄うには、福岡平野全域でも不足する。

簡単な計算をしてみると、江戸時代、筑前黒田藩は五二万石であった。一人が一年間に食する米の量が一石（一五〇キログラム）である。それが一反の田の面積から採れる。筑前の平地の面積は筑豊平野や宗像方面も含まれるので、福岡平野はその約二・

五分の一、耕作できる田畑の面積割合は江戸時代の三分の一程度と計算すると、倭奴国当時の福岡平野の収穫量は52÷2.5÷3＝7（万石）となる。

当時は単位面積あたりの収穫量も半分程度と見なされており、不足分は他の木の実や魚介類などの食物で補っていたと考えられる。米以外の食物を栽培するにも、土地が必要であるし、単位面積あたりの収穫量は米に比べて少ないのだから、それも含めた必要耕地面積はずっと広くなる。糸島地方を含めた福岡平野で八万人を養うのは容易ではない。

後述の邪馬台国の地の比定のところで述べるが、『魏志』倭人伝にみえる「東南至奴国百里」、「東行至不弥国百里」は二世紀の情報であると考えている。末盧までの表記の仕方と異なるからである。筆者は、陳寿が得た倭国に関する情報は、漢時代も含めた断片的な情報群であり、これを陳寿があたかも一つの情報のようにまとめたと考えている。

『魏志』倭人伝に女王の支配の及ぶ国として、斯馬国から奴国まで二一か国挙げているが、そのなかに「不弥国」がない。これは邪馬台国の時代、奴国が福岡平野にある不弥国を滅ぼして二万戸の大国になっていたとすれば、説明がつく。

伊都の地（糸島市）を追われた伊都国王は末盧の東南五百里の地に逃れた。逃れた地での人口であるから「戸数千余」である。その地の比定は、次節で検討する。

奴国が勢力を伸ばした要因としては、この時代、青銅器や鉄器の生産を一手に引き受けていたということが挙げられる。奴国が青銅器や鉄器の生産を始めたことによって、それまでの伊都国での石斧の生産が止まり、伊都国はその点でも衰退の傾向になったのではないか。

特に鉄器の生産は、奥野正男氏（『邪馬台国の東遷』梓書院）によると日本列島における鉄素材は砂鉄を原料とする場合が多いが、溶融しやすいチタンの含有が少ない砂鉄は列島内でも福岡県の博多湾沿岸部（奴国の領域）と島根県の斐伊川《ひいがわ》流域だけに限られると言われている。また、奴国は『魏志』倭人伝にも示されているように、朝鮮半島南部での鉄の生産や生産技術を最も導入しやすい地理的位置にある。朝鮮半島の鉄の輸入から鉄生産の技術の輸入も奴国が最も早く行った可能性は十分にある。

奴国は元伊都国である糸島地方を含む福岡平野一帯を抑えたものの、周辺の国々から信望を得ることはできず、倭国王には推挙されず、盟主のいない不安定な状態が続いたのではないか。

次にまとまるのは、共通の敵が現れた時である。すなわち、内が乱れるのは外敵がいない時であり、内がまとまるのは共通の外敵が現れた時というのが、古今東西、種々の組織の中で、常に起きてきたことである。

『魏志』倭人伝の伊都国はどこか

卑弥呼の時代、『魏志』倭人伝に記されている伊都国について、殆どの人が現在の糸島市に比定している。糸島市は、もと怡土、志摩の国があったところで、弥生時代の王墓と見られる遺跡があり、国内最大の鏡も発掘されているからだ。しかし、『魏志』倭人伝には伊都国までの経路の説明に、「一大国から海を渡り、末盧に着き、その後東南へ五〇〇里陸路で行った」とある。

末盧は、現在の松浦、あるいは唐津として、伊都国は海に面しているのに、なぜそこから陸路を行かねばならないのか。各人の説明は苦しいものばかりである。糸島は崖ばかりで港がつくれなかったとか、糸島市の沖は玄界灘で波が荒いからだとか、伊都国海岸の地形を綿密に調べた上での説明は皆無である。

ほとんどの人は説明すらしていない。さらに、最近は陸路で伊都国へ行ったと記されていることを無視して、伊都国に港があったという人もいる。方角も末盧の位置を唐津とすると糸島市は東北に近く、壱岐に最も近い東松浦半島先端の呼子《よぶこ》としても真東に近い。しかも、呼子とすると壱岐・末盧間は五〇〇里となる。

『魏志』倭人伝に記されている「伊都国」が現在の糸島市にあったというためには、次のことを説明できなければならない。

①なぜ、壱岐から直接、伊都国の港へ直行しなかったのか。
②なぜ、末盧から陸行したのか。
③なぜ、糸島市の方向は東北なのに東南五〇〇里なのか。
④なぜ、奴国の戸数二万に対し、伊都国のそれは格段に少ない千戸なのか。
⑤卑弥呼が共立される前は「倭国乱れ、治める王がいなかった」とある。そのとき伊都国あるいは伊都国王はどのような状態だったのか。

以上の謎に、多くの人が納得できるような説明を誰もしていないのに、一世紀に伊都国が糸島市にあったので、三世紀になってもそのままであるとして、たいして疑問に思わないでいることは驚くべきことではないのか。

第一章の図4に糸島地方を示したが、当時の海岸線には良港を造れる場所がたくさんあり、特に、船越湾は唐津湾の東側とつながっている。つまり、唐津湾は大きくみると東の糸島半島と西の東松浦半島で形成されているとみなすことができる。壱岐の原の辻遺跡を例にとると、島の東側に内海という湾があって、そこに幡鉾川《はたほこがわ》が流れ込んでいる。遺跡はその川の辺にある。海を渡ってきた船が大型である場合は湾に留め、小舟に乗換えて、川を遡り遺跡の辺にある船着き場へ荷を運んだものと想定されている。糸島には同じ形態の場所が多数ある。そもそも、海

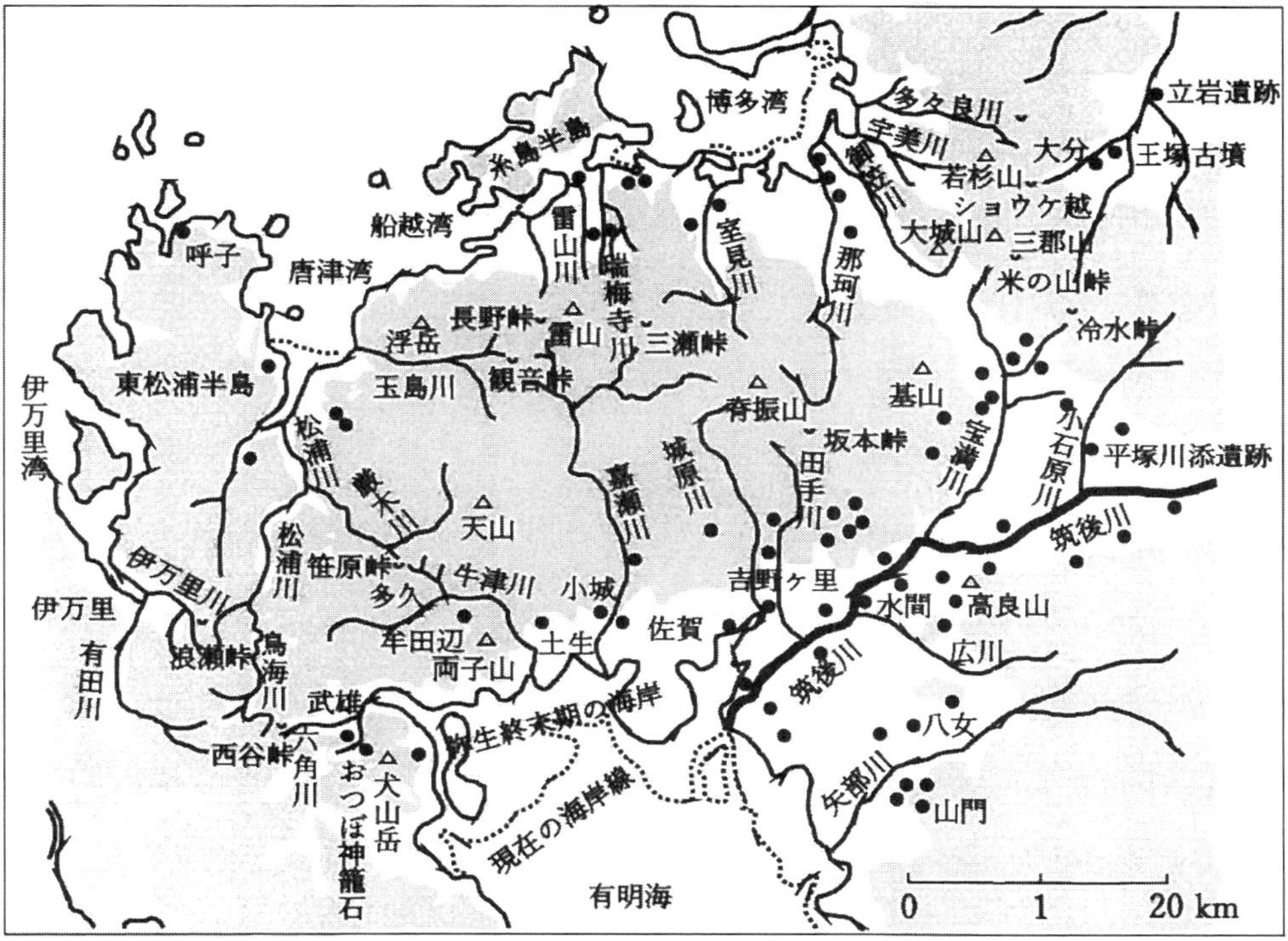

図6　当時の交通水路（●＝弥生遺跡）
（海岸線は平成21年度伊都国歴史博物館秋季特別展「背振山の南と北で」図録と「常備展示図録」による）

岸に面していても、港が造れないようなところに、人が住んで繁栄するはずがないのではないか。

『魏志』倭人伝によれば、末盧や壱岐は女王卑弥呼の支配下にはなかったとある。それで、郡から使いや物品が来たときは、伊都国に入る前に末盧で「一大率」が港で点検することも理解できないわけではないが、「一大率」は伊都国に常時居住しているのである。当時の伊都国が糸島市にあったとすると、わざわざ末盧まで点検に行かなくてもよいと思うし、点検が終ったら、また船で糸島半島と東松浦半島で形成される唐津湾内を東へ移動すればよいことであり（図6参照）、末盧（唐津市あるいは呼子）に上陸し、陸路で糸島市へ行くという経路はとうてい納得できるものではないことがわかる。水行と陸行では運搬効率に雲泥の差がある。『魏志』倭人伝には倭国に牛馬はいないと記されているので、牛馬に運ばせたという事でもないようだ。

　人が担いで物を運ぶとすれば、一人あたり数十キログラムである。それを水行、すなわち船で運ぶならば数百キログラムを運べる。そして、要人は歩かなくてもよいのである。実際、つい昭和の初めまで水路は物品運搬の重要な手段であった。陸地の奥に行くにも、川という水路を使ったはずである。川は自然のものであり、陸路のように整備保持をする必要もない。弥生時代もできるかぎり、水行で運搬したにちがいない。細い支流は、船が通れるように、それなりに前もって整備する必要があると思うが、陸路を整備するより、はるかに楽である。しかし、川の上流の細い水路は、船は荷物を載せて水の上でも、水夫は陸上から船を引いたり、川の中で船を押して歩いたりするので、陸行の部類に入る。水路には葦が多い。葦の高さは三メートルを超え、『魏志』倭人伝の「草木が深くて前を行く人が見えない」という景色になる。

　ではなぜ末盧から陸行したのか。当時の伊都国が、糸島地方ではなかったと考えるしかない。倭人伝を最初に読んだときから疑問に思っていたのであるが、梶原大義氏が（『伊都国の興亡』東洋出版）、伊都国の所在地は武雄市であると比定されていることがわかり、なるほどと思った。末盧とは伊万里であるとしている。対馬から壱岐までの距離と壱岐から伊万里までの距離は約六〇キロメートルでほぼ等しく、『魏志』倭人伝で同じ千里としていることにも符合している。伊万里から東南に約一五キロメートルの所に武雄市がある。陸路は距離の二倍あるとすれば、陸路は三〇キロメートルで『魏志』倭人伝が五〇〇里としていることとも符合する。

　伊万里市には午戻《うまもどし》遺跡《いせき》があり、ここには弥生中期中ごろ（前一世紀頃）から終末期（三世紀頃）にかけての墓群があり、終末期頃に築かれた石棺墓からは後漢製青銅鏡や鉄小刀が発見されている。

　このルートは、卑弥呼の都があったと考えられるところの、有明海・佐賀平野・筑後平野へ出るための「最短ルート」なのである。

　梶原氏は、この陸路を五日程度かかるとしているが、筆者は一日で行けると思っている。伊万里からJR筑肥線に沿って、伊万里川を遡り、伊万里市役所から東へ三キロメートルのところにある標高六〇メートルほどの浪瀬峠《なみせとうげ》を、三キロメートルほど陸路で超えると、松浦川の支流に出る。そこからまた筑肥線に沿って、その支流を三キロメートルほど下り、松浦川本流に出、それを遡る。支流の鳥海川《とのみがわ》に入り、それを遡ると、武雄温泉駅から西に三キロメートルの所（JR佐世保線の永尾駅付近）まで水路で行くことができる。川の標高は八〇メートルほどであり、そこから東に陸路で標高一〇〇メートルほどの西谷峠《にしだんとうげ》を越え急坂を一キロメートルほど下ると、武雄市を流れる六角川の支流武雄川に出る。あくまで、現在の地形であるが、当時もそれほど異なってはいないのではないか。

　伊万里から武雄までの道のりは三〇キロメートルほどであり、そのうち二六キロメートルは川を使う水路である。

　伊万里と武雄に近い陸路の峠越えに、同地から、人足を出せば、残りの水路は少ない人数で荷物を運ぶことができる。

　あるいは、伊万里から上有田付近まで、有田川を遡り、それから陸路で八キロメートルほど東へ進めば、西谷峠に着くことができる。この間の陸路は起伏が少なく、標高差三〇メートル程度のなだらかな谷間の地形となっている。このコースでも道程は変わらず、陸路がやや長いものの一日で行ける。

　なお、松浦川は、そのまま下れば唐津市に出るが、道程も伊万里の方が近い。『魏志』倭人伝において、

写真２　六角川の支流武雄川と御船山

末盧国の官や副官名が記されていないなど、他の所に比べ記事が少ないのも、報告者が国都である唐津を通らなかったためとも考えられる。方位は唐津の南三〇キロメートルとなるので『魏志』倭人伝に記されている「東南五〇〇里」とは方位が異なる。

「一大率」が常駐し、朝鮮半島から使いや荷が届くたびに港へ赴くためには、一日で行けるところでないと不便である。

武雄市にある武雄神社には、武内宿禰《たけのうちのすくね》、仲哀天皇、応神天皇、神功皇后、武雄《たけお》（胆）心命《ごころのみこと》（武内宿禰の父）が祀られている。武内宿禰の父親が祀られているのはここだけだという。また、市内には武内という地名もあり、武内宿禰に縁の深い土地のように感じる。

武雄神社Ｗｅｂサイトの由緒書きには、「『武雄神社本紀』によると、神功皇后が三韓征伐の帰途、武雄に兵船を止め、それが御船山に化したとあります。これにより同行していた住吉神と武内宿禰が御船山

写真３　おつぼ山（神籠石がある）の東にそびえる犬山岳

の南嶽（船の艫《とも》）に鎮座し創祀されました。而して天平七年（七三五）初代宮司伴行頼に『吾は武内大臣である。艫には住吉神がおられ、艫嶽に祀られていても畏れ多く落着かないので、幸い舳《へさき》嶽に自分を祀るならば、末永くこの地に幸福が訪れるであろう。』との神託がありました。行頼は太宰府を通じて朝廷に奏請し、武内宿禰を主神に、仲哀天皇、神功皇后、応神天皇、武雄心命を合祀し北麓に奉遷し武雄宮が創建されたと記されています」とある。

高島忠平氏は武雄地域について次のように言っておられる。

> 佐賀平野では、このほか、六角川流域の平野で武雄市と杵島郡に、弥生時代の「クニ」形成の動きをしめす遺跡がある。武雄市釈迦寺《しゃかじ》遺跡の甕棺墓からは、弥生時代中期前半の細形銅剣、銅戈と鉇《やりがんな》が出土し、杵島郡北方町東宮裾《ひがしみやすそ》遺跡の弥生時代中期末の甕棺からは貨泉《かせん》や巴形銅器・星形銅

写真4　犬山岳からの遠望

器が、北方町椛島山《かばしまやま》遺跡からは、弥生時代中期から後期にかけての石棺から漢式鏡や鉄製刀子が出土している。また、武雄市都《みやこ》遺跡やその周辺からは、弥生後期に属する遺構から、漢式鏡や青銅製腕輪が出土しており、この地域においても、大陸系の文物を受容し、消化発展させることのできる社会（クニ）形成への動きを感じることができる。

（「弥生のクニを育んだ母なる大地」高島忠平・森浩一編『吉野ケ里』朝日新聞社）

武雄は、古くから末蘆から有明海へ抜ける出口であったことが伺える。

武雄市は周囲を山に囲まれた盆地である。盆地中央の田地の標高は五メートル未満と低く、市内を流れる六角川には満潮の時には潮が来る。平地は年月の経過によって土砂が堆積するので、二千年前の海岸線は、現在の標高数メートルのところをたどると、およそのことがわかるといわれている。図7は標高五メートルのところを海岸線として作図したものである。武雄盆地の大部分は海となり大きな湾となり、有明海の波を遮断する天然の良港を形成している。その湾の最深部に神籠石のある「おつぼ山」(標高六〇メートル)がある。その南にはかなりの平地があり、おつぼ山の南一キロメートルの所には古墳(玉島古墳、径四〇数メートル)も残されており、古代には王国があったと考えられる。「おつぼ山」は半島部にあり、防御性を考えると要塞を築くのに最適の場所であることがわかる。その半島部は標高三〇〇メートルほどの山脈が連なっており、おつぼ山神籠石の東にある犬山岳(標高三四二メートル、現在、頂上に犬山城を模した展望台が建っている)の頂上から有明海沿岸が一望できる。一大率が有明湾に沿った邪馬台国内を監視するには絶好の場所である。八女市まで東に五〇キロメートル、吉野ケ里まで東北東に三五キロメートル、遮るものがなく、見通すことができる。

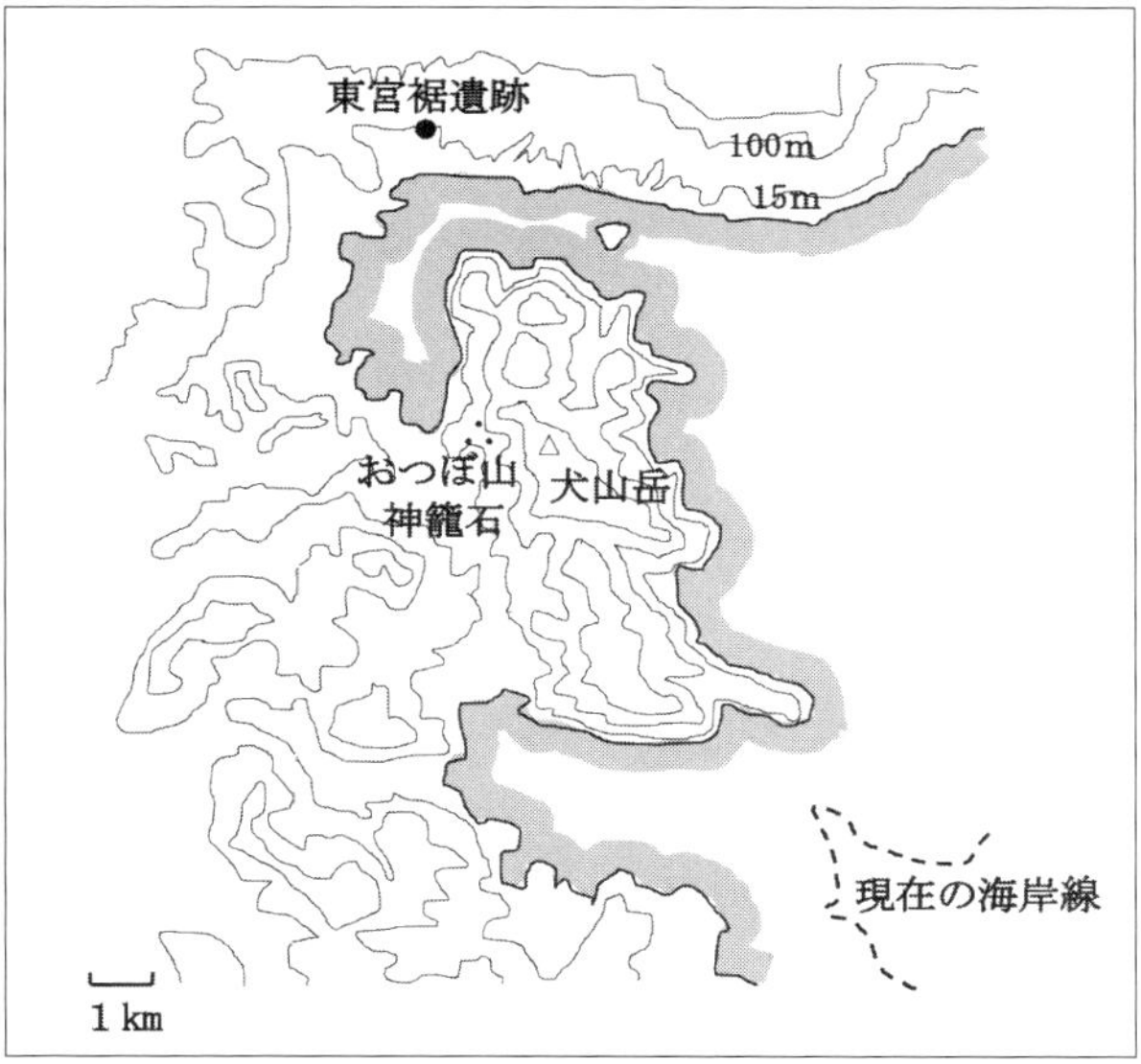

図7　弥生時代の武雄

しかし、図6に示したように、この地方の河川を鮮明に描き直した地図を作製してみると、新たなルートがみつかった。末盧を現在の唐津とした場合、東南へ主に水路を使って有明湾に抜けるルートである。それは、現在のJR唐津線に沿って、唐津から松浦川を遡り、相知《おうち》町から支流の厳木川《きゆうらぎ》に入り、それを厳木まで遡る。そこから笹原峠（標高一〇〇メートル）越えに二キロメートルほど陸路で行くと多久を通る牛津川の支流中通川《なかとおしがわ》にでる。それをまた水路で下れば、多久市、小城市を通り、有明湾に出ることができる。唐津から多久まで約二五キロメートルの直線距離があるが、当時は松浦川の奥深くまで入江となっていたと考えられているので、入江の奥からだと二〇キロメートルほどの直線距離になる。これは伊万里・武雄間の直線距離と同じである。実際の道のりも、こちらの方が曲がりくねっていなくて、短いと考えられる。多久市の牟田辺に弥生遺跡があることが知られているが、その東二キロメートルにある両子山《ふたごさん》（三六六メートル）に登ると有明湾が一望できる。多久は前述の武雄市と極似の地形をしている（牟田辺遺跡からは細形銅剣や硬玉製勾玉などが発見されている）。

ルートの有位性から言えば、次の点では唐津・多久が有位である。①出発点で多くの弥生遺跡が発見されており、唐津は末盧国の首都と考えられていること、②峠越えが一か所であり、その道のりも二キロメートル程度と短いこと、が挙げられる。

しかし、伊万里・武雄ルートは、武雄市に邪馬台国時代の遺物が発見されていること、武内宿禰・神功皇后の伝説があること、地形などから、こちらの方が有力ルートと思われる。

いずれにしても一大率は必要に応じて、素早く朝鮮半島から船が来る港へ行ける所にいなければならない。

卑弥呼が共立される前は、倭国は乱れ、統一する王がいなかったと記されている。それは二世紀に、漢から金印を下賜された倭奴国王、すなわち伊都国王が無事ではなかった事を表している。二世紀末に、中国の漢が滅び、それに伴い、伊都国王の権威が衰え、巨大地震や飢饉もあって、国内は争乱に陥り、盟主の座を追われたのであろう。糸島地域から逃げ延び、武雄あるいは多久の地に移住したのではなかろうか。この地は末盧から近く、糸島地域や福岡平野から遠く離れているので末盧国の勢力範囲だったのではないか。そこで、末盧・壱岐・対馬・朝鮮半島南岸の倭地からなる海洋交易連合国に保護されたと推測されるのである。それで、「戸数（わずか）千戸であるが世々王有り」という表現になったのではないか。伊都国に従っていた奴国王がクーデターを起こし、伊都国王を追い出し、伊都国の直轄地である福岡平野を抑えた（戸数二万）けれども、周辺のクニグニが彼を倭国王とは認めず、筑紫地域をまとめる王が不在になり、内乱状態になったのが『魏志』倭人伝にいう「倭国乱れ」ではないかと前に述べた。

女王国・邪馬台国の比定

魏志倭人伝の情報は断片的

『魏志』倭人伝には、卑弥呼の所在地として、「女王国」と「邪馬台国」の二つの表し方がある。「邪馬台国」については、「南至邪馬壹国女王之都」と一度出てくるだけである。通説は「南、邪馬台国に至る。女王の都する所である」と訳し、女王国の中に「邪馬台国」があると考えている。すなわち、女王国は、女王の支配権が直接及ぶところの広義の「邪馬台国」である。ちょうど「大和」という場合、奈良県（本拠地＝狭義）を指す場合と日本全体（広義）を指す場合があるのと同じである。また、『後漢書』に「大倭王は邪馬台国に居する」とあることから、二世紀の「倭奴国」は三世紀の「女王国」と考えるとつじつまが合うことは、第一章で述べた。このことを念頭に入れながら検討を進める。

『魏志』倭人伝の帯方郡から邪馬台国までの道筋において、伊都国までは前節で比定できた。

それから先の記事は、

東南に百里で奴国に至る、官は兕馬觚《しまこ》、副は卑奴母離、二万余戸ある。

東行し百里で不弥国に至る、官は多模《たま》、副は卑奴母離、千余家ある。

南に行けば投馬国に至る、水行二十日である、官は弥弥《みみ》、副は弥弥那利《みみなり》といい、五万余戸あるべし。

南に行けば邪馬壹国に至る、女王の都のある所である、水行十日、陸行一月である。官には伊支馬《いきま》が有り、次が弥馬升《みまと》その次が弥馬獲支《みまわけ》、その次が奴佳鞮《ぬかで》である。七万余戸あるべし。

女王自《よ》り以北は、その戸数・道理を略載することができるが、そのほかの旁《わき》の国々は遠絶していて、詳《つまびら》かにすることができない。次に斯馬国有り、（中略）次に奴国有り（合せて二十一か国）、これが女王の境界の尽きるところである。その南に狗奴国が有り、その官は狗古智卑狗《くこちひく》、女王に属せず。

郡より女王国に至るには万二千里である。


（著者訳）


と記されている。

『魏志』倭人伝では「邪馬壹国」と表されているが、通説の通り、「邪馬臺国＝邪馬台国」と解釈する。

「壹與」も「臺與＝台与」と解釈する。

『邪馬台国はなかった』（朝日新聞社）を著した古田武彦氏は、別書（『よみがえる九州王朝』ミネルヴァ書房）で「臺や闕《けつ》は神聖至高文字で、魏臺、魏闕は天子を指す。陳寿が夷蛮の国の国名に臺という文字を使うはずがない。例として、王沈の『魏書』鮮卑伝のなかの人名として『闕機』が出て来るが、陳寿の『三国志』では同一人とみられるところに『厥機』と書き替えられている」といっておられる。

とすれば、原資料に「邪馬臺国」とあったのを陳寿が「邪馬壹国」と書きかえ、『後漢書』では、それを原資料どおりに戻したということも考えられる。

『後漢書』の方が『魏志』よりも後に書かれ、後漢が滅亡してから二〇〇年以上経ってからの執筆なので信憑性に乏しいという研究者もいるが、原本の記録書が残っていれば正しく書くことができるし、『魏志』よりも後に作られているので、『魏志』の過ちを訂正してある可能性もある。

『魏志』倭人伝の言う邪馬台国までの里数、日数から邪馬台国の位置を割り出すことは、過去、多数の人が試み、実に多数の比定地が示されている。ここに示されている里数、日数からだけで比定することは不可能に近い。

そこで考えられるのは、果たして編纂者陳寿のもとに、どのような資料が集まっていたのだろうかということである。『三国志』を書き上げるために、数多くの資料が集められたに違いない。

しかし、帯方郡から倭国の邪馬台国までの道程について、実際に邪馬台国に行った人の報告ではないという人もいる。伊都国周辺から先は里数ではなく、日数になっているからである。このようなことから考えられることは、複数の断片的な資料から、陳寿が邪馬台国までの道程を組み立てたのではなかろうか、ということである。すなわち、「①帯方郡から伊都国までの里数」、「②伊都国から周辺の国々までの里数」「③日数で表したところ」「④帯方郡から邪馬台国までの里数」に分かれた断片的な資料を組み合わせたのではないか。

実際、『魏志』倭人伝の後に編纂された『後漢書』などを見ると、当該時代の情報だけでなく、その時代に合わない魏の時代の情報が含まれていることが明白である。すなわち中国でも倭国のような国外の辺《へん》鄙《ぴ》な地方の情報はそうそう集まるものではなく、当該時代の情報がなければ古い情報を使って、編纂されていたことになる。その後の『隋書』などもそうである。そうであるならば、『魏志』倭人伝においても、同じことが言えるのではないか。『魏志』倭人伝だけは、当該のただ一つの情報で成り立っていて、複数の情報を組み合わせたものではなく、また異なる時代の情報がまったく入っていないという証拠はない。いくつかの情報やより古い時代の情報が入っている可能性の方が高いと思われる。

情報の中には、魏に朝貢した倭人から聞き取った資料があってもおかしくない。なぜ陳寿が見たであろう魏の宮殿に残された原資料について思いを馳せる人がいないのだろう。

森浩一氏は「音韻学の学者たちが研究したところ、複数の人が行ったと仮定して、それぞれのメモというか見聞録などの形で、原資料を多少動詞などがそれぞれ違っていても、そのまま入れているであろうことがわかってきました」(『語っておきたい古代史』新潮文庫)という。

次に、前述の①~④の視点から『魏志』倭人伝を見てみよう。

①の帯方郡から伊都国までの表し方は、「渡一海千余里至末盧国」、「東南陸行五百里到伊都国」のように、里数が先に、行き先が後に書かれているのに対し、②の伊都国から周辺の国々までの表し方は、「東南至奴国百里」、「東行至不弥国百里」のように行き先が先に、里数が後に書かれている。②の場合は、「もし行けば」の話で、邪馬台国までの道程の中には入っていないという説もあるが、同調者は少ない。もし、意味が異なるのならば、漢文学者がとっくに指摘しているはずである。漢文法では、同じ意味で、二つの表し方があるのだろう。とすればこれは、別の資料であると言えるのではないか。

③は里数ではなく、日数で表していて、①、②とは異なる表現である。出発点も明記されていない。距離も非常に長い。もし、別の資料であるならば、出発点は伊都国でなく、帯方郡の可能性が出てくる。

奥野正男氏は、『魏志』倭人伝において「里数と日数行程記事の初めと終わりに『郡（帯方郡）より～に至るには』と出発地つまり起点を記していることです」（『邪馬台国はここだ』梓書院）と述べ、日数で示した所の起点は帯方郡であるとしている。

④は帯方郡から女王国までの里数を述べているが、これは周辺の国々を示した資料の中に、この帯方郡から女王国までの里数が述べられた資料があり、①、②、③の資料とは別のものであったのではないか。

松本清張は『漢書』西域伝に長安からの道程が、罽賓国《けいひん》（カシミール）万二千二百里、烏弋山離国《うよくさんり》（アレキサンドリア）万二千二百里、安息国《あんそく》（イラン）万一千六百里、大月氏国《だいげっし》（アフガニスタン）万一千六百里、康居国《こうきょ》（キルギス）万二千三百里、大宛国《だいえん》（タシキスタン）万二千五百五十里とあり、端数を四捨五入すると、ほぼ「万二千里」となることから、漢の直接支配のおよばない遠い国々までの道程は里数に細かな端数がついているが、もとより実数ではなく、いい加減に記載したのだと考えた。『漢書』の書例にならう陳寿が、これを「東夷伝」の倭人の条に応用したのであって、帯方郡から女王国まで「万二千余里」というのも、「長大な距離」という観念的理数にすぎない、といっている（『吉野ケ里と邪馬台国』ＮＨＫ出版）。しかし、「いい加減な記載」とわかるのはずっと後の時代であり、陳寿にしてみれば記録にあるものを「いい加減な記載」と考えるはずはなく、記録をその通り受け入れるのが当然である。しかも、狗邪韓国、対馬国、一大国といった途中の国の位置も詳細に記録されているのであるから、「帯方郡から女王国まで一万二千余里」はバランスのとれた疑う余地のない道程として受け取ったのだ。

陳寿は真実を知っているわけではない。あくまで資料をもとに記述しているのだ。

このように、複数の資料からなっていると考えれば、里数で記されたものは郡使の報告、日数で記されたものは倭人が朝貢して報告したものと区別でき、「倭人は里数を知らず、日数で表す」とした『隋書』倭国伝の記事と合致する。

また、この二十一か国は最後に「奴国」と出てくるので女王国の中の国々であると推測される。「奴国」は、当時旧伊都国を吸収し、二万戸という大国になっていたと前に述べた。最初の「斯馬」を伊都国（武雄）の南の「杵島」と考えると、最後が「奴国」であるので、女王国内をおよそ反時計まわりに記載したのかもしれない。「奴国」の前に記された「烏《お》奴《ぬ》国」は「穂波」（ほなみ→ほな→ほぬ→おぬ）かもしれない。女王国は「奴国」をもってその境界と記しているので、末盧は女王国には入らず、壱岐や対馬と同じく連合国の一つと考えられる。

しかし、陳寿の手もとにあった資料が断片的なものであったとしても、これで邪馬台国の位置が比定できるものではない。

比定のための他の情報

邪馬台国の位置を比定するためには、『魏志』倭人伝の記事だけでは足りず、他の情報が必要である。それは発掘資料から推測される考古学的知見と文献である。この場合の文献は中国の『魏志』倭人伝のほかは、朝鮮半島の国史である『三国史記』「倭人に関する記述」と日本の『古事記』と『日本書紀』あるいは『風土記』といったものである。日本の文献は残念ながらそれほど信頼できるものではない。かなり後の世に作られているし、『古事記』『日本書紀』は為政者の思惑が入っているおそれが多分にあるからである。特に国の成立すなわち初代天皇である神武天皇の即位が紀元前六六〇年とされているが、発掘資料から得られる考古学的知見では、この年代は縄文時代あるいは弥生早期となり、これは水稲耕作が始まったかどうかという時代である。とても大きな国があったとは考えられない時代なのだ。現在では、この件は「記紀」の作者が日本の歴史を古く見せようとしたためであると、多くの人が考えている。

一方で、すべてが虚構とは言えないという面もある。すべてが虚構であれば、作成当時から世の信用を得ずして葬り去られたに違いない。天皇家以外にもそれぞれの氏族は自分たちの歴史を伝え聞いてきたはずである。その歴史と矛盾したことを言っても誰も信用するはずがない。為政者の思惑が絡んでいると見られるところ以外は、細かい所は別にして、

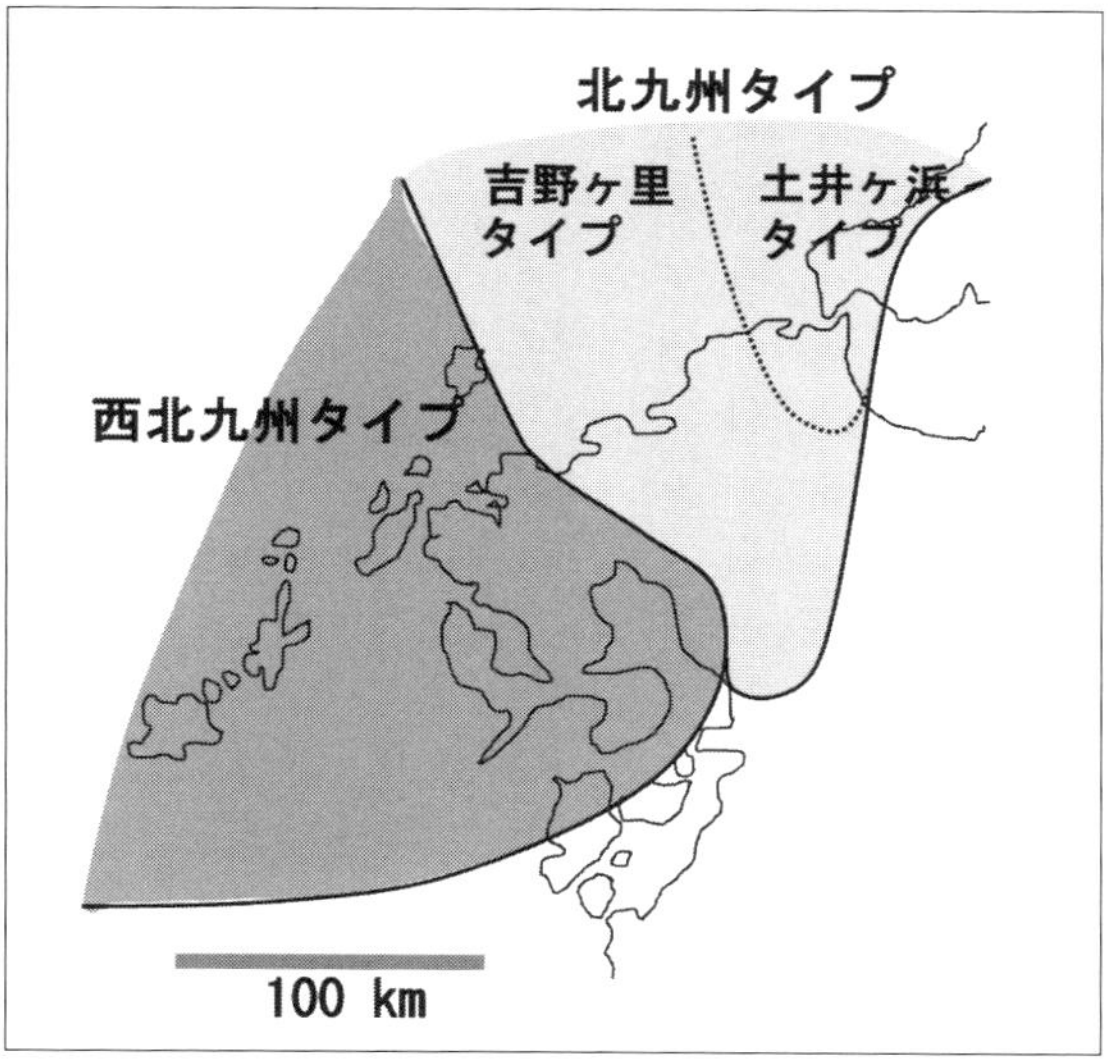

図８　渡来人のタイプ
（寺澤薫『王権誕生』講談社をもとに作成）

かなり真実が伝えられていると考えるべきだと思っている。

まず考古学的知見から考えてみる。邪馬台国が九州にあったとして、九州にはどのような人たちが住んでいたのか。九州各地の弥生時代の人骨を分析した報告がある。

寺澤薫氏（『王権誕生』講談社）によれば、「北部九州各地の弥生人のミトコンドリアのＤＮＡ分析などから、山東半島や江南地域の出土人骨と高い親縁性のあることが指摘されている。同じ北部九州でも、長身で顔が細く華奢な「北九州」タイプと、やや横幅が張った彫の深い「西北九州」タイプに分かれる。前者は山東、朝鮮半島から東北起源、後者は山東、朝鮮半島から長江流域起源の可能性が高い」という。さらに、「北九州タイプの人骨は、細かく言えば二つに分かれ、吉野ヶ里タイプが糸島・福岡平野から筑後平野、さらに菊池地方にかけて、土井ヶ浜タイプ（山口県）が山口県西方から北九州市の東側（豊前）に

かけて、分布している。西北九州タイプの頭骨は長崎県から佐賀平野西部・熊本県有明沿岸部にかけて発見されている」ことが図示されている。図8である。

『古事記』に、筑紫島（九州）は面四つありとして、筑紫国、豊国、肥国、熊曾国をあげている。

この地名は現在まで残っており、前述の人骨のタイプは、『古事記』の示す面四つとよく符合している。すなわち、筑紫国は吉野ヶ里タイプの氏族、豊国は土井ヶ浜タイプの氏族、壱岐や末盧を含む肥前は西北九州タイプの氏族ということになる。熊本県、鹿児島県の熊襲は縄文人系の濃い氏族だろうか。

前章において、甕棺墓が倭奴国（筑紫国）の墓制であると述べた。二世紀以前の弥生時代の甕棺墓が例外的と考えられるものや、あとから伝播したと考えられるもの（飯塚立岩遺跡や熊本地方）を除くと福岡平野、筑後平野及び佐賀平野に限られていることと（藤尾慎一郎著『九州の甕棺墓　弥生時代甕棺墓の分布とその変遷』国立歴史民族博物館）から、筑紫国の墓制と考えられる。

筑紫国を形成している氏族の領域は、この甕棺墓の出土範囲と考えてよいのではないか。卑弥呼を共立していた邪馬台国は、筑紫の国であり、それは吉野ヶ里タイプの人骨の氏族であり、以前、甕棺墓に埋葬していた国と考えることができる。

筆者は、邪馬台国は一つの氏族であると思っている。分かれて暮らしていたものが何かの時にまとまるというのは、血のつながりを持つ集団の場合が最も起きやすい。

吉野ヶ里遺跡保存の指揮を執られた高島忠平氏は、考古学的にみた邪馬台国の条件として、①「クニ」の成立をしっかり押さえること、②『魏志』倭人伝に記されている環濠集落の存在、③国際的要素、④巫女王の役割と出現の過程、⑤卑弥呼の墓の規模を示す数字を挙げ、次のように結論付けておられる。

「①当時、「クニ」と考えられるまとまりは、東北以北を除いても数百はある。卑弥呼が統括したのはそのうち三十にすぎない。それは北部九州で賄《まかな》える。②北部九州には「クニ」の拠点には城柵（土塁と柵）をめぐらした充実した環濠集落がある。近畿地方にこの種のものはない。③北部九州には、鏡、鉄製品など大陸系の文物が多量に出土する。④北部九州では卑弥呼以前にも巫女あるいは呪術者とみられる女性が社会的地位をもったとみられる形で埋葬されている（神埼市の花浦遺跡、糸島市の三雲遺跡、飯塚市の立岩遺跡）。⑤道程、人口、寿命、墓の規模など『魏志』倭人伝に記されている数字に信憑性はない。

また卑弥呼は共立されて女王になっているので、その墓は必ずしも本拠地の邪馬台国にあるとは限らない」（歴史読本編集部編『ここまでわかった！　邪馬台国』新人物往来社）。さらに、近畿説の卑弥呼の墓としている箸墓古墳《はしばかこふん》周辺の堀から出土した鐙《あぶみ》は四世紀中頃以降の大陸文化のものであり、箸墓古墳が邪馬台国時代に合わないと言われている（「佐賀新聞」二〇一二年二月二十八日）。

邪馬台国は八女か山門

以上のことを整理してみる。

筑紫の国：筑前、筑後

吉野ヶ里タイプの人骨：筑前、筑後、吉野ヶ里、菊池地方

甕棺分布：福岡平野、筑後平野、佐賀平野（西は武雄まで）、唐津・松浦

魏志倭人伝：小王国が二十か国ほどある

・首都の邪馬台国は帯方郡より一万二千里

・末盧より二千里（一里は七五メートル程度、これは、狗邪韓国・対馬間千里、対馬・壱岐間千里、帯方郡・狗邪韓国間七千里から換算した値。ただし、帯方郡・狗邪韓国間は七千里とあるのを、そのまま計算すれば、一里が九〇メートルを超えるが、朝鮮半島西岸は、黄海に流れ込ん

だ黒潮の分流の反転流が北から南へ流れており、また、干満の差も大きい。半島南岸は、これも黒潮の分流である対馬海流が西から東へ流れ、船はその流れに乗って進むことになる。船の移動した道程が、海面を進む船の速さと日数から計算されたものとすれば、海流で流された分だけ短く測られることになり、その影響が二割ほどあるとすれば、やはり一里が七五メートルほどになる）

・邪馬台国の人口七万戸（約三〇万人）
・女王国の南に狗奴国がある
・末盧は女王国の範囲に入らない

　筑紫の国、吉野ヶ里タイプの人骨、甕棺分布に共通な地域は、福岡平野と筑後平野である。首都の邪馬台国は末盧より二千里（一里を七五メートル程として一五〇キロメートル程）、陸路・水路も河川であるとすると直線的に行くことができないので、末盧からの直線距離は七五キロメートル程とすると、大牟田・八女・甘木を結んだ線が邪馬台国の南西側の境界となる。これは筑後の地域と一致する。山地が境界となっており、古代の国の境界として妥当と思われる。

　女王国の南の境はどこか。女王国の主な領域が筑紫ということから、現在の福岡県と熊本県の県境がまず考えられる。肥筑山地で両地域は遮られている。狗奴国との境が今の県境に近いという傍証に、『日本書紀』景行紀において、熊襲征伐後巡幸した時に「筑紫後国《つくしのくにのみちのしりのくに》三毛《みけ》」（福岡県三池、現大牟田市）という記述がある。また、三毛に来たとき、長さ九七〇丈の大木が倒れていたと記している。宮崎康平は『まぼろしの邪馬台国』のなかで、この九七〇は「クナ」を暗示しているといっている。

　松本清張（『松本清張の日本史探訪』角川文庫）も、この福岡県と熊本県の県境となる肥筑山脈が、女王国と狗奴国の境と考え、装飾古墳の装飾の違いなども、その理由に挙げている。また、狗奴国王の名が、狗古智卑狗《くこちひこ》とあり、菊池彦とも取れ、菊池あるいは玉名地方を本拠地としていたのではないかといっている。菊池地方は、北は筑肥山地で遮られており、逆に、南は開けて熊本平野に続いている。国のまとまりとしては熊本平野に属すると考えるのが妥当と思われる。女王国を熊本地方にまで含めるのは他の条件とはかなり離れていると言わざるを得ない。菊池の王は、もと倭奴国に属し、甕棺墓を採用していたが、熊本平野の豪族たちとの関係を深めて熊本平野を治めるようになった。倭国乱のときに倭奴国が衰微したので、独立を計り、逆に筑紫平野の支配を目論み、筑紫国に圧力をかけるようになった。それが狗奴国と考えられる。

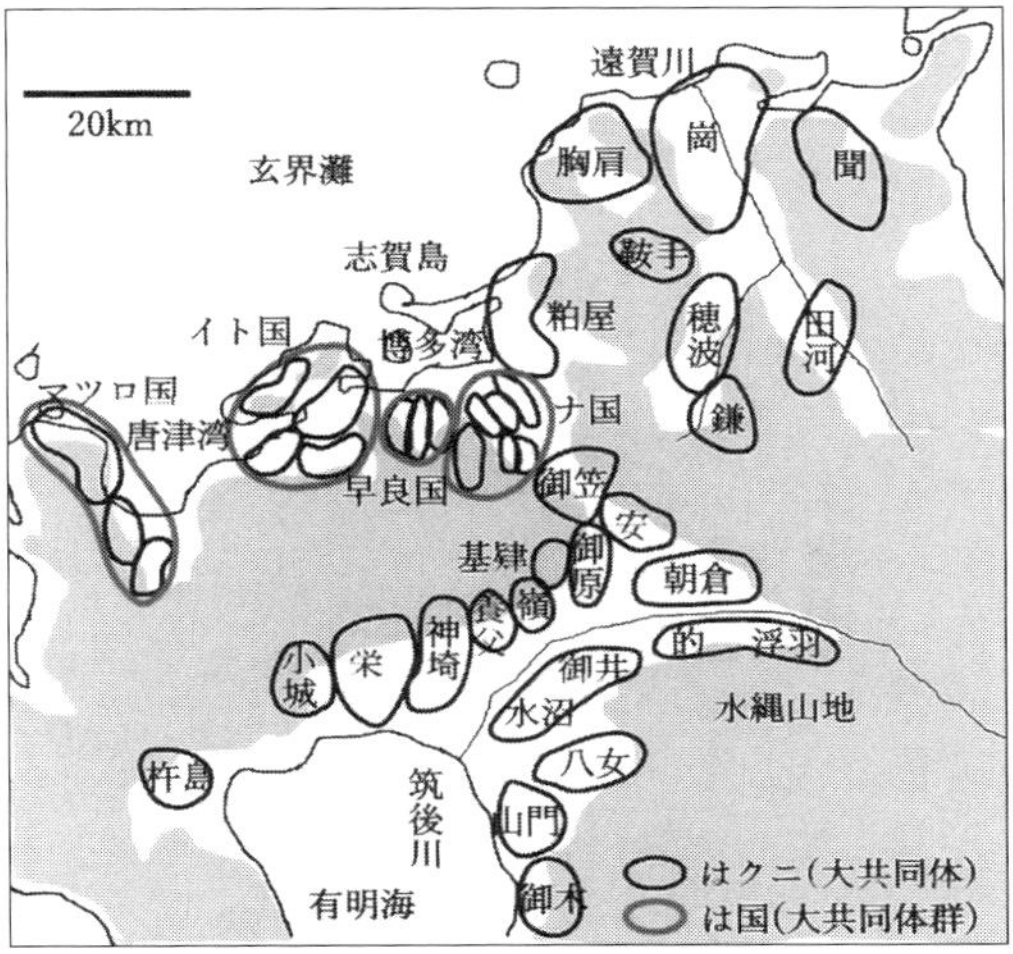

図９　紀元前後の北部九州のクニ・国
（寺澤薫『王権誕生』講談社をもとに作成）

　残りの佐賀平野は入るのか。佐賀地方については、吉野ヶ里も佐賀平野の東部であるし、筑紫から西の方に国境になるような山地はないので筑紫の国に含まれると思われる。実際、甕棺の出土は佐賀平野に及んでいる。

　東方の筑豊地方については、その名のとおり、筑紫と豊国が入り混じっていると考えられるが、甕棺の出土が飯塚地方に限られているので、どちらかというと豊国の勢力が強かったのではないか。総合すると女王国の領域は、糸島市を含んだ福岡平野、筑後平野、佐賀平野それに筑豊の一部ということになるのではないか。

その範囲であれば、北部九州で小王国二十一か国がほぼまかなえる（図9）。

さて、「邪馬台国、七万戸（約三〇万人）」であるが、これは、広義の邪馬台国（＝女王国）の人口と考えざるを得ない。

『魏史』倭人伝には「奴国二万戸」とあると前述し

図10　女王国の領域

たが、人口三〇万人ということは江戸時代の石数で三〇万石必要であり、領地に対する耕地面積が江戸時代の三分の一程度としても、三〇万石を得るための領地は江戸時代の九〇万石に匹敵する領地が必要になる。これは筑前・筑後に佐賀平野を加えた面積にほぼ等しくなるのである。すなわち、卑弥呼の支配する領域全体の人口と解すべきと考える。卑弥呼の本拠地が筑後川以南・大牟田市まで含めた支配であったとしても、とうてい賄える人口ではない。有明海沿岸は広大な干潟が広がり、そこから魚貝類など海からの食料が豊富に得られるのであるが、当時の筑後川以南の平地は狭く、陸地で得られる食料は多くは見込めない。多くの人が「女王を輩出している邪馬台国が倭国の中で最も大きい」と思い込んでいるように、陳寿もまたそう思ったのではないか。情報の少ない中ではやむを得ないことと思われる。

女王国の領域を図10に示す。

卑弥呼の都、邪馬台国の比定地は、八女市（八女《やめの》県《あがた》）から大牟田市の三池（御木《みき》国）にかけての地、吉野ヶ里（奥野正男氏）、朝倉地方（安本美典氏）などが候補地に挙げられている。前述のように距離的にはいずれも問題はないが、筆者はあとで示すように、卑弥呼率いる邪馬台国は南の狗奴国との抗争で都を陥落させられたと考えて、八女または山門を採りたい。

　この山門・八女地域は、北からの敵に対しては防御性の高い地域である。すなわち、一〇キロメートルほど北に大河筑後川が東西に流れ、その南に耳納連山が筑後川と平行に、北から見れば、屏風のように連なっている。その連山の西端の高良山《こうらさん》の南に山門・八女がある。いわば北側に天然の巨大な水城《みずき》があるようなもので、高良山には神籠石《こうごいし》式山城跡があり、防衛のための砦と考えられている。その後も高良山は軍事的要衝であり続けた。

　しかし、南からの防御性は肥筑山脈があるとはいえ、それほど高くはない。

　八女地方は、六世紀の「磐井の乱」で有名な「磐井の君」の墓とされる岩戸山古墳があるところである。

　山門（みやま市）は八女の西南七キロメートルほどの矢部川沿いにあり、旧石器時代から連続して営まれている小集落が沢山ある（西谷正『魏志倭人伝の考古学』学生社）。東端に女山《ぞやま》集落があり、神籠石で取り囲まれた山城跡とみられる遺跡もある。女山は地元では卑弥呼の居住地を指すと考えられている。『日本書紀』神功皇后紀で「山門県にいきて、土蜘蛛――田油津媛を殺す」（宇治谷孟現代語訳『日本書紀』講談社学術文庫、以下『日本書紀』の現代語訳は全て同書）と出てくるところである。

　では次に、資料が断片的なものであったとして、邪馬台国の所在地が八女市・みやま市付近としたときに、上記の里数あるいは日数が合うかどうか検討したい。

　五一頁に挙げた①の帯方郡から末盧国までは通説

通りである。すなわち、帯方郡から倭国北岸狗邪韓国まで七千里、渡海して対馬まで千里、また渡海して壱岐まで千里、さらに渡海して末盧まで千里、合せて一万里。末盧国は伊万里または唐津、伊都国は前述のように、現在の武雄市または多久市とする。末盧から伊都までの五百里を加えると、帯方郡から伊都国まで、一万五百里である。

倭国に行くには朝鮮半島南岸部の狗邪韓国に寄ることになる。そこで倭国の水先案内人が乗り込み、時速二キロメートルに近い対馬海流を読みながら渡航したのであろう。

②は「里数」が先で「行く先」が後に記されていて、①とは文法が異なる。このことは単に別人の報告ということだけでなく、時代も異なっている可能性がある。これは伊都国周辺の国々への伊都国からの距離を示したもので、糸島市付近に伊都国が栄えていた時の資料と考えられる。伊都国の中心地が糸島市の三雲・鑓溝にあり、奴国の中心が春日市須玖、不弥国の中心が糟屋郡宇美町宇美八幡宮（応神天皇生誕の地とされている）あたりとすると、奴国は伊都国の東南東一八キロメートル、不弥国は伊都国の東二四キロメートルの位置にある。この記事が漢の時代のものであるとすると、漢の時代の一里は四一四メートルと言われているので、奴国までは四三里、不弥国までは五八里となり、両方とも直線距離で五〇里に近い。その倍が道程と考えると百里となる。水路を採ると、伊都国から瑞梅寺川を下り博多湾に出、奴国へは那珂川を、不弥国へは宇美川を遡ることになる（図6参照）。水路の道程は、奴国へは三三キロメートル、不弥国へは三九キロメートルほどになる。里数にすれば、奴国へは八〇里、不弥国へは九四里、河川の部分三〇里が現在より蛇行していたとすれば、その道程はさらに一〇〇里に近づく。いずれにしても概略百里（八〇～九四里）となる。奴国の位置が東南よりやや東によることを除いては、よくあてはまるのである。これを魏の尺度として一

里＝七五メートルとすると、奴国まで直線距離でも二四〇里となり、計算が合わない。また、この項は邪馬台国までの道程に入れる必要はなくなる。

『魏志』倭人伝に女王の支配の及ぶ国として、斯馬国から奴国まで二一か国挙げているなかに「不弥国」がないのは、邪馬台国の時代、奴国が福岡平野にある不弥国を滅ぼして二万戸の大国になっていたと前節でのべた。このことは②の位置を表す記事が三世紀より前の情報であること、および、「倭国乱れ」のとき奴国が勢力を伸ばしたことの傍証になる。

③の日数については、倭人伝では「南に邪馬台国、女王の都に至るには、水行十日、陸行一月」と、出発点が記述されていない。出発点が省略されているときは、第一人称の場合が多い。この記述は中国側から書かれているので、まず、第一に考えるべきは、帯方郡である。これに合わないときに初めて次の出発点を考える。「水行十日陸行一月」は、帯方郡から邪馬台国までの日数と考える。帯方郡からならば、八女市は、南に位置する。実際は、南南東であるので、八方位で表すと、「東南」といっても「南」といっても正しい。道程で表している箇所は「東南」といい、日数で表している箇所は「南」といっていることも、それぞれ異なる情報によるものであることの傍証となる。魏の船なら、一日千里（七五キロメートル）程度はかるがると進むであろう。あるいは、この海域を支配している対馬や壱岐の豪族（安曇族ではないかと言われている）が請け負ったかも知れない。

朝鮮南岸から対馬まで七五キロメートル程度である。昼間十二時間として時速六キロメートル、歩く速さより少し速いだけの速さで渡海できる。中国の船あるいは対馬海峡を交易の場としている安曇族ならば、楽に渡航できたはずである。帯方郡から狗邪韓国に到るまで七千里を六日間で、そこから対馬まで一日、壱岐まで一日、末盧まで一日、計九日。陸行一月は一日の誤写書と考える。末盧から伊都国

（武雄市）までの陸行である。

「日」と「月」は間違えやすい。第四画が第一画と第三画の最も下で結ぶか、上の方で結ぶかの違いで、「日」になったり「月」になったりする。しかも「日」の字は、第一角と第二角の下が少し出た方が美しく見える。これが出過ぎると「月」になるのである。したがって、「日」か「月」か、他人から見れば判断の付き難い字を書く人もいる。現在見ている倭人伝は十二世紀の物で陳寿が書してから八〇〇年後のもので、その間、何十回もの写書を重ねて来ているものである。その間に第一・第二角がかなり出た「日」の字を書いた人がいて、それを書写する人が「月」と読んでしまったということは十分に想像できることであろう。一度「月」に変えられてしまうと元には戻らない。末盧から二千余里、魏時代の一里は四三四メートル程度と言われているので、その道程は八〇〇キロメートル余、一日三〇キロメートル程度の道程となり、中国ではその程度の道程を陸行することはざらにある。『魏志』を書写する人は、一里が七五メートル程度で表されているとは思わなかったに違いないからである。また、帯方郡から九日で女王国の端に到達しながら、卑弥呼の住む都まで、人手で荷物を運ぶ陸行を一月も行うというようなことは考え難い。また、四〇日近い行程の四分の一しか、経路が示されていないというのも不可解である。

あるいは、陳寿自身が原資料に一日とあったのを、道程の表記が短里であることを知らず、伊都国から邪馬台国までの千五百余里を長里と考えたとしたら、陸行一日であるはずはなく、一月と解釈したのかも知れない（八章に詳細を示す）。また、『魏志』倭人伝の中には、一人が読み上げて、多くの人が同時に聞き書きして、それを文章に書き記したということも行われた節もあるのである（第八章参照）。

残りの水行一日は伊都国から邪馬台国までの日数であるが、帯方郡の郡使が常に留まる場所としては、Ⓐ女王国を観察・監視でき、Ⓑ必要ならば直ちに女王に面会でき、Ⓒ帯方郡から届いた荷物を港で点検できる位置であることが求められる。

武雄市はⒶ、Ⓒを満足させる。ここからあと一日以内で女王の居する邪馬台国へ行くことができればⒷを満足させられる。

邪馬台国女王の都は八女または山門に比定できると前述したが、当時の海岸線は図6に示すように、武雄市北方あたりは海に面しており、矢部川も現在より六〜七キロメートル上流まで海であった。武雄市から有明海に出、今度は矢部川を一五キロメートル遡ると、八女市に着く。武雄市から八女市までは六五キロメートル程度の水行で行くことができる。最大六メートルという大きな干満差のある有明海に面しているので、武雄市から引き潮に乗って有明海に出、満ち潮に乗って矢部川を遡れば、半日で着くことができるであろう。山門（現・みやま市瀬高）は矢部川沿いにあり、八女市の手前七キロメートルの所にある。

資料が断片的なものであり、出発点が帯方郡からとすると、「投馬まで水行二十日」は邪馬台国への道程と無関係となる。

④の帯方郡から女王国までの里数については、一万二千余里とある。伊都国（武雄市）まで一万五百里、伊都国から邪馬台国（八女市）まで約千里（七〇キロメートル）を加えると、ほぼ一万二千余里である。

以上のことから邪馬台国のあった場所は八女あるいは山門として不都合はない。

邪馬台国畿内説における道程論について

邪馬台国畿内説については、考古学的にも証明できないことは、後（第八章）で論じるが、ここでは、『魏志』倭人伝に見える地理的な記述をみても不合理であることを述べる。

まず、「郡より女王国に至るまで、万二千余里」である。郡より末盧国までで、すでに一万里来ている。

あと二千余里で畿内に届くはずはない。

畿内説は、これを不問にし、無視している。

そして、日数で示したところ、「南して投馬国に至る。水行二十日。南して邪馬台国に至る。女王の都する所なり。水行十日陸行一か月」を伊都国あるいは不弥国からの日程だという。しかし「南」を「東」に読みかえている。道程ではなく日数で示している理由として、郡使は伊都国から先へは行っておらず、倭人から都までの日程（倭人は道程を知らない）を聞いたからだという。そして、その情報は先に訪れた郡使梯儁《ていしゅん》の報告だという。しかし、梯儁は「印綬を奉じて倭国に至り倭王に拝仮す。詔をもたらし、金、錦、鏡、刀等を賜う」とある。倭王を伊都国まで呼び出したのだろうか。なぜ都まで行かなかったのだろうか。説明がない。

『魏志』倭人伝において重要な郡使は張政である。張政は狗奴国との交戦で劣勢となった倭国の救援要請に応じてやってきたのである。軍事指導に長けた人物として、塞曹掾史《さいそうえんし》の身分ながら抜擢されたとみられる（次章に述べる）。彼の滞在中に、卑弥呼が死に、大きな冢《ちょう》が造られ、その後、男王が立ったが反発が多く千人が死んだ。そこで十三歳の少女台与が王位に就き、ようやく収まった。この間、張政はずっと滞在してその変遷をみてきたのである。台与には檄を発しているが、これは、直接会わなければ出来ないことだろう。それとも台与を九州まで呼びだしたのであろうか。畿内説は、この矛盾を避けるために、張政のことも不問にしている。

張政は低い身分のため、出世するためには派遣された目的をしっかりと成功に導くことはもちろんだが、成果を詳細に報告しなければ褒賞には辿《たど》りつかない。

その上、前述のように、卑弥呼の時代の伊都国を現在の糸島市とするためには、単に「東南」を「東から東北」に読み替えるだけでなく、「伊都国まで陸行の理由」、「一大率は伊都国にいるのに末盧で荷役点検した理由」、「奴国二万戸に対し伊都国千戸と極端に少ない理由」を説明できなければならない。
　畿内説者は都合の良い所のみを抜き出して説明している。都合の悪い所は黙して語らない。無視するならば、無視しなければならない理由を述べるべきである。倭人伝に記された数字は、陳寿なりに吟味して記したはずである。単に記録があったからといって納得せずに載せたとは思えない。

女王卑弥呼共立

『魏志』倭人伝には、次のように、女王共立までの経過が記されている。

　その国は、本来、男子を王として、七、八十年続いたが、その後、倭国は乱れ、数年にわたり相攻伐するありさまだった。そこで、一人の女性を共立して王とした。名を卑弥呼といい、鬼道を使い民衆を惑わすことができた。年齢は長大で夫はいない。弟がいて国の統治を補佐している。王になって以来、彼女に会える者は少なく、婢千人が側に侍り、男子一人のみが飲食の配膳や伝辞のために出入りしている。宮室や楼観に住み、城柵は厳重に設けられ、常に武器を持った守衛がいる。

　共立した理由は述べられていない。武力に依ったのでもなく、特に政治的能力の高い人が国をまとめたのでもない。言えることは、巫女である女性を王として共立するという手段を採ってまでも、まとまらなくてはならない事情が生じたということである。それは何か。分裂状態の集団がまとまる時というのは、共通の外敵が現れた時である。明治維新も黒船という共通の敵の出現によって、諸藩がまとまったのである。少なくとも旧幕藩体制ではだめだという事は大部分の人達の一致した考えであったと思う。

この場合の共通の敵とはどこか。後の流れから判断すれば「狗奴国」ということになるのではないか。すなわち、『魏志』倭人伝には「その（正治）八年（二四七）、太守王頎《おうき》が官（帯方郡）に着任した。倭の女王卑弥呼はもともと狗奴国の男王卑弥弓呼《ひみここ》とは不和であった。倭は戴斯・烏越等を郡に遣わして、相攻撃している状況を説明した。そこで、塞曹掾史張政らを遣し、詔書・黄幢《こうどう》を整え、難升米《なしめ》に拝仮させ、檄《げき》で告諭した」とあり、狗奴国に攻められていることがわかる。狗奴国の脅威によって連合の必要性が生じたのではないかということは松本清張も著書『吉野ヶ里と邪馬台国』のなかで述べている。

共立された理由は、鬼道に優れていたからである。この時代、物事を実行する場合、占いにかけ神の判断を仰いでいた。卑弥呼は、狗奴国と境を接するクニにいて、いわば最前線のクニとして狗奴国の侵入をよく防いでいた。その実績があったので、卑弥呼を女王に選んだのではないか。

政治の形態は、小国王たちが集まって協議をする合議制だったと思われる。特別な権力を持った王がいないので、種々出てくる案をまとめることができない。そこで複数の案を卑弥呼に提示し占ってもらう。占いの結果、最良の案が決定される。どんなに良い案でも占いの結果（神託）、凶と出れば引き下がらざるを得ない。

いつ女王が即位したのか。前節で述べたように、南海トラフの巨大地震で津波が瀬戸内地方にも押し寄せ、大混乱に陥ったのが二世紀末。伊都国が衰え、内乱状態になったのは、その後で『三国史』新羅本紀に、西暦一九三年、「倭人が大飢饉となり避難民到来」という記事があるので、その頃は内乱状態に入っていたのではないかと思われる。それが歴年続き、女王卑弥呼が共立され、魏に初めて朝貢したのが、二三八年である。この頃、魏、呉、蜀の三国の争いが続いており、二三三年、呉の孫権が遼東半島の公孫淵《こうそんえん》を燕王に封じ、公孫淵は帯方郡・楽浪郡を領有した。それに対し、魏は二三八年に、その公孫氏を攻め滅ぼし、帯方郡を魏のものとしている。

したがって、二三八年以前に魏に朝貢することは不可能であったという事情があるので、女王卑弥呼が共立されたのは一九四年〜二三七年頃の間ということになるが、筆者は二〇〇年頃以降となるのではないかと考える。

というのも『日本書紀』に、「神功皇后が二〇一年に仲哀天皇亡きあと、皇后として采配をふるった」とある。そして次の記事を載せている。

神功皇后三九年（二三九）に『魏志』倭人伝によると、

明帝の景初三年の六月に、倭の女王は大夫難斗米《なしめ》らを遣わして、帯方郡に至り、洛陽の天子にお目にかかりたいといって貢をもってきた。太守の鄧夏は役人を付き添わして、洛陽に行かせた。

同四〇年　魏志にいう。正始元年、建忠校尉梯携らを遣わして、詔書や印綬をもたせ、倭国に行かせた。

同四三年　魏志にいう。正始四年、倭王はまた使者の大夫伊声者掖耶ら、八人を遣わして献上品を届けた。

同六六年　晋の国の天子の言行などを記した起《き》居注《きょちゅう》に、武帝の泰初二年一〇月、倭の女王が何度も通訳を重ねて、貢献した。

これは『魏志』倭人伝に書かれているものを引いて書き込んだと考えられる。

『日本書紀』が示すとおりに、卑弥呼が二〇一年に即位（摂政元年としている）したとしても、特に大きな矛盾はないように思える。二〇一年に卑弥呼が二〇歳で即位したとして、没年の二四八年の時は六八歳ということになり、年齢的にも特別おかしくはない。

『魏志』倭人伝に「既に高齢で……」と即位したと

きに高齢であったかのように書かれていて、通説はこれを受け入れ、疑問を持つ人をみかけないが、この情報は、はたして正しいのであろうか。中国の史書に、倭国からの朝貢記録は、一〇七年の倭王が朝貢した後は二三九年の卑弥呼の朝貢までないのである。つまり、即位したときの情報はなかったのではないかと思われるのである。二三九年の朝貢あるいは二四〇年の倭国に使者を送った時に、既に高齢であったということではないか。それが記録する時あるいは写書の時に「即位したときに高齢であった」かのように書かれてしまったのではないか。古田武彦氏は『三国志』の中の「長大」という用例を全部抜き出して調べたところ、「長大とは三十歳半ば」を指すという点で、どの例も異論がなかった（『古代の霧の中から』徳間書店）といわれている。

卑弥呼の外交

卑弥呼を擁立し、筑紫の国は一つにまとまることによって、対狗奴国政策を執る体制ができ、小康を保つことができた。さらなる対策として、魏への朝貢を行い、魏の後ろ盾を得ようとしたことは確かであろう。『魏志』倭人伝には次のようにある。

景初二年（二三八）六月、倭の女王は大夫難升米《なしめ》を帯方郡に派遣し、天子に朝献することを求めた。太守劉夏《りゅうか》は官吏を遣わし、都（洛陽）へ詣でるために送らせた。

その年の十二月、倭の女王への詔書に曰く「親魏倭王卑弥呼に制詔する。帯方郡太守の劉夏は使者を遣わして、汝の大夫難升米や次使都市牛利《つしごり》が汝の献ずる所の男生口四人・女生口六人・班布《はんぷ》二匹二丈を奉るために送り届けさせた。汝の居るところは遥か遠くであるが、使を遣わし貢献してきた。これは汝の忠孝であり、我は甚だ汝を哀れに思う。今、汝を親魏倭王と為し、金印紫綬を包装し帯方郡太守に付託し汝に仮授する。それは種族の人を留め、孝順を為さす。汝が来使、難升米・牛利は苦労して遠路を渉ってきた。今、難升米を率善中郎将《そつぜんちゅうろうしょう》、牛利を率善校尉《そつぜんこうい》に為し、銀印青綬を仮綬し、引見の労を賜い、送還する」。

正治元年（二四〇）、太守弓遵《きゅうじゅん》は建中校尉の梯《てい》儁《しゅん》等に倭国に詣で詔書印綬を奉らせるために派遣し、倭王に拝仮させ、併せて、詔による金・帛《はく》（きぬ）・錦・罽《けい》（毛織物）・刀・鏡・采物を下賜した。倭王は詔に答えて謝恩の上表文を使者に託けた。

卑弥呼は、公孫淵が帯方郡を掌握している間は、魏への朝貢は難しく、朝貢する機会を待ちに待っていたと思われる。

二回目の朝貢では、

その四年（二四三）、倭王は再び大夫伊聲者《いせぎ》・掖邪狗《ややく》等八人を派遣し、生口・倭錦・絳青縑《こうせいけん》・緜《めん》衣《い》・帛布《はくふ》・丹・木附《もくふ》（木製の小太鼓）・短弓矢を献上した。掖邪狗等一同は率善中郎将の印綬を拝受した。

その六年（二四五）、倭の難升米に黄幢が詔賜され、帯方郡に仮綬を付託した。

この二回目の朝貢で、難升米に黄幢を賜っている。黄幢とは黄色の吹き流しで、魏の将であることを示すものとされる。したがって、この時点で、狗奴国との間が緊迫になったことを報告し、対策として、印綬や黄幢を賜ったと考えられる。黄幢をひるがえさせることによって、魏の後ろ盾が得られたことを狗奴国に示すことができるのである。この下賜は二年後（二四五年）に行われたが、帯方郡に留まってしまっている。

さらに三回目の朝貢では、

その八年（二四七）、太守王頎《おうき》が官（帯方郡）に着任した。倭の女王卑弥呼はもともと狗奴国の男王卑弥弓呼《ひみここ》とは不和であった。倭は戴斯《さし》・烏越《うお》等を郡に遣わして、相攻撃している状況を説明した。そこで、塞曹掾史張政らを遣わし、詔書・黄幢を整え、難升米に拝仮させ、檄で告諭した。

ここで、狗奴国と対立していること、攻防戦の状況を説明している。

戦況を聞いた帯方郡は、張政を派遣し、詔書、黄幢、檄文を渡した。二回目の朝貢で救援を要請してから四年が経っている。中国皇帝から下賜された黄幢も帯方郡に留まったままである。戦況は著しく悪化し、都が陥落するなど滅亡の危機になっていたとしてもおかしくない年月の経過である。

写真５　吉野ケ里遺跡

国内情勢

この時期の国内情勢、狗奴国との関わりの手がかりとしては、『古事記』『日本書紀』の中から見出していくしかないようである。

安本美典氏ほか多くが『日本書記』と「倭人伝」の内容の対応で岩戸に隠れる前の天照大神を卑弥呼、岩戸から出てきた天照大神を壹與（台与）、素戔嗚《すさのお》を狗奴国と捉えている。

この場面を『古事記』、『日本書紀』では、「素戔嗚が天照大神の宮殿に暴れ込み、乱暴を働く」と記述している。この「記紀」の記述が事実とすると、邪馬台国は狗奴国から攻め込まれ、宮殿すなわち本拠地の邪馬台国を奪われたと考えられる。

狗奴国の位置は、『魏志』倭人伝に「その（女王国の）南に狗奴国があり、男性を王とし、官には狗古《くこ》

写真６　平塚川添遺跡（朝倉地方）

智卑狗《ちひこ》があり、女王に従属していない」とある。卑弥呼の本拠地「邪馬台国」は八女あるいは旧山門《やまと》郡（現・みやま市）とした場合、狗奴国がその南の熊本・菊池地方とすると、卑弥呼は攻め込まれて、都を落とされた際、北へ逃げ、筑後川を渡り、おそらく筑後川を防衛ラインにしたのではないか。その避難先が防御性に富む吉野ヶ里遺跡であった可能性がある。古くからある大きな塞であるし、一大率の在住する伊都国（現・武雄市）に近いからである。吉野ヶ里の集落は、紀元前五世紀から三世紀、まさに卑弥呼の時代まで活用された集落である。現在の復元整備も三世紀を対象時期にしている（吉野ヶ里歴史公園Ｗｅｂサイト）。張政が倭国に来たとき、卑弥呼は吉野ヶ里に居り、張政が見た卑弥呼の都は吉野ヶ里であった可能性がある。『魏志』倭人伝にいう「居住する宮殿や楼観、城柵は厳重に設けられ、常に武器を持った守衛がいる」という風景は、吉野ヶ里の風景によくあてはまる。

避難先については安本美典氏が卑弥呼の都と考えられている朝倉地方の可能性もある。『日本書紀』神功皇后紀に、神功皇后は朝倉地方の松峡宮《まつおのみや》に移ったとある。そこで羽白熊鷲《はしろくまわし》という皇命に従わない者を討つのであるが、そこは豊国との合併（第三章で説明）を最後まで反対した筑紫国内では有力なクニであったと思われる。卑弥呼がここを第二の都としていたのならば、台与もまたかなりの期間朝倉地方に滞在したのかもしれない。ここの景色が大和地方の景色に似ていることから、大和に遷都したときに、ここの地名を付けたので、安本美典氏や奥野正男氏が指摘しているように、非常に多くの地名がその方向まで含めて合致しているのはそのためかもしれない。

　三世紀前半、卑弥呼が都としたと明確に考えられるような大集落や王墓の遺跡は見つかっていない。総じてこの時期の北部九州は糸島地方であれ、福岡平野であれ、特別に繁栄しているところはないようなのである（寺澤薫）。糸島地方は二〇〇年前後に作られたという平原遺跡のあとに弥生末期の王墓遺跡はないし、奴国といわれている福岡平野でも須玖岡本王墓は紀元前で、その後は北の低地に中心が移り三世紀になるとそれも衰退し、青銅器の生産も二世紀末に終焉をむかえているようなのだ。内戦により銅の輸入ができなくなったためと思われる。

卑弥呼共立によって大乱（筑紫国の内乱）は収まったが、狗奴国との冷戦（小競り合い）は続いていて、軍事面での消耗が大きく、都のインフラや王墓の建設といったものはできなかったのではないか。卑弥呼共立によって筑紫国内が一つにまとまることはできたが、それで平和な世になったわけではなく、狗奴国との対立は続き、しかも、『魏志』倭人伝に示されているように、卑弥呼は帯方郡に軍事援助を求めている。これは邪馬台国が劣勢にあることを示すものである。「記紀」では卑弥呼と見なされる天照大神は宮殿を荒らされている。これは本拠地の八女あるいは山門地方の宮殿が陥落したことを示しているのではないかと前述した。卑弥呼は苦難の生涯を送ったと考えられる。

また、卑弥呼の出身地は小さなクニであったと考えている。小さなクニグニの集合体で盟主となるべき王がおらず、それでもまとまるためにシンボルとなる人物として共立されたのである。政治の決定はクニの王たちの合議で行う合議制の国家運営である。したがって、共立した人物が有力王のいるクニに所属していては困るのである。そのクニの王の権力が増すからである。共立する人物は小さなクニに属していることが必要である。ちょうど、国連事務総長がアメリカやロシアからではなく、小さな国から選ばれているのと同じであろう。

したがって、合議の場所（首都）が邪馬台国であるとは限らない。各クニの王が集まり易い所だったかもしれない。

『魏志』倭人伝に示す「邪馬台国七万戸」は卑弥呼

の支配領域の戸数であり、「婢が千人、その側に侍る」は、報告者の誇張の可能性があるので、「大都市、大宮殿」は邪馬台国の必要条件にはならない。

一大率は帯方郡派遣官の代官

『魏志』倭人伝には、「女王国より北には、特に一大率を置いて、諸国を検察させている。諸国はこれを畏れはばかっている。一大率は、常は伊都国において治め、あたかも中国の刺史のようである。女王が洛陽や帯方郡あるいは韓の諸国へ使を遣わすときや、帯方郡からの使が倭に来た場合、いずれも港で臨検し、文章や賜物を調べ、女王のもとに届けるものが、違わないようにした」とある。

通説は「卑弥呼が女王国以北に一大率を置き、諸国を検察させた」としている。しかし、共立された卑弥呼の側近の臣下としては、権限が強すぎる。中国の刺史のようだという表現は、卑弥呼の支配する各小国王の権限よりも強い感触である。推理作家の松本清張は著書『吉野ヶ里と邪馬台国』のなかで、「一大率は中国の派遣官」としている。彼の説の概略を示すと次のようである。

「一大率が卑弥呼の派遣官ならば、その持っている権限の強さが不自然にすぎ、権威がありすぎる。当時の、畿内の勢力が北部九州までその支配下においた（邪馬台国畿内説）とは考えられず、邪馬台国が北部九州の奥地にあったとすれば派遣官を出すにはあまりに近すぎる。「大率」の官名は中国の官制にはないが、「特に置く」には「臨時」の意味がある。倭国の官名がすべて日本名なのに、「大率」だけが漢名になっているのも傍証となる。「大率」は、北部九州にあったいわゆる「コロニー地帯（筆者注・彼は伊都国以北を帯方郡の付庸地と考えている）」の軍政官の意味に考えられる。「率」の名は、通説にもかかわらず『魏志』の「匈奴伝」に出ている。一大率は帯方郡からの派遣官と考えてもよく、また、現地の倭種の大人をそれに任命したと考えてもよい」また「倭人伝では一支国のことを一大国と表しているので、一大率も一支率の可能性があり、そうすると一支の島名を冠した監督者と考えられる」とも言っている。

松本清張の「一大率は中国の派遣官」という説に対して「邪馬台国が狗奴国との戦いで援助を求めた時、帯方郡は、張政を派遣している。活躍するのは張政のみで一大率はまったく登場しない。一大率が帯方郡から派遣されたものであるなら、もっと活躍するはずである」という批判がある。

筆者は、「一支国」の人間を帯方郡の派遣官の代官として抜擢したと考える。理由は帯方郡の派遣官にとって、対馬海峡という大きな海を渡って島流し同然の遠地に行きたくないからである。対馬海峡の幅は約一八〇キロメートルで、それは伊豆半島先端から流刑の島、八丈島への距離に相当するのである。

海というものに慣れていない魏国の派遣官にとって、荒れれば死に直面することになる大海を渡ることは恐怖を感じたに違いない。代官を邪馬台国の中の伊都国に置き、通常業務については派遣官と同じ権限を与え、倭国内を視察させ帯方郡に報告させる。このことで、帯方郡の派遣官は倭国に常駐せずとも、常時、倭国の監視や交易品の処理が可能になる。帯方郡で代官を置いた先例はないので「特に置く」であり、倭国内では派遣官の権限はあるが代官なので「あたかも刺史のようにふるまう」のであり、「女王が使を遣わすときや、帯方郡からの使が倭に来た場合、女王国の港で臨検する」のも代官の重要な仕事となる。『魏志』倭人伝における表現にぴったりとあてはまるのである。もとは「一支率」であったと思われる。写書の時に「支」を「大」と読み違えたとみている。

倭人の中から代官を選ぶのに女王の支配が及ばず、海峡を自由に渡れる一支国の人から抜擢・任命するのも当を得ている。

邪馬台国が帯方郡に援軍を求めたとき、一大率が何も働くことができなかったのも、代官の身であれば、非常時の権限はなく、どうすることもできなかったであろう。

『魏志』倭人伝に「伊都国は、郡使の往来に際しては常に駐在する所」とあるが、この一大率の館に駐在するのである。

この「一大率」の制度は、倭奴国（伊都国）の時代からすでに始まっていたと考えると、次のような経過が考えられる。漢の衰弱や地震・気候変動による大飢饉によって、伊都国王の権威が衰え、いわゆる倭国大乱となって、伊都国が奴国に乗っ取られた。そのとき、一大率は、壱岐・対馬などの海人族の支配地であるところの末盧国の勢力範囲である地に伊都国王を逃がし、保護した。『魏志』倭人伝には「奴国二万戸、伊都国千戸」とある。奴国の戸数が異常に多く、伊都国の戸数が異常に少ないのは、このためと考えられる。また、一大率が承認しなかったため、奴国王は倭奴国の王になれなかったのかもしれない。

一大率は漢の滅亡後も在住し、卑弥呼が共立されて女王になったとき、中国や朝鮮半島の動向の刻々の情報を卑弥呼にもたらし、卑弥呼のすばやい外交を可能にした。卑弥呼の魏への朝貢を促し、併せて自分も引き続き代官として採用してもらうことを願ったのではないか（途中で子供に引き継がれたかもしれない）。

卑弥呼が「親魏倭王」の称号を下賜されたとき、「漢倭奴国」の印を一大率が預かり、漢が滅亡していたので返す必要がなくなり、海人族の守り神である志賀島の神社に奉納あるいは埋納したという仮説も成り立つ。神が降臨しそうな岩などが金印埋納地にあったのかもしれない。島全体が御神体であり、盗賊に祭せられ得ない所を選んだのではないか。

一大率の制度が倭奴国の時代にできており、卑弥呼が魏の帯方郡に詣でたとき、「今後は私が邪馬台国と帯方郡の間を取り持ちます。帯方郡に必要な情報はすべてお届けします」と名乗り出たとすれば、帯方郡にとって自ら制度をつくったわけではないので、邪馬台国の制度として受け取り、それで倭人伝のような表現になったのかもしれない。

「卑奴母離」が女王の派遣官

『魏志』倭人伝に、対馬と一大国の副官は「卑奴母離《ひなもり》」と記されている。「卑奴母離」は後の「夷守《ひなもり》」すなわち国境警備長官と考えている人は多い。

そうであれば、対馬や一大国の人間が、自ら「夷守」と名乗るはずはない。「卑奴母離」こそは、女王国の派遣した警備軍の長であると考えられる。

平野邦雄氏は次のように述べている。

倭の政治組織を考えるうえでもう一つ「卑奴母離」がある。これは「夷守」と解してよいが、治海国の対馬・一支・奴・不弥の四国にはとくに夷守をおいたことがみえ、王――大官につぐ副を女王が一律に夷守を任じたか、または送りこんだものであろう。伊都にみえないのは「一大率」をおいたからで、一大率――夷守の職務体系が治海五国にわたって成立したとみうる。（中略）夷とは京（ミヤコ）に対応する政治概念で、鄙とはちがう。つまり王畿の外延部をさすのである。

（『邪馬台国』吉川弘文館）

朝鮮半島への出兵は、『三国史』新羅本紀によれば、紀元前より「倭人侵入」の記事があり、伊都国王が盟主であった倭奴国の時代には「倭国と国交樹立」（五九年）、「倭人が東部侵入」（一二一年）「倭国と講和」（一二三年）といった記事がみられる。交易がいつも平和的に行われていたとはかぎらなかったことが伺えるのである。その軍事行動を起こすに際しては、中継する島々に軍事基地が必要である。時代が下がるが、『三国史』新羅本紀に「二九五年、倭がしばしば侵入して来るので、逆に海を渡って倭を討ちたいと新羅王が提案した」とか「四〇八年、倭人が対馬で軍を集結し新羅襲撃の準備をしているとの情報を得たので、倭兵が出動する前に逆襲したいと新羅王が提案した」とかいう記事があり、対馬に倭の軍事基地があったことを示している。「卑奴母離」は、その軍事基地の長官として派遣されたと考えられる。初めはその目的で派遣されていたとしても、倭国の盟主である伊都国王の思惑や権威を背景に、対馬や一大国で活動するのであるから、その権力は絶大なものになって行くのは必然である。特に外交に関しては「卑奴母離」が対応したのではないか。

漢や魏の使者からみれば、「卑奴母離」を副官と思っても不思議ではない。その体制が卑弥呼の時代はもちろんの事、五世紀まで続いたと考えられる。

なお『魏志』倭人伝には、奴国と不弥国の副官も「卑奴母離」であると記してある。

奴国と不弥国について、その位置の表示は二世紀の倭奴国の時代の記事であると前に述べた。この「副官」の記事も、その時代のものであると考えると説明できる。当時、伊都国王は直接支配地の倭奴国の王であり、同時に倭国という連合国家の王、すなわち倭国王であった。奴国や不弥国は倭奴国に隷属していたと考えられる。伊都国王はそこに監察官を送りこんでいた。それが「卑奴母離」である。

『魏志』倭人伝には、「国々に市有り、有無を交易す。大倭をして之を監せしむ」とあり、交易においても監督官を送り込んでいる。この時代、交易においても軍事力を背景にもって行うことが多々あったと考えられるので、「卑奴母離」と「大倭」は任務が重複する。もしかしたら、「大倭」という役職は古い倭奴国の時代の記事から引用したのではないか。

第三章　軍師張政の戦略・三国合併

塞曹掾史張政

『魏志』倭人伝の最後に次の記事がある。「正始八年（二四七）、太守王頎《おうき》が官（帯方郡）に着任した。倭の女王卑弥呼はもともと狗奴国の男王卑弥弓呼《ひみここ》とは不和であった。倭は戴斯《さし》・烏越《うお》等を郡に遣わして、相攻撃している状況を説明した。そこで、塞曹掾史《さいそうえんし》張政《ちょうせい》らを遣わし、詔書・黄幢《こうどう》を整え、難升米《なしめ》に拝仮させ、檄《げき》で告諭した」。その後に「卑弥呼以死」とあり、続いて「卑弥呼の大きな墓をつくった。直径百余歩、殉葬した奴婢百余人、更に男王を立てたが国中が服さず、更に互いが誅殺し合い、当時千余人が殺された。再び卑弥呼の宗女として台与《とよ》、年十三歳、を王として立てると、遂に国中が鎮定した。張政らは檄を以て台与に告諭した。台与は倭の大夫の率善中郎将『掖邪狗《えきやく》』ら二十人を遣わして張政らを送り届け、臺《うてな》（皇帝の居場所）に詣でて、男女の生口《せいこう》（奴隷）三十人を献上、白珠五千、孔青大句珠（孔の開いた大きな勾玉）二枚、異文雑錦二十匹を貢献した」と記し、ここで「倭人伝」は終わっている。

張政が出した檄や告諭の内容は記述されず、対立している狗奴国との関係がどうなったかも記されていない。何か慌ただしく終わっている感じである。編者の陳寿が檄や告諭の内容は書くに及ばずと思ったか、「倭人伝」に予定していた紙面が尽きたとも考えられる。

張政は塞曹掾史という塞の下級兵士という身分ではあるが、卑弥呼苦戦による救援の求めに応じて、倭国に派遣され、詔書と黄幢を倭の長官難升米に渡し、檄をつくって、これを告諭している。「檄」とは古代中国では、「召集または説諭の文書」をいう。その後、卑弥呼が死んで台与が立ってからも、台与に対して檄を為し告諭している。これはまさしく軍師としての行動ではないか。

張政は帯方郡から派遣された魏の郡使である。卑弥呼は魏に対して臣下の礼をとっている。しかも、この場合は卑弥呼から援助を求め派遣を依頼しているのだ。したがって、卑弥呼より郡使張政の方が高位であるのは当然で、魏国皇帝から女王国立て直しのための諸策実行の全権を委ねられていた。張政は、その出自がどうであれ、倭国にいる間は倭国内の最高権力者であったのだ。多くの人はこのことを理解していないか、失念している。そのため、通説では、単なる帯方郡の小役人として取扱い、檄については、ほとんど無関心である。せいぜい、狗奴国との和睦を勧めたのではないかという程度である。

二四七年の魏は、蜀との争いで、蜀の軍師諸葛亮孔明に散々に攻略され、一人の優秀な軍師が万の兵に勝ることが骨身に浸みていた頃である。孔明が死んだのは二三四年であるから、それからわずか、十数年後のことなのだ。魏の国内には軍師になることを夢見て日々研鑽に励んでいる数多くの若者がいたはずである。

倭国の戦況が思わしくなく、軍事援助を求められ、しかも、交戦相手は邪馬台国の南にある狗奴国だという。魏が倭国を重視している一因に、呉の東の海上にまで倭国の領土が南に伸びているという錯覚を持っていたのではないかという話がある。倭国を臣下に治めれば、呉を東方から牽制できることになる。その南方に位置する狗奴国を征圧できれば、倭国の勢力範囲を南方に広げることができる。既に前の朝貢によって、帯方郡には皇帝から詔書と黄幢が届いている。倭国援助のためである。それを倭国に届けるにあたっては軍事的能力に長けている人物を送るのが自然のことではないか。張政はその一人として抜擢されたと考えた方が適切と思われる。凡人を送っても良い情勢ではない。しかし、軍師として既に功績のある人物は、いまさら辺地に行きたくはないであろう。また、軍師として認められた人物は呉や蜀との戦いに赴いてもらわねばならない。張政は塞の小役人として働きながら、軍師としての頭脳を磨いており、それが帯方郡太守の目に留まり、抜擢されたのはごく自然のことと思われる。軍師としての実績はないので、身分は塞曹掾史のまま、張政は悦び勇んで倭国に向かったに違いない。

『魏志』倭人伝では最後に台与が倭の将二〇人をもって、張政を本国に送り届け、京（洛陽）にまで朝貢している。これは張政の施策が大成功を収め、台与はそのお礼に朝貢したと同時に、張政はその成果を皇帝に報告し、功績を認めてもらおうとしたと考えられる。朝貢団はその証言者になる。

なぜ、張政の活躍に目を向ける研究者が少ないのだろう。それが張政の低い身分に由来するのであれば、それはとんでもない見当違いである。低い身分の人は何か大きな業績を挙げていない限り、歴史にその名が残ることはない。陳寿は『三国志』に「張政」の名を遺している。大きな業績があったからこそ名を記したとみるべきではないのか。

女王卑弥呼の死因

倭国に赴いた張政が、女王卑弥呼ではなく、難升米に檄を発し告諭している。このあと「卑弥呼以死」と記されている。これをどう解釈するか。「以」は「もって」「よって」「すでに」という意味を持っている。多くの人は何も語らず、「卑弥呼が死んだので」とし、つぎに「卑弥呼はすでに死んでいたので」としている。

二四七年三月二四日夕方と二四八年九月五日朝に

皆既日食が起こったことがわかった（天文学者斎藤国治著『古天文学への道』原書房）ことから、斉藤氏や安本美典氏、また『逆説の日本史』（小学館）で知られる井沢元彦氏らは、二四七年の日食で卑弥呼が殺され、二四八年の日食で男王に代わり台与が即位したと唱えている。現在の正確な計算では、二四七年は日没直前、二四八年は日の出直後であったらしい（安本美典著『倭王卑弥呼と天照大御神伝承』勉誠出版）。太陽が欠けながら日没したり、欠けた状態で日の出を迎え正常に回復する太陽を見てどの程度大騒ぎをするのか、かなり疑問である。

「以」を「よって」とし、すなわち檄が原因としたのは作家の松本清張が最初のようである。その後、奥野正男氏は魏志の文例から、岡本健一氏は二十五史・十三経の文例から「以って死す」は「それがために死す」とすべきだと唱えている。

松本清張は『魏志』倭人伝の記事「倭国から中国などに渡海の行来には、常に、一人の男をして頭を梳《くしけず》らず、シラミも去らせず、衣服も垢にまみれたままにし、肉も食わず、婦人も近づけず、喪人（喪主）のようにさせる。これを名づけて持衰《じさい》という。もし航海者が無事に目的地に着けば、みなで共同してその者に生口・財物などの報酬を与えるが、もし船が暴風にあうとか航海者が病気になると、たちまちその者を殺しにかかる。その持衰が謹しみを怠ったためである」という持衰の慣習のことや、東夷伝の夫余の記事に「旧《もと》の夫余の慣習では、天候が不調で、洪水や旱魃《かんばつ》で五穀が実らないときは、人々は咎を王に帰し、あるいは（王を）易《か》えるにあたるといい、あるいは（王を）殺すにあたるという。（よって）王の麻余は死し、その子の依慮《いろ》年六歳を立てて王となす」など、いくつかの例をあげて、祭祀者がその霊力を失ったときは、殺されることが多いことから、鬼道をおこなう卑弥呼は狗奴国との戦いにおける敗戦の責任を問われて殺されたとしている。（『吉野ヶ里と邪馬台国』ＮＨＫ出版）

そうであろうか。日本はリーダーの失敗をあまり厳しく問わない国民性がある。「和の政治」すなわち合議制が古代から行われてきた。女王卑弥呼も諸王の協議のもとに共立された。失敗した場合も協議した者たちの責任もあるわけなのだから、リーダーだけに責任を被せるわけにはいかないというのが、日本人の考え方と思われる。以来、今日までリーダーの判断や指示誤りで多大の損害を被っても、部下から懲罰を受けた例はほとんどない。職を辞すれば許されるのである。

「倭人伝」の文面をもう一度みると「拜仮難升米為檄告諭之、卑弥呼以死、大作冢《ちょう》」となっている。これが「卑弥呼以死、拜仮難升米為檄告諭之、大作冢」であるならば、卑弥呼は「既に」死んでいたとしか採れないが、原文では「もって」「よって」と「既に」のどちらにも採れると思われる。この文面からはどちらとも言えないので、軍師張政にとって、「卑弥呼に死んでもらわなければならない理由」の有無を検討してみる。

三国志時代、戦において負けたならば、その将は責任を問われる。諸葛亮孔明が目をかけていたところの部下の馬謖《ばしょく》が命令に反した作戦を行い大敗を喫したため、その責任を問い「泣いて馬謖を斬る」という事件となったのは、つい二十年前のこと（二二八年）である。

卑弥呼率いる邪馬台国は負け戦をした。その責任を誰かに取らせねばならない。

孫子の兵法では将軍に必要な資質として、「智・信・仁・勇・厳」を挙げている。「智」に次いで重要な資質として必要なのは「信」なのである。将軍は常に上司と部下の信用を得ていなければならない。信用できない将軍は指揮を任せられないし、部下にとっては不安でたまらない。戦略・戦術の誤りは最も信用を損ねることであって許されないことである。張政は、魏の軍師として来ているのだから、あくまで孫子の兵法に沿って策略を立てるはずである。敗戦の責任をとってもらうということで死罪は免れないことになる。

卑弥呼は占いによって戦略を決めている。そのようなことで勝てる道理はなく、張政からみれば、これまでの戦いにおける戦略はほとんど無策に見えたのではないか。魏の軍師としては、とうてい許されることではない。したがって、檄の一つは卑弥呼の女王更迭処罰である。また、あとの戦略を遂行するためにも卑弥呼は退陣させなければならない。即ち、「よって卑弥呼死す」である。ただし、倭国の諸王たちを説得するために、敗戦に加え、日食が起こったことを、明らかに霊力の衰えであるとして、そのような説得手段をとったかもしれない。

魏の軍師の発する檄であるから、本来は倭国の長である女王卑弥呼に対してなされるべきものを、難升米に発したのは、そのためと考えられる。

軍師張政にとって、目的を成就し、凱旋して皇帝に報告するとき、この敗戦責任者の処置は功績の重要な要素となる。もし、情に負けて許してしまえば、軍師としては大きな汚点となる。

先述のように、「記紀」と倭人伝との対応で、岩戸に隠れる前の天照大神を卑弥呼に、岩戸から出て来た天照大神を台与に、そして、素戔嗚を狗奴国（あるいは狗奴国王）に対応させている説は多い。『日本書紀』は神功皇后紀に『魏志』倭人伝の記事を書き込み、卑弥呼かもしれないというようなことをいっている。安本美典氏は「日本神話は実際の歴史上の出来事が伝承として伝わったものである」と考え、「高天原は邪馬台国で天照大神は卑弥呼である」といっておられる（『邪馬台国はその後どうなったか』廣済堂出版）。氏はその中で、天照大神と卑弥呼の一致点として、①ともに女性、②ともに宗教的権威をそなえている、③夫がいない、④弟がいる、⑤「天照大御神と高木神（古事記）」と「女王と宮殿に出入りの男（『魏志』倭人伝）」の組合せが似ていることなどをあげておられる。

この「卑弥呼＝天照大神」説は、氏以前にも、明治時代に東京大学の白鳥庫吉や和辻哲郎なども述べている。作家の松本清張や井沢元彦氏、考古学者の樋口隆康氏（京都大学）もほぼ同様である。

邪馬台国以前は、倭国には大きくまとまった国はなく、卑弥呼の時あるいはその直後に大きくまとまったとみられること、邪馬台国が狗奴国と交戦していることから、説得性が高いと考える。

そうだとすれば、卑弥呼の時代、邪馬台国（高天原）は狗奴国（素戔嗚）に攻め込まれ、宮殿を奪われ、それが原因で天照大神は岩戸に隠れた、すなわち、卑弥呼が死んだことになる。

また『日本書紀』神功皇后紀に「山門の県に至りて、則ち土蜘蛛田油津媛《たぶらつひめ》を誅す」とある。神功皇后については「架空の人物説」が最も多いが、「卑弥呼説」や「宗女台与説」もある。神功皇后が台与であるとすれば、田油津媛は卑弥呼を指していると考えられ、台与の手の者によって誅殺されたことを示していると考えられる。『日本書紀』は、ここでも、あまりあからさまにしたくない真実を、ちらりと語っているように思える。

張政から卑弥呼更迭死罪を要請されても、難升米はじめ邪馬台国の王や武将たちは、更迭は認めても、死罪は実行できかねていて、次節に述べるが、豊国出身の新女王「台与」誕生後、豊国の者によって誅殺されたのではないかと推測される。

反撃の戦略第一弾「豊国合併」

さて、その次の檄は、どのようなものであったか。『魏志』倭人伝には、「更に男王を立てるが、国中服さず、相誅殺し、当時千人余を殺した。再び卑弥呼の宗女『台与』年十三を王に為し、国中遂に治まる」とある。

卑弥呼から台与への引き継ぎが、天照大神の岩戸隠れであるならば、素戔嗚命には狗奴国が当てはまる。卑弥呼は狗奴国から攻められているし、一方、天照大神は素戔嗚命から天上を荒らされている。また岩戸から出て来た天照大神は、台与ということになる。

そこで、注目すべきことは、天照大神が岩戸から出たあとの素戔嗚命は、まったく従順になっていることである。神々は「千座《ちくら》の置戸を科し、髪、爪を切って出雲へ追放した」とある。何の抵抗もせず出雲の方へ下っている。

このことを台与に当てはめると、台与が次期女王になっただけで、狗奴国は戦意を失い退散し、降伏したことになる。これが張政の軍略だとすれば、どのようなことを行ったのか。ここは気付くまでに時間を要した。

自国を強くするための戦略の一つに、他国との同盟・連合がある。台与は、他国との同盟によって生まれた新女王ではないのか。すなわち、張政は、豊国との連合・合併を図り、自国（筑紫国）を今までと比べものにならないような強大な国にし、狗奴国を萎縮させ、その後、狗奴国に合併を持ちかける。孫子の兵法のとおりの戦略である。そう考えた時に、一気に霧が晴れた。傍証が続々と出てくるのである。

蜀の諸葛亮孔明が呉と連合して魏に対抗し、三国の中で最も優勢であった魏が「赤壁の戦い」で思わぬ大敗北を喫したのは、つい四〇年前のこと（二〇八年）である。魏の張政にとって、この事件は何度も聞かされ、脳裏から離れることのなかった事件のはずである。強国狗奴国との戦いにおける戦略として、真っ先に豊国との連合・合併を考えたとしてもおかしくない。

『日本書紀』では、天照大神と同等の器量をもつ神として「月の神」を登場させている。すなわち、本文において、伊弉諾尊《いざなぎのみこと》と伊弉冉尊《いざなみのみこと》が大八洲国や山川草木を生んだ後、日の神＝大日孁貴《おおひるめのむち》（一書に天照大神という）についで、「月の神」を生み、日に並んで治めるのがよいと天に送ったとある。最後に生んだ素戔嗚尊はたいへん無道で天下の君に値しないので、根の国に追放している。

『日本書紀』は一書が多く、一書（第一）では、「月弓尊」は大日孁尊と共に「天地」を照らし治めさせ、素戔嗚尊は「根の国」を治めさせている。一書（第六）では、天照大神は「高天原」を、「月読尊」は「青海原」を、素戔嗚尊は「天下」を治めるよう指示したが、これを治めることができず、根の国へ行った。また、一書（第十一）では、「月夜見尊ば日（天照大神）と並んで『天のこと』を、素戔嗚尊は『青海原』を治めよ」とある。『古事記』では、「伊邪《いざ》那岐《なぎ》命が黄泉の国から逃げ帰って、中ツ瀬に降りて、身を漱いだ時、左の目を洗ったときに天照大御神が、右の目を洗ったときに月読命が、鼻を洗ったときに建速須佐之男命が生まれた。喜んだ伊邪那岐命は、天照大御神に高天原を、月読命に夜の食国を、建速須佐之男命に海原を治めるように命じたが、須佐之男命はのちに天照大御神の宮殿を荒らしたので高天原から追放した」とあり、この話の方が世の中に浸透している。

いずれも、月の神は天照大神と同等か、それに準じた地位であり、素戔嗚はいずれも大きく格下の地位になっており、最後は根の国（出雲）へ追放されている。『日本書紀』や『古事記』は、なぜ「月の神」を登場させたのか。そしてその後、でてこないのはなぜか。登場させたのには意味があるはずである。

種々の伝承のあるなか、『日本書紀』の編纂者たちが、本文を「月の神は日と並んで天を治める神」としたのは、理由があるはずだ。

天照大神が「卑弥呼（邪馬台国）」を表し、素戔嗚尊が「狗奴国」を表しているのならば、月の神は「台与」または「豊国」を表しているのではないか。この三人が兄弟であることを示しているのは、後に合併して一つの国になることを暗示しているのではなかろうか。台与ならば卑弥呼の後を継いだのであるから、卑弥呼と同等と考えられる。『古事記』に「豊国」（豊かな国）と最高に良い名と付けているのも傍証になろう。

豊国については次節に述べるが、瀬戸内海を支配し、筑紫国と東方の国々との間を交易していた国と考えられる。このことからも、筑紫国と豊国は同等合併、狗奴国とは隷属併合を連想させるのである。

軍師張政は卑弥呼を更迭した後、戦況挽回のためには、まず自軍の戦力を増大させることを行わなければならないと考えた。そのため豊国との連合・合併を図ったと考えられる。

宗女台与と神功皇后

前節で天照大神と同等とされた月の神は、「台与」または「豊国」を表していると述べたが「月の神」は、その後、出てこない。しかし、天照大神の「天の岩屋隠れ」の話から、岩屋に隠れる前を卑弥呼、岩屋からでた後を台与と考えることができる。

『日本書紀』では、『古事記』にいう「天照大御神」を「大日孁貴」、「天照大神」、「日神」と三通りの名で記している。「大日孁貴」は、その誕生の時に一度でてくるだけである。その後、本文は「天照大神」で通されている。卑弥呼は『魏志』倭人伝に鬼道を行う巫女と記されている。「大日孁貴」の「孁」は「霊＋女」すなわち「巫女」を表すとされている。天照大神の前半生は卑弥呼とすれば、「大日孁貴」の名はぴったりと合う。

「岩屋隠れ」から出て来た天照大神を台与としても、しかし、「台与」らしき女性がもう一人いる。神功皇后である。

『古事記』仲哀天皇紀では、「仲哀天皇は、（山口県西部の）穴門の豊浦宮、および（福岡県の）訶志比（香椎）宮で政治を行った」と書き始めている。大和のことは何も記していない。仲哀天皇は豊国の王と言わんばかりなのである。そして、倭建命《やまとたけるのみこと》の第一子としている。倭建命には不思議な話が挿入されている。もとは「倭男具那命《やまとおぐなのみこと》」という名であったが、九州の熊襲征伐の時、熊襲建《くまそたける》から名を献上されて「倭建命」に改名したという。なぜ熊襲から名を献上され、なぜそれを受けて名乗ることにしたのか。もし、熊襲を敵と思っており、蔑視していたのなら、このようなことをするだろうか。そう思っていても最終的に受け入れた理由があるとすれば、それは本人のルーツが熊襲であることを悟ったからではないか。倭建命は神武天皇とともに東遷に参加した九州熊襲の武将の子孫だったと考えられる。このことは、仲哀天皇が九州の王であることを暗に示しているのではないか。倭建命の実在性については、第四章で示している。

神功皇后はその仲哀天皇の皇后である。『日本書紀』では、仲哀天皇は敦賀に行宮を設け、南海道を巡幸中、熊襲が謀反を起したので、これを撃つために、敦賀にいた神功皇后にも穴門《あなと》へ行くように連絡し、穴門に向かっている。これは、大和王権の天皇が九州で政治を執るのは不自然なので、『日本書紀』編纂者が修正したのではないか。敦賀についても神功皇后の和風諡号《しごう》（おくりな）である気長足姫命《おきながたらしひめのみこと》の名から気長氏の本拠地付近から出発させたと考えられる。豊浦宮についたあとの行動は、『魏志』倭人伝に出てくる男王と台与を豊国から迎える場面を表しているように思えてならない。

すなわち『日本書紀』では、仲哀天皇と神功皇后が筑紫国に入るにあたって、

> 筑紫の伊都県主の先祖、五十迹手《いとて》は、天皇がおいでになるのを聞いて、大きな賢木《さかき》を根こぎにして、船の舳艣《ともへ》に立て、上枝には八尺瓊《やさかに》をかけ、中枝には白銅鏡《ますみのかがみ》をかけ、下枝には十握剣《とつかのつるぎ》をかけ、穴門《あなと》の引島（彦島）にお迎えした。そして申し上げるには、「手前がこの物を奉りますわけは、天皇が八尺

瓊の勾《まが》っているように、お上手に天下をお治めいただきますよう、また白銅鏡のように、あきらかに山川や海原をご覧いただき、十握剣をひっさげて、天下を平定していただきたいからであります」といった。天皇は五十迹手をほめられて、「伊《い》蘇志《そし》」とおっしゃった。時の人は五十迹手の本国を名付けて伊蘇国といった。いま伊都というのはなまったものである。

（訳文は宇治谷孟『日本書紀』（上）講談社文庫、以下同）

とある。

文面から、明らかに伊都国王「五十迹手」が筑紫国を代表して、筑紫国内平定を仲哀天皇と神功皇后に願い出ているのである。女王卑弥呼を更迭したあと、張政は筑紫国を代表する盟主として伊都国王を盟主に復権させたと考えられる。もちろん伊都国王に国内を統率する力はなく、豊国との合併を了承させてのことである。

筑紫に入ったあと、仲哀天皇は熊襲を討とうとするが、神功皇后に「今熊襲を討つ必要はない。よく私を祀って、新羅へ行けば戦をしなくても、金・銀・彩色が得られる。熊襲も服従する」という神託が降りた。仲哀天皇はこの神託を理解できず熊襲を討とうとしたが敗北し、時を経ずして、突然なくなった。

神功皇后は、筑紫国内の「安《やす》」という処にいた反発分子を討ち、さらに山門県の田油津媛を討った。その後、筑紫国内を行幸している。

このことを『魏志』倭人伝における張政の軍略として書き直すと、豊国の国王（仲哀天皇）に合併を申込み、合併後の国王として迎えることにした。仲哀天皇は、最高の条件であるから、拒否する理由はなく承知した。

譲り過ぎとお考えの方もおられるであろうが、どうしても必要な時には、思い切った譲歩をするというのが孫子の兵法である。劉備玄徳が、諸葛亮孔明を軍師として迎えるのに、自ら三度も頭を下げた三顧の礼もそうだし、かつて、自民党が社会党と連立政権をつくるために、社会党党首村山富一氏を首相に迎えたということもあったのである。

しかし、筑紫国内では、当然反発する王が続出したであろうことは想像される。国の主導権が豊国に奪われるからだ。他国すなわち異なる氏族の人を「王」に迎えることは、できればしたくはないとは誰でも思うことである。反発する小国王たちとの抗争で千人ほど死者が出た。

そこで打開策として、「豊国の王女」を合併した国の新女王として迎え、豊国王と筑紫国の小国王たちの合議制で国家運営を行うということで、収拾を図ったということになる。

その後、張政の「卑弥呼更迭死罪」の檄が出されたものの、筑紫国の人達が卑弥呼を女王更迭はできても、死刑にはできかねていたのを、台与の軍が山《やま》門県《とのあがた》に行き、卑弥呼を討ったということになる。その時、卑弥呼とみられる田油津媛の兄は、一度は兵を構えたが、その後逃げたとあり、それは、また、卑弥呼の弟を連想させるのである。

狗奴国は、邪馬台国の南に位置していると、『魏志』倭人伝は記している。邪馬台国が筑紫国（筑前、筑後）とするならば、狗奴国は熊本県ということは前に述べた。筑紫国の南の端が山門であり、八女である。八女にも女王八女津媛がいると言っている。山門の田油津《たぶらつ》媛、八女の八女津媛は、邪馬台国南端にいたと考えられる卑弥呼を暗示しているのではないか。

さて、筑紫国・豊国の合併によって、兵力は倍増し、筑紫の将、難升米の側には、魏の将の印である黄幢がひるがえり、魏の軍師も控えている。さらに、豊国は、豊後地方まで勢力範囲であったとすると、狗奴国にとって、東の阿蘇方面から、狗奴国の本拠地とみられるところの、菊池が攻められる可能性も生じることになり、狗奴国は一転して非常に不利な立場となってしまったことがわかる。攻められれば滅亡の危機に立たされることになった。狗奴国は退却し、本拠地に閉じこもることになったのではないか。

すなわち、天照大神が岩戸から出て来た（新女王「台与」が就任した）だけで、素戔嗚（狗奴国）は退却したのである。

神功皇后のことをもう少し検証してみよう。

神功皇后について、現在、実在説と非実在説が併存している。実在説も、ほとんどの人は神功皇后を四世紀末から五世紀初めの人物としている。

その理由は『日本書紀』に記されているところの神功皇后や応神天皇の外交記事である「三韓征伐」などの内容がこの時期にあたるためだとしている。

この時期、日本（倭）が朝鮮半島へしばしば出兵していたことは『日本書紀』にも、朝鮮半島の国の記録『三国史記』百済本紀や新羅本紀にも出てくる（附録『三国史記』参照）。

次に『日本書紀』と『三国史記』の百済本紀や新羅本紀とくらべてみる。

仲哀九年（二〇〇）一〇月　和珥津《わにつ》（対馬上県郡鰐浦）より出発。新羅はあっさり降伏、今後朝貢することを約束。高麗、百済も勝てずと見て朝貢を約す。よってかの国に内官家《うちつ》屯倉《みやけ》を定める。これを三韓という（三韓とは、馬韓、辰韓、弁韓をさす、のちの百済、新羅、加羅諸国）。また、微叱己《みしこ》知波珍干岐《ちはとりかんき》を人質とした。
（新羅本紀四〇二年に「王子未斯欣を人質に出した」とある。二〇二年のずれ。）

神功皇后五年（二〇五）　先の人質、微叱許智《みしこち》伐旱《ほつかん》が逃げ戻る。
（新羅本紀四一八年に「未斯欣が倭国から逃げ戻った」とある。二一三年のずれ。）

三九年（二三九）　魏志倭人伝によると倭の女王は大

夫難斗米らを帯方郡に遣わし、天子にお目にかかりたいとして洛陽まで行った。

四〇年（二四〇）　魏志に云う。正始元年、建忠校《けんちゅうこう》尉《い》梯携《ていけい》らを遣わして、詔書、印綬をもたせ倭国に行かせた。

四三年（二四三）　魏志に云う。正始四年、倭王は使者を遣わして、献上品を届けた。

四六年（二四六）　斯摩宿禰が使者を百済の肖古王のもとに遣わした。

（百済本紀では肖古王は一六六〜二一四年間在位、近肖古王は三四六〜三七五年間在位。）

四七年（二四七）　百済王が朝貢

四九年（二四九）　倭軍は百済軍（肖古王）と連合して新羅を破る。

（新羅本紀では「倭人が舒弗邯《じょふつかん》（一等官位の将軍）の于老《うろう》を殺した」とある。）

五二年（二五二）　百済朝貢、七枝刀《ななつさやのたち》、七子鏡などを献上（銘文と百済との交流状況により三七二年頃献上されたのではないかと推定されている。七枝刀は、現在、石上神宮に保存されている国宝「七支刀」とみなされている）。

五五年（二五五）　百済王肖古王没する（百済記三五年近肖古王没に対応：一二〇年のずれ）

五六年（二五六）　貴須、百済王に即位

（百済本紀三七六年、近仇首王即位に対応：一二〇年のずれ）

六二年（二六二）　新羅が朝貢しなかったので、襲津彦《そつひこ》に撃たせる。百済記に曰く新羅が倭に朝貢しなかったので、沙至比跪《さちひこ》に撃たせる

六四年（二六四）　貴須王没す。王子枕流王即位（百済本紀、三八四年　枕流《ちんりゅう》王即位に対応：一二〇年のずれ）

六五年（二六五）　枕流王没し、王子年少のため叔父辰斯王即位。（百済本紀、三八五年、辰斯王即位に対応：一二〇年のずれ）

六六年（二六六）　この年、晋の武帝の泰初二年、「倭

の女王が通訳を重ねて貢献した」とある

と記されている。

すなわち、『日本書紀』では、『魏志』倭人伝の記事は年を合せているが、新羅本紀の記事では新羅王子の人質は、二〇二年のずれ、人質が逃げ戻った事件は二一三年のずれとなっている。

また、百済との関係では、具体的な交流記事は「七枝刀の献上」だけである。しかし、このことは百済本紀には記されていない。百済本紀においては、倭国との交渉記事は、三九四、四二八年の「腆支人質」の件だけで、これは応神天皇紀で挙げられている。すなわち、適当に百済本紀から引用して創ることができる内容である。

応神天皇については、多くの人が実在人物としているが、神功皇后は非実在とする意見が多い。直木孝次郎は斉明天皇と持統天皇がモデルではないかとしている。

また、水野祐（早大名誉教授）は「神功皇后は架空の人物で、その物語も、白村江口の敗北という現実に刺激されて、古代の日本海水軍の構成員たちのあいだの伝承や、新羅系帰化人の伝承などをたくみに織りまぜて、三韓征伐の物語としてつくりあげられたものである」（『大和王朝成立の秘密』KKベストセラーズ刊）、とし、さらに「水野は、第一に邪馬台国は北九州にあったと考える。しかし、その女王国は南の狗奴国に滅ぼされ、狗奴国の手によって統一されたとする。そして、その同時期に、大和（近畿）ではもう一つの王権が誕生していた。これを水野は『原大和国家』と呼ぶ。その『原大和国家』の王であった仲哀天皇が『熊曽じつは狗奴国』を征伐するために九州に遠征したが、逆に敗北し自らは討ち取られてしまった。その勝利者が応神天皇であり、その息子の仁徳天皇は九州から難波（大阪）に遷都した。その征服者として、大和と九州の二つの力を動員して、あの巨大な天皇陵を造営した。応神は九州で亡くなったが、後を継いだ仁徳は父の墓を難波に造らせた。水野説の優れている点は、四世紀末から五世紀にかけて、難波の地に突然巨大な前方後円墳が出現した理由を無理なく説明できることにある」（井沢元彦『逆説の日本史』）とされている。

井沢元彦氏は前掲の著書で、神功皇后は「神功王朝」の始祖であるとし、水野祐氏が「三王朝交替説」の中で、仲哀と応神は、それぞれ別の王朝の「王」だと考え、応神が仲哀を滅ぼしたと考えていることを挙げ、次のようにいっている。

ところが、この間を「万世一系」で結ぶためには、どうしても仲哀の妻が応神の母ということにしなければ、つじつまが合わなくなるのである。まさに、そのために「神功皇后」は創作された。

応神天皇も人の子である以上、母がいたことは間違いない。ただし、その母は仲哀天皇の「皇后」ではなく、『神功』つまり「神のような功績」をあげた大英雄でもなかった。

その本当の「神功」は、英雄応神天皇を産み落とした、ということだったのである。

安本美典氏は日本の史書と朝鮮側の史書が同じことを語っている場合は、そういう事実があったと認定できるという立場をとっておられ、神功皇后伝説について、

もし、神功皇后の新羅進出が、史実にもとづくものでないとすれば、神功皇后の事跡は、ほとんど架空につくられたものとなってしまう。とすれば『古事記』『日本書紀』『風土記』の編集者は、なんの目的と必要性があって、神功皇后の物語をつくりだしたのであろうか。

神功皇后の事跡を架空のものとする論者は、また、しばしば『古事記』『日本書紀』は天皇の権威を高めるために述作された部分が多いと主張する。

とすれば、神功皇后の事跡のような物語をつくらなくても、仲哀天皇や応神天皇などが、直接朝鮮へ進出したとするほうが、はるかに天皇の権威を高めうるではないか。（中略）やはり女性であり、皇后という特殊な立場にありながら、みずから、朝鮮半島にでかけていったという史実があり、その特殊性のゆえに記憶に残りやすく、古文献の編者たちも、皇后の半島進出の事跡を書き残したと見るべきである。（『倭の五王の謎』廣済堂出版）

といっておられる。

安本美典氏は、また、歴代天皇の在位期間について、独自の年代論を展開し、時代が遡るにつれて在位年数が短くなる傾向があることを発見した。すなわち、徳川時代から現代まで十八代の平均は二二・二八年、鎌倉から安土桃山時代まで二十五代の平均は一六・一三年、平安時代三十二代の平均は一二・六九年、飛鳥・奈良時代二十代の平均は一〇・二八年、雄略から敏達天皇まで九代の平均は一〇・四四年となる。ここまでは、中国の歴史書などと照合してみてほぼ事実であろうとしている。ところが『日本書紀』の言う初代から安康天皇までの二十代の平均は五十年を越えるとんでもない在位期間となり、これは神武天皇の即位を古く見せるための創作と考え、安康天皇以前も平均十年程度と見積もると、神武天皇の即位は二八〇年ごろとなるとしている。そうすれば、神武天皇からの歴代天皇は実在と考えて支障はなくなる。さらに、「記紀」では天照大神は神武天皇の五代前となっているから約五〇年さかのぼれば二三〇年頃となり、まさに邪馬台国と卑弥呼の時代に重なる、としている。（『大和朝廷の起源』勉誠出版）。

この年代論により、神功皇后は西暦四〇〇年前後の人物と想定され、『日本書紀』に示す新羅進出の記事と一致するとしている。

しかし、それは「新羅出兵」ということだけに目が行ってしまっているからではないのか。

『古事記』では、「新羅出兵」の話は極簡単である。「神の教えに従って、軍船を整え、新羅に向かったところ、船による波が新羅の国の半ばまで押しあがり、新羅はあっさり降伏した」というのである。時代を示す新羅王の名などは記されていない。どちらかというと、仲哀天皇が神の指示に従わず急死したことに重きが置かれている。あとは、新羅から帰還後に応神天皇を宇美というところで産み、末羅県で釣り占いをしたことを挙げている（釣り占いは、『日本書紀』では、新羅出兵の前に記されている）。その後、大和帰還に際しての忍熊王《おしくまのみこ》の叛逆、太子（後の応神天皇）が気比《けひ》大神と名を取り替えた話で終わっている。

一方、筑紫の国における神功皇后の行動は、『古事記』では訶志比《かしひ》宮、宇美、伊斗《いと》村、末羅縣玉島里《まつらのあがたたましまのさと》しか出てこない。しかし、『日本書紀』では詳しく、豊浦宮（下関）から岡湊（遠賀川河口）に入るにあたって、岡県主の熊鰐《わに》が出迎え、伊覩《いと》県主の先祖五十迹手《いとて》が引嶋（彦島）まで出迎え、儺県《なのあがた》の橿日《かしひ》宮へ居し、仲哀天皇の急死後、熊襲を臣下の鴨別《かものわけ》に討たせたが自然と服従したという。その後、御笠を通り、松峡《まつお》宮へ移り荷持田《のとりた》村にいた羽白熊鷲《はしろくまわし》という賊を討ち、その地を「安《やす》」と名づけた。さらに山門《やまと》県へ行き、田油津媛を殺した。その後、松浦県の玉島里で魚釣りの占いをした。儺県に戻り、定めた神田に水を引くため那珂川上流の迹驚《とどろき》岡の大岩を砕き、溝をつくった（裂田溝《さくたのうなで》）。というように筑紫国を一回りしてから新羅へ遠征している。

実際、北九州には「記紀」のほか『風土記』や『万葉集』などの古代文献のほか、社伝、地域伝承、地名などのなかにもおびただしい神功皇后伝承が残されているという。河村哲夫氏（『神功皇后の謎を解く　伝承地探訪録』原書房）によると、九州特に筑紫（筑前・筑後）や肥前におびただしい神功皇后の伝承が残っており、これらの伝承地をつないで経路にすると、筑紫の国をくまなく回り、壱岐・対馬にも行き、豊国の海岸沿いを航行し、遠く宮崎方面（都農）まで行っていることになる。

河村氏の示した神功皇后の筑紫巡幸の経路をざっと示すと、下関の穴門宮から九州に渡り、洞海湾に入り、最深のところから江川を通って遠賀川河口の岡湊へ出る。そこで熊襲討伐の相談（垣生《はぶ》神社・中間市）などして、遠賀川の支流の西川に入り、鞍手を抜け犬鳴《いなき》川中流に出、宮田・若宮町（竹原装飾古墳がある）を通り、見坂峠（一七六メートル）を越え西郷川を下る。福津市福間から古賀市を通り、香椎宮へ着く。香椎宮で仲哀天皇が急死したが、それを隠し、豊浦宮へ遺体を移し、仮葬した。その後、吉備臣の先祖、鴨別《かものわけ》に熊襲討伐を命じ、自らは、御笠川をさかのぼり、太宰府に近いところの玉依姫の御陵宝満宮に寄り、御笠川の上流で船を下り、筑後朝倉地方の反逆者「羽白熊鷲」の討伐に向かう。朝倉地方は筑後川の支流宝満川をはじめ多くの支流が流れる豊かな平地で、平塚・川添遺跡など多くの遺跡がある大きな国があったとされる地域である。旧三輪町の松峡宮《まつおのみや》に宮を遷し、「羽白熊鷲」を討った（ここは「三輪」をはじめ、奈良の地名と同じ地名が多く、その配置までよく似ていることから、安本美典氏はここを本拠とした卑弥呼が大和に遷り、同じ名前を付けたとしておられる）。その後、筑後川を下り、有明海に出、矢部川をさかのぼり、山門の田油津媛を討った。その後、また矢部川を下り、有明海に出、今度は嘉瀬川（川上川）をさかのぼり、観音峠を越えて七山から玉島川を下って、唐津にでた。玉島川では鮎占いをしている。末羅国を巡幸したあとは伊都国、奴国を通って香椎に戻っている。奴国では、神田に水を引くため、大岩を削って溝をつくった（裂田溝の伝説）。その後に新羅へ出兵している。

また佐藤正義氏（筑前町教育委員会）は、「『筑前国続風土記』等における神功皇后伝承」（『邪馬台国』九七号、梓書院）で、旧筑前国における仲哀天皇・神功皇后伝承地として一八五箇所挙げられておられる。

香椎宮はその由緒に「香椎宮は仲哀天皇九年（二〇〇）、神功皇后躬《みずか》ら祠を建て、仲哀天皇の神霊を祀給うたのが起源であります。次で、神功皇后の宮は元正天皇の養老七年（七二三）に皇后御自身の御神託により、朝廷が九州に詔して社殿の造営を創め、聖武天皇の神亀元年（七二四）に竣工したもので、此の両宮を併せて香椎廟と称しました。明治以来には官幣大社香椎宮、戦後は香椎宮と称しております」とあり、勅祭社十六社の一つとされていて、奈良時代に建てられたと推定される「勅使参拝標石」もある。

『日本書紀』には記されていないところで神功皇后らの各地での具体的な行動が伝えられており、とても実在しなかったとは考えられない伝承の数である。

神功皇后が実在したとしている人も、その実在時期は『日本書紀』における外交記事に合わせ、四世紀末から五世紀初めの人物としている。それは百済や新羅本紀の記事と一致するからである。すなわち、神功皇后は四〇〇年頃の人であるのに、それを卑弥呼であるように見せかけているのだという。

しかし、これは逆ではないか。神功皇后が台与であることをあからさまに見えないようにするための手段であると考えられる。建国を紀元前六六〇年と古く見せようとしている「記紀」原資料の作者が、真実の建国時の女王台与を表す手段として、神功皇后を登場させ、それが、始祖ではなく、あくまで紀元前からの歴史のなかの一場面として潜り込ませるための処置と考えられるのである。すなわち、神功皇后は「卑弥呼＋台与」であり、台与（神功皇后）の業績を大きく見せるために、あえて干支二運（一二〇年）後の、百済本紀や新羅本紀に大きく取り上げられている「倭人侵入」の内容を神功皇后の業績として記したと考えるのである。当時は干支で年を数えていたので、遠い過去のことは、その干支の年が二四〇年前なのか、三六〇年前なのか定かでなくなることを利用した。そのことは、神功皇后が台与であることを、あからさまに悟られないために役に立つ。「記紀」は天照大神を皇祖卑弥呼・台与として、その在位時期を遙か遠い昔の神代において物語をつくっている。西暦二百年頃にまとめにわかるように再登場させるわけにはいかないのである。

しかし、皇祖としての業績を示す必要があるので最も活発に朝鮮半島に出兵していたとされる一二〇年後の百済の歴史書の記事から出兵の記事を作った。しかし、全部隠すことも歴史書としてはまずいので、卑弥呼の魏への朝貢記録を記載し、知っている人が見れば、それと分かるようにしたということではないのか。あるいは、後に加筆されたのかも知れない。前述の河村哲夫氏の『神功皇后の謎を解く』を読むとまさしく台与が筑紫の国に召され、新女王として筑紫国内を行幸し、各地に強烈な印象を残し、それが伝説となっているように思えてならないのである。

『魏志』倭人伝に登場する卑弥呼は、共立されて女王になったが、その政策は鬼道による占いが基になっているところがあり、実際、狗奴国との対立の場面では帯方郡に攻防の様子を報告している。その結果、魏は黄幢を与え、帯方郡からは「張政」という男を倭国に派遣している。このことは、邪馬台国が劣勢なので援助を願ったと考えるべきである。卑弥呼は決して強くて優秀な女王ではないのである。「記紀」で卑弥呼を表していると思われる岩屋隠れの前の天照大神もまた、弟素戔嗚尊に天上の宮を荒らされ、「か弱い」神として描かれている。

それに対し、神功皇后は、力強く描かれ、夫の仲哀天皇は影が薄い。筑紫入りした後の行動は神功皇后のみが記されている。各地で新しい女王を熱狂的に迎え、それが後に日本を統一した女王として、伝説となって後世まで伝えられたのではないか。

三韓征伐の話は「記紀」の原資料の作者が台与の業績を高めるために、干支二運後の朝鮮半島の歴史書にも大きく取り上げられている倭人の半島侵入記事を取り込んだと考えることができる。水野が論じているとおり、『三国史記』の資料が手にあれば、神功皇后紀、応神天皇紀における外交記事はつくれると思われる。倭国においても何らかの記録あるいは記憶があったであろう。

歴史は仲哀の前で断絶

歴史が仲哀天皇の前で断絶していることを示す重大な情報を『日本書紀』は潜めさせている。仲哀天皇の出自は仲哀天皇紀に日本武尊の第二子であり、成務天皇の四八年に皇太子となり、そのとき三一歳であったと記されている。すなわち成務天皇一八年に生れたことになる。一方、仲哀の父である日本武尊は景行天皇の第二子で、景行天皇の四三年に没したと景行天皇紀にある。そうすると、成務天皇は景行天皇が没して（景行六〇年）から次の天皇として即位したのであるから、父の日本武尊が没してから少なくとも三六年後に生れたことになり、明らかな矛盾である。少なくとももといったのは成務天皇の没年が成務六〇年で享年一〇七歳、景行天皇四六年のときに二四歳とあり（成務天皇紀）、それが正しいとすると、成務天皇の即位は景行天皇が没してから九年ほど後ということになるからである。それはともかく、仲哀天皇が日本武尊の子であることはありえないことになる。『日本書紀』は成務天皇と仲哀天皇の間で歴史が断絶していることを暗に示していると
も受け取れるのである。

朝鮮半島出兵

それでは実際には朝鮮半島出兵はなかったのかというと、それはあったと考えられる。倭奴国の項で述べているが、加耶諸国から出兵要請が来たのだ。倭奴国の時代から末盧・壱岐・対馬・狗邪韓国からなる連合国と契約を結んで、金官伽耶国（『魏志』倭人伝の狗邪韓国）が周辺の新羅や百済から攻められたとき、金官伽耶国の要請によって出兵し、その見

返りに褒賞品を得ていたと前述した。台与が筑紫国との合併・熊襲征伐という筑紫国の要請によって筑紫入りした直後、出兵要請が来た。「神功皇后紀」では突然神懸かりして、天の声として新羅出兵が要請されている。決して朝鮮出兵目的で筑紫入りをしたわけではないのである。

　実際、前述のように『三国記』新羅本紀に「二四九年に倭人が侵入した」ことが記されている。原文は「（沾解《ジョムヘ》王）三年四月、倭人殺舒弗邯于老《うろう》」とこれだけである。于老は奈解王の子とされており（于老伝）、帝紀をたどると、二三一年、伊飡《いそん》（二等官位）の位ながら大将軍に任じられ、二三三年には東方に侵入した倭兵と戦い、倭船に火をかけ、全滅させている。二四四年に舒弗邯《じょふつかん》（一等官位）を授かり、兵馬事（軍事）を委ねられた新羅軍最高官位の将軍である。于老は戦死ではない。「戦死」の場合は新羅本紀には「戦死」ときちんと記されている。王家の血筋で、最高官位の将軍が殺されながら、事の次第をなにも記していないとはどういうことなのか。他のこの種の事件は、勝敗の如何にかかわらず、事の結末を必ず記しているのである（附録『三国史記』参照）。

　つまりこれは、記録にも残したくない屈辱的な敗北があったということではないか。戦闘をせず、敵のトップを殺害するという「記紀」でもよく見られる戦法である。これは、「戦わずして勝ち、敵のすべてを獲るのが最善策」とする孫子の兵法にのっとるものである（景行天皇や日本武尊は張政のこの戦法を見習ったとみられる）。張政が関与したのであれば、ありそうなことである。新羅軍が倭軍の司令官を探ったところ、魏の軍師だということがわかり、新羅王は震え上がったのではないか。これ以上抵抗すれば、どのような手を打ってくるか予想ができず、また、事を表に出せば、魏国を敵にまわすことになりかねない。ここはだまって宝物を差出し、お引き下がりを願うことになったのではないか。新羅本紀の列伝のひとつ「于老伝」では、二四九年の記事はなく、「二五三年、倭国の使者を接待しているとき『近いうちに汝の王を塩奴にし、王妃を炊事婦にする』と言ったのを、倭王が怒り、討伐の兵を送ってきた。于老は責任を感じ、倭軍のもとへ行き『前日の言葉は冗談』と釈明したが、受け入れられず殺された」となっている。この列伝の記事は帝紀にはない。このように帝紀と列伝で記述が異なることは疑念を招く。この時期、帝紀には、倭国と友好を結んだ記事はなく、内容からいっても、列伝の記事は、「于老の死」の説明をするための創作と考えられる。

『日本書紀』では神功皇后四九年（二四九）に「新羅再出兵」の記事を入れ、念を入れている。

張政としては、新しく女王に推した台与が新女王にふさわしい人物であることを世に浸透させなければならない。そのためにはカリスマ性が必要である。豊国王を推して失敗したことを繰り返してはならない。そこで、朝鮮半島出兵も女王自ら渡海させ、名声を挙げさせようとしたのではないか。張政自らも随行し、鮮やかな勝利を挙げさせた。『日本書紀』には、この出兵には「住吉神」が同行した（導かれた）と記されている。

この住吉神について『日本書紀』は驚くべき表現をしている。本文だけ読むと、神代の時代にはまったく出て来なくて、いかなる神か説明がない（一書第六に、伊弉諾尊が黄泉の国から逃げ帰り、禊ぎをした時に生まれたという『古事記』と同じ内容の説明があるのみ）。この神功皇后紀で初めて何の説明もなく登場するのである。まるで倭国の神ではないかのようだ。

神功皇后に「朝鮮出兵」の神託を下したり、「出兵に同行した」という住吉神を「張政」に置き換えると台与（神功皇后）との関係がよく符合することがわかるのである。張政を神にすることによって、まさに、神出鬼没の活躍をさせることができる。

筑紫国内のおびただしい伝説の数々は、邪馬台国の新女王として着任後、各地を行幸した際の記憶が各地に残っていると考えるのが妥当だと思われる。これも張政が新女王を喧伝するための手段として行ったと考えると納得がいく。

神功皇后紀では前半生と後半生とくっきり分かれて記述されている。前半生は仲哀八年の筑紫入りから神功皇后十三年の皇太子による敦賀の笥飯《けひ》大神参詣まで（ここで太子応神が笥飯《けひ》大神と名を交換した話がでてくる）で、その後、空白期間があって、次の記事は三九年まで飛んでいる。三九年から六九年の崩御の年までは『魏志』を引用した魏への朝貢と百済、新羅との外交記事で埋められている。この後半生の記事と、応神紀も含めて百済本紀に載っている事項はちょうど一二〇年（干支二回り）ずれていることは、先に記したとおりである。

このようにみると、前半生は台与、後半生は卑弥呼＋台与を表していると考えられないだろうか。

「記紀」の原資料の原作者が「天照大神＝卑弥呼＋台与」とし、神功皇后も「台与＋卑弥呼」とし、卑弥呼や台与など、単独の神や人物を登場させないようにしたと考えられるのである。卑弥呼と台与を合せて二〇一年から二六九年まで統治したとしたのではないか。

それでは、神功皇后より前の天皇は誰なのかということになるが、仲哀天皇は、『魏志』倭人伝にいう台与の前に就任した男王、神武天皇から成務天皇は、大和への東遷とその後の日本列島統一に向けて活躍した功労者たちと考えられる。すなわち、建国を紀元前六六〇年とするために設けられた、東遷のために台与から派遣された実在の将軍たちで、台与や応神の移動前後に、畿内の都市建設や周辺の平定を行った人物たちと考えられる。傍証を第七章に挙げる。

豊国について

台与が豊国の王女とすると、豊国はどのような国であったのであろうか。領域としては、現在の豊前・豊後がまず挙げられる。「豊」という字が残っているからである。

ところで、前章で『魏志』倭人伝にある「南、投馬国に至る水行二十日、五万余戸。南邪馬台国に至る、女王の都する所水行十日、陸行一月、七万余戸」という記事は、里数で表した道程の情報とは異なる時期、異なる人のもたらしたものと考え、出発点が帯方郡であると考えた。「投馬国」とはどのような国なのだろうか。安本美典氏は投馬国を人口五万戸ということから、福岡県豊前から筑豊地方と考え、台与の都ではないかといっておられる（「邪馬台国は東遷した」荒木博之／奥野正男編『邪馬台国は東遷したか』三一書房）。

『魏志』倭人伝において、なぜ投馬国への日数を記したのだろうか。しかも人口五万戸、官は弥弥《みみ》、副は弥弥那利《みみなり》と記されている。投馬国は邪馬台国に次ぐ大きな国であり、それを報告した者は実際に行って見聞した可能性が高い。それは近くの国、女王国の隣国である可能性が高い。国名を聞いただけの国は「その他の傍らの国は詳細にはわからない」と記しているからである。

また、「与」という字の草書体は「馬」という字に似ており、「与」を「馬」と読み間違えた節もある。

官名の弥弥、弥弥那利の「ミミ」は、『古事記』の中に、忍穂耳《おしほみみ》尊（天照大神と素戔嗚尊との誓約《うけい》で生まれた第一子、瓊瓊杵尊の父）、神武天皇の皇子として多芸志美美《たぎしみみ》（紀では手研耳命）、岐須美美《きすみみ》命（紀にはなし）、神八井耳《かむやいみみ》命（紀では神八井命）、神沼河耳《かむぬなかわみみ》命（紀では神淳名川耳尊）と建国当初の皇太子級の人物に「ミミ」が付けられている。このことも投馬国がその後の天皇家と密接な関係のある国であることを伺わせる。

豊国の台与が卑弥呼の後を継ぎ、投馬国＝台与国＝豊国ならば、ぴったりである。

台与が投馬になった経緯は次のように考えられる。

「台与」は張政が来倭して卑弥呼の後継者として指名した王女の名である。つまり、張政の報告書のなかの名である。それに対して「投馬国」は、行程を日数で表したところに出てくる国名で、それは倭人がもたらした情報と考えられる。倭人が「豊」を「トウヨ」と発音したのを「投与」と書き写したのだ。

その後、写書のとき、「与」の字を行書・草書体で書いた人がいて、それを「馬」と読み間違えた。

行書・草書体は種々あり、書をたしなむ人の中には同じ字をいろいろな書体で書く人がいる。その一つを「馬」と間違えたのであろう。

前章で帯方郡から邪馬台国までは水行十日、陸行一日（一月は誤り）と考えられることを示した。投馬国が豊前地方であれば、帯方郡から水行二十日は妥当なところである。

この情報は、台与が張政を送ったときか、そのあとに倭人から伝えられたものであり、そのころ倭人は里数を知らず道程はかかる日数で表現していたとすれば、日数表示のことや、台与の本拠地の豊前までの日数を先に云い、それから以前卑弥呼の都であった邪馬台国までの日数を問われてあとから付け加えたと考えれば、投馬国までの日数を先に云い、それから邪馬台国まで日数を記している倭人伝の表記を合理的に説明できる。

豊国の領地はそれだけではなく、関門を渡った山口県西部沿岸も占めていたと思える。この地方も「豊」の字がつく地名が数多く残っており、『日本書紀』神功皇后紀でも「豊浦宮」などは下関近くと考えられている。考古学的には、第二章で示した土井ヶ浜タイプ人骨の国である。

さらに、『日本書紀』神功皇后紀では、皇后は、当初、越のあたりにいて、筑紫の熊襲の謀反を討つために、下関方面に向かっている。このことは海洋交易に長けた国であったことを想像させる。豊国は瀬戸内海および山陰沿岸で海洋交易を行っていた国と考えられるのである。

北部九州の博多を中心とした筑紫の国は、対馬・壱岐の阿曇族と連合して倭国を形成し、朝鮮半島と交易し、鉄などの金属輸入とそれを材料とした武器の生産・製造で栄えた。

これに対し、豊国は、この筑紫国の生産・製造物を近畿地方あるいは出雲地方に運び、代わりに近畿や北陸地方からヒスイなどの宝石を運び、交易国家として大きな利潤を挙げていたのではなかろうか。

『古事記』の神代において、伊邪那岐命・伊邪那美命の島造りにおいて、本州（大倭豊秋津島）、九州（筑紫島）、四国（伊予の二名島）のほかに、小さな島々が挙げられている。なぜ、この島々が選ばれたのであろうか。

日本海側の津島（対馬）、伊伎島（壱岐）、知訶島（五島列島）、隠伎島（隠岐）、佐度島（佐渡）は、倭人の先祖が大陸から渡ってきたルート上の島で、当時の人々の間に記憶に残っていたと考えれば、納得がいく。

では、瀬戸内海の淡路島、小豆島、吉備児島、大島（通説は周防大島と考えられている）、姫島（大分県）はなぜ挙げたのか。本州はもとより、四国、九州に比べても小さな島々である。なぜこの島々を挙げる必要があるのか、あるいは記憶に残る島なのか。

そこで思い浮かんできたことは、これらの島々が豊国の領地だったのではないかということである。瀬戸内海を西の関門から東の大阪湾まで交易するには、途中、拠点とするべき寄港地が必要であり、拠点としては島が適切である。陸の王国の手が届きにくいからだ。島を拠点とするいわゆる水軍は陸に対して独立性を保てるのである。水軍は潮流を読み、船を操ることに長けており、水上の戦いでは陸の軍に対して圧倒的な強さを発揮できる。

豊国は、これらの島々を拠点とし、あるいはそれぞれの島の民と連合し、交易を行っていたと考えられる。

『日本書紀』本文では、淡路島を最初に生んだが不満足な出来だったので「吾恥島《あはじ》」と名づけたといっている。そこで、淡路島の地形をあらためてみると悪天候のとき逃げこめるような大きな湾がないことがわかる。淡路島は大阪に近くて、交易拠点にしたい島であるが、良港をつくれる湾がない。それで不満足といったのだろうと想像できるのである。

なお、大島については、柳井市の東にある周防大島を指すというのが通説であるが、むしろ、今治市の北にある大三島、あるいはその南の大島ではないかと思う。現在、しまなみ海道（西瀬戸自動車道）が通っているが、大三島には大山祇神社が祀られている。古くは御島と言われていた（『伊予国風土記』逸文）。戦国時代は村上水軍の拠点であった。神社の前には入江（宮浦）がある。神社の案内板には「祭神大山積神《おおやまつみのかみ》の子孫である乎知命《おちのみこと》が神武東征の先駆として瀬戸内海の治安を司る際、祖神を勧請した」と記されている。伊予二名と吉備児島の間は長く、途中に多くの島が集まり、潮の流れの変化が激しい来島海峡を通過しなければならない。ここは鳴門海峡に匹敵する潮の流れの速さで、時速一九キロメートルにも達する。したがって、ここに寄港地が必要になる。

西の豊前の京都郡から出て、近畿までの海のルートを考えると、姫島を通り、伊予二名に寄り、大島、吉備児島、小豆島、淡路島を通って大阪湾にたどり着くコースが考えられる。

伊予二名については、古田武彦氏は伊予市と双海の間に二名神社があることからこの付近ではないかと指摘されている（「九州　記紀説話と倭の五王の諸問題」〈『古代史の宝庫』朝日新聞社〉）。そうすると、周防大島は伊予二名の対岸にあり、伊予二名に寄港するならば、周防大島には寄る必要がなくなる。

また、寺澤薫氏が示す一世紀後半から三世紀頃の広形銅矛・銅戈の分布は九州北部（肥前・筑紫・豊前）より四国西北部（伊予・土佐西部）にかかっている。したがって、四国西北部（伊予）は豊国の勢力範囲であったことが推測できる。
『魏志』倭人伝に投馬国五万戸とあることから、投馬国が豊国であるとすると、豊国の領地は豊前だけでは、とてもその人口を養うことはできず、立岩遺跡周辺を除く遠賀川流域の大部分、豊後や山口県西部も含まれると考えて、はじめて五万戸、二〇万人余を養えることになるかと思われる。

　豊国がこのような海洋国家であるとすると、邪馬台国から王権を引き継いだ台与が瀬戸内海の東端にある大和の地を併合し、都をこちらに遷し、列島全体を統一しようと考えたことは、それほど奇異なことではないように思えてくる。豊国の皇子邇藝速日《にぎはやひの》命《みこと》が交易先の国大和に神武東遷前に移り住んでいたとしても交易国家であれば、ごく自然なことであったと考えられる。

　余談になるが、伊弉諾尊・伊弉冉尊の国造りにおいて、本州と地続きであるにもかかわらず越洲が挙げられている。大倭秋津洲については『日本書紀』神武紀に「天皇は腋上《わきかみ》の嗛間《ほほま》の丘に登られ国見をして、『狭い国ではあるが、蜻蛉《あきつ》がトナメ（交尾）しているように、山々が連なり囲んでいる国』として奈良盆地を秋津洲と名づけたとある。この時点では日本列島の形に本州という大きな島を考えてはいないことになる。秋津洲（奈良盆地）や越洲（北陸地方）も水行によって行くことのできる島と考えていたのだ。また、『古事記』にのみ記されている知訶島《ちかのしま》と両《ふた》児島《ごのしま》は、通説では、知訶島は五島列島、両児島は男女群島ではないかと言われている。しかし、この二島は大八島には入っていなくて、追加の六島（吉備児嶋、小豆島、大島、姫島、知訶島、両児島）のなかの島なので、何か違った意味で挙げた可能性がある。

　知訶島は、通説では五島列島としているが、朝鮮半島との交易ルートからは外れており、島の重要性からいえば志賀島ということが考えられる。『筑前風土記』逸文に、「神功皇后による新羅出征の際の伝承から当地を『近《ちか》島』と言い、のち『資珂《しか》島』と転訛した」とある。志賀島は阿曇族にとって重要な島で志賀海神社が祀られている。

また、両児島（亦の名を天両屋《あめふたや》という）は天草島ではないかと思う。通説は五島列島の南西に七〇キロメートルの所にある男女群島ではないかといわれているが、大きい方の男島でも面積二・七平方キロメートルと小さい（志賀島でも五・八平方キロメートルある）。

天草島は上島・下島からなり、まさに両児の島であり、また『日本書紀』神功皇后紀に、新羅出兵に際して、磯鹿（志賀島）の海人《あま》の草という者に物見に行かせ、「確かに国がある」という朗報をもたらしたとある。この「海人《あま》の草」と「天草」の音の似ていることも気になる。褒美に天草の地を与えたのではないかと想像される。

両児島＝天草説は、宮崎康平が『まぼろしの邪馬台国』で主張しており、講演の際、身振り手振りで「両児島は天草である」と熱演されていた姿を思い出す。

卑弥呼の墓

卑弥呼の墓はどこに造られたのであろうか。『魏志』倭人伝には、「卑弥呼以て死す。大きな冢《ちょう》を作る。径百余歩。殉葬する奴婢は百人」と記されている。百歩は七〇～八〇メートルと見る向きもあるが、歩は長さの単位で一里＝三〇〇歩という見方もある。そうすると百歩は一四〇メートルほどになる。『魏志』倭人伝に記されている一里＝七五メートルとすれば、百歩は二五メートルとなる。宝賀寿男氏（Webサイト「古樹紀之房間《こきぎのへや》」『卑弥呼の冢』）は当時の中国・朝鮮の墓制を調べ、特に朝鮮半島では帯方郡太守などの首長クラスでも径三〇メートル程度であることから、卑弥呼の墓の「大いに冢を作る径百歩」も三〇メートル程度が妥当としている。

卑弥呼は、死んでから墓が造られたので、誰が造らせたのかが解明のカギになる。埋葬者によって、次の三通りが考えられる。

①卑弥呼の親族によって本拠地に埋葬された。

②邪馬台国（倭国）女王として、卑弥呼を共立した小国王たちの合議によってしかるべきところに埋葬された。

③政権を受け継いだ宗女台与によって埋葬された。

以下にそれぞれの場合の候補墓をみてみる。

①卑弥呼の親族によって本拠地に埋葬された。

張政によって敗戦の責任を取らされ死罪となり、その後、女王国（倭国）から放置されたとすれば、卑弥呼の出身地で親族によって埋葬されたのかもしれない。

卑弥呼の出身地・本拠地を八女、山門と想定すると、この地域は旧石器時代から古墳時代まで遺跡は非常に多く発見されている（郷土史家村山健治氏の資料（Webサイト「庄福BICサイト・南筑後の歴史と文化」内の「みやま市の遺跡」）。また祇園山古墳が幾人かの人によって卑弥呼の墓ではないかと指摘されている。祇園山古墳は久留米市高良大社《こうらたいしゃ》のある高良山の西の麓の高台にある。福岡県指定遺跡で、発掘の責任者でおられた西谷正氏（伊都国歴史博物館名誉館長、九州大学名誉教授）は、「この祇園山古墳は左右が東西およそ二十三・三メートル、南北が二十二・九メートルという、ほぼ真四角な古墳です。二段に築かれ、斜面には葺石を葺いています。墳頂部に箱式石棺があり、周りにはなんと、六十二か所の小さな埋葬施設がありました。これらは方墳中心部の石棺に比べると、個々の埋葬施設では大きな差はないのですが、この方墳にたった一人だけが墳頂部真ん中の石棺に葬られていたのです。（中略）そのような中心となる方墳の主人公と、そのすそに小型の墓を、なんと六十二も次々と埋葬していくという、非常に特異な墳墓が発見されたのです」（『魏志倭人伝の考古学』（学生社）といっておられ、そのすその一号甕棺墓から中国の後漢の破鏡一枚と硬玉製の勾玉、碧玉製の菅玉、鉄製の刀子などが出土したという。また、高良大社の神宝となっている三角

写真７　祇園山古墳（久留米市）

縁神獣鏡が、この祇園山古墳から出たものではないかという情報（郷土史家古賀壽氏）から西谷氏は、この古墳は大和王権が成立した後のものとみておられる。

しかし、『魏志』倭人伝にいう「殉葬する奴婢は百人」に相当するような周辺の埋葬施設があるので、時代が合えば、卑弥呼の墓の可能性はあるとみられる。

②邪馬台国（倭国）女王として、卑弥呼を共立した小国王たちの合議によってしかるべきところに埋葬された。

卑弥呼は邪馬台国すなわち筑紫国内の小国王たちに共立されて女王になっている。卑弥呼が死んだ後、その小国王たちの中で、誰か代表的立場に立ったのであろうか。『日本書紀』には、神功皇后が筑紫入りをするときに、伊都国王の祖、五十迹《いとて》が穴門（下関）まで出迎えに行っている。

張政は卑弥呼を更迭した後、筑紫国を代表する盟

写真８　平原古墳（糸島市）
古墳は日向峠を向いている。左側は高祖山

主に伊都国王を復権させたと考えられる。したがって卑弥呼の死後、その葬儀を伊都国王の手で行ったかもしれない。その埋葬地は伊都国であることも考えられる。

その場合、その候補として平原遺跡一号墓が挙がってくる。糸島市の公式ＨＰでは、「この墓は十四メートル×十二メートルの四隅が丸い長方形でその中央に木棺が埋葬されています。この墓は弥生時代終末期(約一八〇〇年前)に造られたものです。副葬品は銅鏡四〇枚、鉄刀一本、ガラス製勾玉やメノウ製管玉などの玉類が多数発見されています。銅鏡のなかには直径四六・五センチの内行花文鏡が五枚ありますが、これは日本最大の銅鏡で非常に貴重なものです。また、ひとつの墓から出土した銅鏡の枚数も弥生時代としては日本一で、伊都国王の墓にふさわしい内容です。この墓に葬られた人物は女性、すなわち女王ではないかと考えられています。その理由は、副葬品の中に武器がほとんどないこと、ネックレスやブレスレットなどの装身具（アクセサリー）が多いこと、中国で女性が身につける『耳《じ》とう』といわれるイヤリングが副葬されていることです」と説明されている。

埋葬品は女王の墓にふさわしく、日本最大の銅鏡が五枚、しかも直径四六・五センチという大きさは「八咫《やた》の鏡」だといわれている。「咫」は女性の手のひらを拡げたときの親指と人差し指の間の長さで十八センチほどであり、この鏡の外周長さはちょうどそれの八倍の長さにあたるのである。鏡の大きさ、枚数とも一つの墓からの出土では日本一だといわれている。卑弥呼の葬儀を伊都国王が執り行ったとすれば、まさにぴったりの墓である。宮崎大学の奥野正男教授はここが卑弥呼の墓ではないかとしておられる。ただ墓の大きさが『魏志』倭人伝に記しているよりかなり小さく、また考古学的知見では奥野教授のように三世紀の建造と見る向きもあるが、卑弥呼の時代より古いと推測する意見も多い。筆者は平原王墓発掘のはじめから関わってこられ、鏡とその他の出土品を丁寧に分析し、二世紀後半と判断されている柳田康雄氏の説に最も説得性を感じる。柳田氏は、その著『伊都国を掘る』（大和書房）の最後に「平原王墓の被葬者としては、超大型内行花文八葉鏡＝『八咫鏡』とすると、『大柱』と太陽の門としての『鳥居』（太陽信仰）などを総合すると、実在論は別にして、神話のなかの『天照大神』に象徴されるような性格の人物像が浮かび上がり、卑弥呼直系で直前の三世紀初頭に埋葬された倭国最高権威にある巫女王となるだろう。二世紀末、弥生伊都国最後の巫女王の死によって、その権威はより強大な権威となって卑弥呼に継承され、西日本の弥生時代が終焉を迎えるものと考えられる」としておられる。

平原一号墳が西暦二〇〇年よりも古いということであれば、それは『三国史記』新羅本紀に「（阿達羅）二十年（一七三）夏五月。倭女王卑弥乎。遣使来聘」と記してあるところの卑弥呼ということが考えられる。卑弥呼は日巫女《ひみこ》あるいは日女子《ひめこ》であり、女王を意味するもので個人名ではないと考えられる。ちなみに男王は日子であり、『魏志』倭人伝では対馬の官、一大国の官は共に「卑狗」と称するとしている。狗奴国の官も狗古智卑狗《くこちひこ》と記されている。

第一章でも述べたように、巫女王の先例があったからこそ、倭国大乱の後、『魏志』倭人伝に登場する巫女王「卑弥呼」を共立して立てることが、すんなりと進んだと考えられる。

③政権を受け継いだ宗女台与によって埋葬された。

前述のように台与としては、筑紫国と合併した国を相続し治めるために、やむなく卑弥呼には死んでもらったのであろうと筆者は考える。当然、宗家の祖は祀らなければならない。また、卑弥呼から祟られては困る。古代においては、自然界のすべては神によって支配されていると考え、何に対しても神が存在するとして、その神を怒らせないように祀っていた。当然人間の死後もその魂は神となって現生の人間にその力を及ぼす。禍いをもたらさないように、益をもたらせてくれるように丁寧に祀ることが必要である。台与としては、ここはしっかりと卑弥呼を祀り、援護を願いたいはずで、葬儀の時だけでなく、その後も祀り続けるのであれば、台与の本拠地に祀ることを選ぶことになるのではないか。また、外に向かっては、大きな墓を造り、それを祀ることによって、台与が卑弥呼の後継者であること、特に豊国の中ではっきりと示す必要がある。台与は、その時まで豊国内では政治的権力者ではなかったからである。

その候補地として宇佐の小椋山《おぐらやま》（通称亀山）が挙げられる。現在宇佐神宮上宮が建っているところである。

宇佐神宮は、七二〇年、隼人の乱が勃発したとき、大和王権が宇佐八幡に神託を仰いだところ、「我征きて降伏《おろ》すべし」という託宣をだした。また七四九

写真９　宇佐神宮上宮南中楼門

年、聖武天皇が東大寺大仏建立の費用調達に苦慮しているときに「われ天神地祇《てんしんちぎ》を率い、必ず成し奉る。銅の湯を水となし、わが身を草木に交えて障ることなくなさん」という協力の託宣が出される。さらに七六九年に、称徳天皇に対して「道鏡が皇位に就くべし」との託宣があったとして、弓削《ゆげ》道鏡が天皇位を得ようとした「宇佐八幡宮神託事件」が起きる。このときは和気清麻呂《わけのきよまろ》を神意の確認に遣わしたところ、「無道の者掃除《そうじょ》すべし」との託宣が下り、事なきを得た。このように国家の重要な事柄については度々宇佐八幡神に伺いを立てており、この神を特別に重要視している。名神大社一覧に宇佐神宮の三神殿はそれぞれ八幡大菩薩宇佐宮、比売神社、大帯姫廟《おおたらしひめのびょう》神社と独立して示され、前二社の神階は最高位の一品《いっぽん》である。ほかに、一品は淡路伊佐奈伎《あわじいざなき》神社（一品勲八等）だけである。また、もう一つの神功皇后を祀る神殿が「大帯姫廟神社」として、「廟」である点も気になるところである。

写真10　宇佐神宮上宮にある亀山（小椋山）

この神託事件の天皇家の対応の仕方から井沢元彦氏は「宇佐神宮は天皇家祖先の墓であり、主祭神の比売大神は卑弥呼」と断言している（『逆説の日本史　封印された「倭」の謎』小学館）。

この宇佐神宮であるが、上宮は墓の上に建っているという情報がある。

「朝日新聞」（平成二十二年〈二〇一〇〉五月二十三日付）に、宇佐市のまちおこし団体の代表をされている高橋宜宏氏の話として、つぎのような記事が掲載されている。

一九七九年十二月八日、高橋さんら地元の若者でつくる「新邪馬台国建設公団」のメンバーは、石棺目撃者といわれる中津市の古老を招き、現場を確認。古老は本殿東端に立ち「明治四十年（一九〇七）の式年造営の際、父に連れられてお参りに来た。穴の中に長さ一・五～二メートル、幅、高さ一メートルの石棺があったのを見た」と話した。埋め戻された場所は、三之御殿の前からかいま見ることができる。

また、鷲崎弘朋氏は宇佐神宮古墳説について、①考古学者の原田大六は、亀山の下部につくられていた防空壕の地層の露呈から判断して自然の独立丘陵としているが、初期古墳では自然の丘陵を利用してこれに一部土を盛り、手を加えた場合も多いので、防空壕の地層問題が亀山古墳説を否定することにはならないこと、②『延喜式』神名帖には「大帯姫廟神社」と「廟」の字が使用されているので、神功皇后の社殿は墓所の上に作られた可能性があること、③明治造営と昭和造営の二度にわたって石棺を目撃したという山本聴治の話を〈ホラ吹き〉と退けるのは危険であろうこと、④亀山の下には盛土を掘ってできたであろう池（菱形池）と、百人の奴婢を殉葬したと考えられる「百体神社」があること、などを示してここが卑弥呼の墓であるとしておられる（『邪馬台国の位置と日本国家の起源』新人物往来社）。

このように、亀山山頂宇佐神宮上宮の下に石棺があったという情報があり、墓である可能性がある。宇佐神宮には第一神殿に応神天皇、第二神殿に比売大神、第三神殿に神功皇后が祀られている。比売大神は『日本書紀』一書第三に「日神が生まれた三柱の女神を葦原中国の宇佐嶋に降ろされた。今北の海路（朝鮮半島への海路）においでになる」という記事から、宗像三神（多岐都比売命《たぎつひめのみこと》・市杵島比売命《いちきしまひめのみこと》・多紀理比売命《たきりひめのみこと》）を指すと宇佐神宮は説明している。しかし、宗像三神は『日本書紀』本文やその他の一書、『古事記』では、単に宗像に祀る神としている。宗像大社は三神を沖ノ島、大島、田島の三か所に分けて祀っているのに、宇佐神宮では三神並べて祀るならともかく、三神なのになぜ一神として祀られているのか説明されていない。ほかに海神三神を祀る住吉大社（底筒男命《そこつつおのみこと》・中筒男命《なかつつおのみこと》・表筒男命《うわつつおのみこと》）や志賀海神社（底津少童命《そこつわたつみのみこと》・中津少童命《なかつわたつみのみこと》・表津少童命《うわつわたつみのみこと》）

は三殿に分けて祀っているのである（この宗像三神の宇佐降臨についての疑念は第七章にあらためて記した）。

しかし、宇佐神宮の由緒書きには「比売大神様は八幡さまが現われる以前の古い神、地主神として祀られ崇敬されてきました」とも書かれており、比売大神は神社創建の前からこの地に祀られていたことを示している。また、宇佐神宮の本宮とされる大分八幡宮の比売神は玉依姫命（神武天皇の母親）としている。神代の話は時間を長く見せるための手段と考えれば、神武天皇の母は神武天皇の祖先すなわち天照大神に結びつく。

中央の神殿を「第二神殿」と称しているが、その造りは主神殿そのものである。上宮へは一般の人は南中楼門の前までしか行けないが、その中央の楼門の奥に申殿、その奥に第二神殿が配置され、申殿は第二神殿の前にしかない。「二の御殿」は楼門に設けられた祭壇の前で拝み、「一の御殿」「三の御殿」は楼門左右に設けられた祭壇の前で拝むのである。下宮も中央の祭壇が立派に造られ、左右の一、三の御殿とは明確に格差が付けられている。中央に祀られている神は、応神天皇や神功皇后に比べて、はるかに高い地位の神を表している。

卑弥呼＝日巫女《ひみこ》は転訛して比売《ひめ》（＝姫）となったといわれている。第二神殿の比売は卑弥呼を表している可能性はあると思われるのである。卑弥呼を中心に、左席（向かって右）に後継の台与すなわち神功皇后、右席に神功皇后の子応神天皇と座席順も合致している。

亀山はいびつではあるが、長径二八〇メートル、ふもとからの高さ三〇メートルほどの独立した自然の山である。頂上部の盛土を施したとみられる神社域は径一〇〇メートルほどある。『魏志』倭人伝にいう径百歩に匹敵する大きさである。そして、亀山全体を墓と見立てたとも考えられる。

以上三つの場合とも卑弥呼の墓ではないかと考えられる候補はある。

筆者としては、宇佐神宮亀山を採りたい。卑弥呼登場の前、二世紀には西日本を統一した国はなく、中国に知られていた倭奴国は、北部九州を占めるだけの小国であったということについては、衆目の一致するところである。卑弥呼共立から男王、台与と引き継がれた三世紀末頃には、都を奈良盆地に置き西日本を統一したとみられる国が誕生していたということも異論が少ない。そうだとすれば、卑弥呼が初代の王（女王）として、認識され、それが後世に伝承されたということは十分にあり得ることである。ならば、初代王の墓が簡単に忘れ去られてしまうことはないと考える。神を祀るのに神社を立てる風習ができた八世紀に、その認識が伝承されていたとすれば、卑弥呼の墓に神社を建てることは、当然考えられることである。

亀山山頂に神殿が建てられたのは八世紀、『日本書紀』の完成後である。天照大神すなわち卑弥呼の御魂は伊勢神宮に移していることから、宇佐神宮は天照大神が素戔嗚の所持物を口に含んで生んだ宗像三神を代わりに祀るということにしたのではないか（この『日本書紀』一書第三の記事は、他にも異様なことが目立つので後世の誰かの加筆ということも考えられる。詳細を第七章に示す）。

台与については、神功皇后を祀る神殿が「大帯姫廟神社」として「廟」であるとしていて、石棺があったという情報もあるので、台与の墓とも考えられるが、神武天皇が近畿を征圧した後に応神天皇と共に畿内へ移動したとすれば、畿内に墓を造ったかもしれない。天皇家が大事の時には、いわゆる宇佐使と称して宇佐神宮の神託を求めるというのは、「皇祖卑弥呼の墓に詣っている」ということならば大いに納得の行くところである。宇佐神宮亀山と箸墓古墳の類似性については第四章に、宇佐神宮と伊勢神宮の境内の類似性は第七章に示している。

大和王権が伊勢神宮をさしおいて宇佐神宮を重視する理由がほかに考えられるであろうか。

台与への檄「狗奴国併合と天孫降臨」

新女王が誕生すると、張政は新女王「台与」に次の檄を示す。「狗奴国の併合」である。狗奴国を女王国に組み込むことによって、南にその領域を広げることになる。「戦わずして勝利を収め、敵国のすべてを獲る」のが、孫子の兵法では最高の手段とされている。

また、そのことは、呉の東海岸すなわち会稽《かいけい》の東方に友好国を広げることになる。それは魏にとって、呉を脅かす大きな戦略上の成果となる。

張政は、筑紫国、豊国、狗奴国（肥国）の三国合併によって、強固な国にし、隆盛著しい近畿の勢力（大都市纏向を建設している）にも対抗できるように目論んだ。張政は新羅遠征の成果も喧伝し、狗奴国に軍師としての凄さを見せつけたに違いない。狗奴国としては、攻められれば敗戦必至であるので、犠牲を払っても併合を承諾するしかない。ところが、豊国王（「記紀」の「仲哀天皇」）は、狗奴国殲滅にこだわったので、台与に「神のお告げ」として、狗奴国攻撃を諦めるよう説得させたが、豊国王は聞き入れず、狗奴国を攻撃した。これは失敗に終わったが、あらためる様子がないので、豊国王を台与了解のもとに暗殺したのではないか。豊国王排除には、ほかにも理由がある。豊国王は台与の権力を脅かすことになりかねない邪魔な存在だからだ。台与を女王として確立するためには、豊国王は排除されなければならないというのが、張政の考えだと思われる。

天の岩屋からでると一変した天照大神の立場

天の岩屋からでてきた後の天照大神の立場は一変している。「天孫降臨」については、主導権が高皇産《たかみむす》霊尊《ひのみこと》に移っている。

高皇産霊尊は『古事記』では天地が分かれ始めたときに高天原に生まれた三柱（天之御中主神《あめのみなかぬしのかみ》、高御《たかみ》産巣日神《むすびのかみ》、神産巣日神《かみむすびのかみ》）の二番目の神である。その次に生まれた宇摩志阿斯訶備比古遅神《うましあしかびひこじのかみ》、天之常立《あまのとこたちの》神《かみ》の二柱を合わせて上の件《くだり》の五柱という。いわゆる神代七代の神の前に生まれた神々である。

ところが、『日本書紀』では、神代七代の前の神々は記されていない。したがって高皇産霊尊も出てこない。また神代七代の神々も一部異なっている。もちろん神代七代の中にも高皇産霊尊はいない。一書（第四）に「天地がはじめて分かれる時に、はじめて生まれ出た神があった。国常立尊、次の国狭槌尊、また高天原においでになる神の名を天御中主神という。次に高皇産霊尊、次に神皇産霊尊、皇産霊――これをムムスヒという」と出てくるだけである。

すなわち『日本書紀』本文だけをみると、天孫降臨のところで、天照大神よりも権力のある神として、いつどこで生まれた神であるのかの説明もなく唐突に皇祖高皇産霊尊として登場するのである。

前述の「住吉神」と同じ表現である。つまり、高皇産霊尊は、倭国の神ではないといっているに等しい。『日本書紀』神代下「葦原中国《あしはらなかつくに》の平定」の条本文で、高皇産霊尊は、自身の娘と天照大神の子、天《あめの》忍穂耳尊《おしほみみのみこと》との間にできた子、瓊瓊杵尊《ににぎのみこと》（高皇産霊尊と天照大神の孫となる）を葦原中国の君主にしたいと思い、諸神に相談し、平定するために天穂日《あめのほひの》命《みこと》や天稚彦命《あめのわかひこのみこと》などを葦原中国に派遣したが、大《おお》己貴神《なむちのかみ》に懐柔されてうまく行かず、最後に、経津主《ふつぬし》命《のみこと》と武甕槌命《たけみかづちのみこと》を送り、大己貴神に対して五十田狭《いたさ》の浜で「国譲り」を強く要求した。大己貴神は子の事代主神《ことしろぬしのかみ》に相談し、国譲りを承諾したと記されている。その後、高皇産霊尊は瓊瓊杵尊を真床追衾《まとこおおふすま》に包んで降臨せられた。その間、天照大神は出てこない。

『古事記』では、最初に天照大御神（『日本書紀』では天照大神）が、我が子天忍穂耳命に豊葦原の水穂の国を治めさせようと天忍穂耳を天降すが「水穂の国は騒いでいる」といって戻ってきてしまう。そこから高御産巣日神(『日本書紀』では高皇産霊尊)が天照大御神とともに諸神を集めて相談している。天照大御神を同伴しているが、やはり高御産巣日神が主導的に描かれている。『日本書紀』『古事記』ともに、天の岩屋後は天照大神ではなく、高皇産霊が主導権を握っているのだ。天の岩屋から出たあとの天照大神が台与であるとすると、その台与に対して強権を発動できるのは張政しかいない。高皇産霊尊は張政を表していると解釈すると、上記の神話はぴったりと符合するのである。張政は次期王に台与を指名した。高皇産霊尊は王を誕生させた神の名としてぴったりなのである。

降伏条件「素戔嗚への罰」

『日本書紀』に素戔嗚に与えた罰として、「諸神罪過を素戔嗚尊に帰して、科すに千座《ちくら》の置戸《おきど》を以てし、遂に促め徴《はた》りつ。髪を抜きてその罪を贖《あが》なわすに至る。亦は曰く、その手足の爪を抜きて贖うという」とある。

「千座の置戸」とは何であろうか。通説は「お祓い」としているが現実的ではない。単純に倉庫と考えてよいのではないか。数が千と非常に多いので、数が沢山必要な倉といえば、これは米蔵だと思う。米蔵を沢山差し出せということは、領地割譲の要求ではないか。どの地の割譲であろうか。「記紀」から探すと天孫降臨の地日向が浮かんでくる。狗奴国は日向を含めた九州中部を治めていたところの多くの小国からなる連合国家だったのではないか。

すなわち、張政は狗奴国を降伏させたのち、日向の地の割譲を要求するため、台与の臣下を狗奴国王のもとに派遣したのである。狗奴国王は日向の国を二つに分けて治めていた二人の王に相談し、最終的には承諾させたということになる。派遣先が出雲になっているが、これは神話の前の章で素戔嗚(狗奴国王）を出雲に追放しているので、その話の継続性のために、出雲のいる素戔嗚の子の大己貴神に談判に行ったということにしたのではないか。

天孫降臨

日向は豊国から南へ続いている日当たりの良い豊かな土地である。そこを支配させるために皇子を送り込んだのが、天孫降臨ということではないか。降臨の候補地が二つあるのは、二人の皇子、神武天皇と彦《ひこ》五瀬命《いつせのみこと》を送り込んだからだとすれば、説明がつく。

『古事記』においても、国の譲渡を要求された大国主命は二人の子供、八重事代主神《やえことしろぬしのかみ》と建御名方神《たけみなかたのかみ》に相談し、承諾させている。

すなわち、霧島の高千穂の峰を通って宮崎方面（神武天皇）と、高千穂峡付近（宮崎県西臼杵郡）を通って五ヶ瀬川を下り延岡方面（彦五瀬命）である。川の名に「五瀬」が残っている。瓊瓊杵尊に降臨させ、その子が山幸と海幸、山幸の孫が神武天皇ら四人としているのは、歴史を長引かせるための、手段と考えてよいのではないか。天孫降臨から一七九万二四七〇年経っているとも記している。

明かなことは「記紀」では「天孫」を降臨させたのであって、天照大神は移動していないことである。すなわち天照大神は本拠地高天原に居続けたということだ。

肥国のことを『古事記』で「建日向日豊久士比泥《たけひむかひとよくじひね》別《わけ》」と長い呼び名にしているが、これは「日向を豊国に譲った建日別（熊襲）」という意味を表そうとしたのではないだろうか。九州南部の「熊襲」は単純に「建日別《たけひわけ》」としている。つまり、肥国はもともと熊襲（建日別、九州南部とは別氏族）であったが、日向を豊国に譲って併合されたのちは熊襲ではなくなったとして、「肥国（建日向日豊久士比泥別）」としたものと考えられる。『日本書紀』の景行天皇の熊襲討伐の項で八代方面を「火の国」と名付けたとある。また、『古事記』に、景行天皇が日向の美波迦斯《みはかし》毘売《びめ》を娶って生んだ子は豊国別王で日向国造の祖とあり、日向が豊国の領地であることを示している。

神話の部分は、卑弥呼の死から畿内への東遷までの短い期間のことを、非常に長い時間のように物語をつくったのではないか。真実を容易に見抜かれないように時間的にも前後させて物語をつくり、それを繋いだのではないかと思っている。

日向への天降りは、実際には、豊前京都郡から海路で日向へ行ったと考えられる。『豊前風土記』宮処郡の逸文に、「古《いにしえ》、天孫《あめみま》、ここより発ちて、日向の舊都（旧都）に天降りましき、けだし、天照大神の神京《みやこ》なり」とある。また、日向市の海岸にある大御《おおみ》神社（二〇〇三年、巨大な「さざれ石（礫岩）」が発見され一躍有名になった）の由緒には「天孫降臨時、瓊瓊杵尊がここを通過した際、皇祖天照大御神を奉祀して平安を祈念したと伝えられている」と記されている。

神武天皇の東遷は、日向から海路を採っているし、後の景行天皇の熊襲討伐も、日向まで海路を採っている。豊国は関門を抑え、瀬戸内や出雲と交易していた海洋交易国家と考えられる。日向には、海路を採る方がはるかに簡単に行くことができる。神話の世界では、神は、その地域の最も象徴的な山に天から降って、そこに宿るということになるので、「高千穂の峰に天降った」としたのだ。

素戔嗚への罰として「爪を抜いて贖う」とあるのは、武器の提出ではないか。人間が素手で戦うとき爪は大きな働きをする。爪がなければ戦力は大幅に落ちる。

ではまた、「髪を抜いて贖う」はどのような事であったか。単に、頭を丸めて、あるいは髪を渡して、服従の意を表したとも考えられるが、そのような風習がその時代にあったのか不明である。大人になって身体の成長が止まっても、なお成長を続けるのは、髪と爪である。「西遊記」の孫悟空は、髪を抜いて分身を作った。髪にそのような生命を感じていたのであれば、人質を指すのではないか。邪馬台国側から皇子を送り込み、狗奴国からは、皇女を人質に取るということはありそうなことである。天照大神との誓約で素戔嗚尊が生んだ三人の女神、すなわち後に宗像三女神として祀られるようになった女神たちを指すのかもしれない。

そして、素戔嗚尊（狗奴国王）には出雲征圧を命じた。素戔嗚は出雲の斐伊川《ひいかわ》に降臨した。斐伊川はチタンを含まない溶融しやすい砂鉄が採れるところである（奥野正男『邪馬台国はここだ』梓書院）。

このようにして、三国合併が成立してみると、以前に比べて、非常に強力な国家となったであろうことが想像できる。

残る九州南部の建日別（襲の国、鹿児島県）は、のちに、景行天皇の熊襲討伐により平定されている。『日本書紀』景行天皇紀では、「十三年夏五月、ことごとく襲の国を平らげられた」と、「熊襲」ではなく「襲の国」と明確に記されている。このことから推察すると、もともと「熊襲」とは天照大神に従わない九州中部の「クマ国」と同南部の「ソウ国」を合せて「クマソ」と言っていたのではないか。そのクマソ（熊襲）という語が定着して、天照大神に従わないクニを「熊襲」と呼ぶようになったと考えられる。

葦原中国と国譲り

『日本書紀』の神代下において、天照大神と高皇産霊尊は皇孫瓊瓊杵を葦原の中国《なかつくに》に降臨させるために、その地を平定させようと経津主神《ふつぬしのかみ》と武甕槌神《たけみかづちのかみ》を送るが、降りた先はなぜか出雲となっている。そこで大《おお》己貴神《なむちのかみ》と交渉している。瓊瓊杵の降臨先は日向であるから、葦原の中国は日向と考えてもよいかと思われるが、出雲を日向とは考え難い。

この矛盾をどのように考えればよいか。

神話の流れを見てみると、①天地のはじまりの神々、②伊邪那岐命・伊邪那美命の結婚と国産み・神産み、伊邪那美命の死、③素戔嗚の高天原荒らしと天照大神の岩屋隠れ、素戔嗚追放、五穀の起源、④素戔嗚の出雲征圧、大国主命の活躍と国譲り、⑤天孫瓊瓊杵の降臨と結婚、⑥海幸・山幸、⑦神武東遷、⑧全国征圧、⑨神功皇后と応神天皇、となっている。

　前節でも述べたように、上記の③で素戔嗚を出雲に追放としたことを記したので、その続きとして素戔嗚の出雲での活躍を先に記したのではないか。そのため、出雲に居る素戔嗚（神話では出雲を引き継いだ大国主命）のもとに日向割譲の交渉に行ったことにしたと考えられる。

『古事記』では、須佐之男命の娘と結婚した大国主神は、国譲りの判断を事代主に任せ、本人は立派な宮殿を造ってくれることを条件に黄泉の国に隠れた。

『日本書紀』では、素戔嗚尊の子の大己貴神は、やはり事代主神に判断を任せ、事代主神は国譲りを承知して沼中に消え、大己貴神も出雲平定に用いた広矛を献上し、幽界に隠れた。本文では宮殿造りの話はない。

『出雲風土記』には国譲りした大穴持命《おおあなもちのみこと》（大国主命）のために杵築大社（出雲大社）を造る話は出て来るが、国譲りの談判の話も、談判をしたとされる伊耶佐の浜も出てこない。

　大己貴神は、『古事記』では「大国主神」とし、「大穴牟遅神《おおなむちのかみ》」など五つの名を持つとしている。大国主とは「大クナ主」で、狗奴国王のことではないか（これは宮崎康平が『まぼろしの邪馬台国』のなかで言っている）。またいくつもの名を持つということは、複数の人物あるいは複数の話をひとつにまとめたということではないだろうか。

　本来③の素戔嗚の出雲征圧と、④の天孫瓊瓊杵の降臨は天照大神が岩戸からでたあと、ほぼ同時期に併行して行われたことと考えられるのである。出雲の「国譲り」は、出雲を征圧した素戔嗚（狗奴国）

への天照大神（台与）からの譲渡要求である。つまり、「日向割譲」と「出雲の国譲り」と混同して神話を創ったと考えられる。

「葦原の中国」の具体的な地名は、『古事記』では出雲（大国主神の国譲り）、『日本書紀』では、出雲（大国主命の国譲り）、宇佐（素戔嗚の誓約一書（第三）「宗像三神を葦原中国の宇佐嶋に降ろした」）、熊野（神武天皇の東征中、熊野で難儀をしているとき、天照大神が「葦原の中国は、まだ乱れている」といって武甕雷《たけみかずち》を遣わそうとした）と出てくる。

神話の部では新しい領土拡張は国譲りという形で表わし、その拡張先すなわち「天降り先」を「葦原の中国」としているのではないか。本拠地は「高天原」ということになる。高天原は女王卑弥呼が領していた地、筑紫国（筑前・筑後・佐賀平野・糸島地方）である。

「国譲り」は日向と出雲と二つあったのだと考えられる。それを神話では、ひとつにまとめたので、「出雲に居る大己貴神に交渉に行きながら、降臨した先は日向」ということになったということではないか。

実際には、相当の戦争があったのではないかと思われるのに、「記紀」では国譲りとしている。しかも、それを内輪の争いとみせかけているようにも思える。

神武東遷でも、大和の地は、同族の饒速日《にぎはやひ》が先に降って都を建設していたのを、あとで奪いに行くのだから、いわば内輪の争いということになる。出雲は天照大神から素戔嗚が出雲行きを命じられ、その素戔嗚が平定した地の譲渡を迫ったのだから、やはり内輪の争いであり、日向の地への天孫降臨も、筆者の考えでは、現在の熊本県と宮崎県を抑えていた狗奴国が筑紫国・豊国連合国に敗れ、日向の地を譲渡させたのだから、これも内輪の争いということになる。このことは神話の作者の意図が現れているように思える。すなわち、他国を侵略しているのではない、同族内での主権争いなのだと、いいたいのではないか。

筆者は、神話の原資料の作者は厩戸皇子と蘇我馬子であるという仮説をとっている。「和をもって貴しとなす」と憲法十七条の第一条に挙げた厩戸皇子としては、歴史書のなかでも武力征圧の記述は避けたかったのではないだろうか。

張政の帰国

おそらく張政は、この三国合併を見届けて帰国したのではないか。合併という形で、魏の友好国である倭国を今までとは比べ物にならないほど強力な国に仕上げ、魏の関与する土地をさらに南へ延ばすことができたのである。このことは長年争っている呉に対して、その東方に近づくことができ、東の方から脅かす手段が生じたことになり、大きな成果である。帯方郡の目的を十分に果たしたことになり、この成果ならば、皇帝から賞される内容である。

『魏志』倭人伝の最後にあるように「台与は、倭の大夫の率善中郎将「掖邪狗《えきやく》」ら二十人を遣わして張政らを送り届け、臺（皇帝の居場所）に詣でて、男女の奴隷三十人を献上、白珠五千、孔青大句珠（孔の開いた大きな勾玉）二枚、異文雑錦二十匹を貢献した」。そこで、使者は今回の張政派遣の礼をし、皇帝からは台与が倭国の女王であることを認定されたと思われる。さらに、倭国を安定、発展させるために南方あるいは東方へ領土を拡大するように命じられたことも考えられる。

また、張政にとっては、褒賞を得るための一生一世の正念場である。知恵の限りを尽くして報告の内容を考えたに違いない。三国合併の経緯と成果の報告は、台与が派遣した使者が証明してくれたであろう。さらに、邪馬台国の様子も詳細に報告書に記した。そして、つい欲がでて、倭国の位置を実際より南に、ちょうど、魏と対峙している呉の東方にあるように位置を偽ったのではないか。倭国が、呉の東方にあり、そこが魏の支配地となれば、呉にとって大きな脅威になる。第八章に詳細を記しているが、一里が七五メートル程という、いわゆる短里は、張政の道程の誇張ではないかと考えられる。また、卑弥呼の宮殿に「婢が千人侍り、ただ一人の男が食事の給仕と伝辞のために出入りする」と『魏志』倭人伝にあるのも、どうも嘘っぽい感じがするのである。千人の婢は食事の用意もせずに何をしているのか。千人の婢の食事は誰が給仕するのか。不思議な文なのである。これも張政が、女王のクニである邪馬台国を大きなクニと思わせるための誇張と考えると納得がいく。

張政は、記録にある二六六年の台与の晋への朝貢の時に帰ったという説を述べている人がいるが、張政は魏の帯方郡から派遣されている。魏の存命中に帰らねば褒賞は得られない。また、孫子の兵法では策略は短期に決するのが良策とされている。長期になればそれだけ経費がかかり、損害も増えるからである。卑弥呼の更迭、豊国との同等合併、続いて狗奴国との制圧併合という経過は、張政の当初からの策略であり、途中、新しい男王が筑紫の国に受け入れられず、王女台与に代えた以外は順調に事が進んだと考えられ、結着まであまり時間がかからなかったと考えられる。朝鮮半島出兵も二四九年に終わっている。張政は一刻も早く帰国して軍師に出世したかったはずである。

陳寿は『三国志』という国の歴史書に「張政」という名を残すことで、その功績に報いた。倭人伝のなかで魏の人間の活躍を詳しく書く必要はない。その活動も孫子の兵法の基本通りに行ったものであり、相手は未開の東夷であり、諸葛亮孔明などの名だたる軍師の活躍を記してきた陳寿にとっては、張政のそれは、平凡な戦略に映ったであろう。

第四章　邪馬台国東遷

神武天皇東遷

『日本書紀』では、「その後、神武天皇は東方に国を治めるに適した土地があると聞き、東遷を決意し、彦五瀬命《ひこいつせのみこと》らと宇佐に寄り、ついで遠賀川河口の岡湊に集合し、東に向かった。そして吉備に三年留まって大和攻めの準備をした」とある。このことにより、吉備は豊国にとって友好国であったと見ることができる。神功皇后紀には、吉備臣の祖、鴨別《かものわけ》に熊襲の国を討たせたとある。また、豊国の支配地と見られる吉備児島《きびのこじま》はまさしく吉備にある。小豆島も吉備に近い。

九州における筑紫国、豊国、狗奴国（肥国）の合併が成立し、台与はその強大になった邪馬台国の女王となった。一方、そのころ畿内では、同族の饒速日命《にぎはやひのみこと》が大和の纒向《まきむく》に大きな都の建設に参加していた。台与は、隆盛著しい畿内の国を見るにつけ、いずれ対決することになると考えたであろう。そうであるならば、畿内の勢力が大きくならないうちに併合し、東方諸国を含めた統一国家を造ろうと考えてもおかしくない。すでに東方諸国とは交易を通じて、その実状をよく知っているのである。統一された後の国の中心が畿内になることも容易に想像できたであろう。また、張政を送り届け、倭王の任命を受けた時に、あらためて領土拡張を促されたかもしれない。そこで、日向国に送り込んでいた皇子たちに、兵を率いて、大和を攻めることを命じたのではないか。筑紫国や豊国の弥生人が華奢《きゃしゃ》なのに比べて狗奴国は縄文人の資質が強く残っている人たちで構成されていると考えられ、それは『日本書紀』でも荒々しい素戔嗚尊として表現されている。

『日本書紀』では、その後、「大阪方面から大和を攻めたが、うまく行かず、熊野へ回って、案内人を得て、吉野側から攻めたところ、大和は浮足立ち、饒速日命が内応し、首謀者を殺し、大和を制することができた」としている。

戦に強い上に、魏の軍師張政から孫子の兵法に基き、戦略、戦術の大事なことを学んだかもしれない邪馬台国軍ではあるが、吉備で軍備を整えた後、畿内に侵入、北から攻めたが失敗し、彦五瀬命を失っている。そこで、南の熊野に周った。熊野は後に熊野水軍として活躍が記されているように、この時代においてもすでに海洋交易を行っていた氏族がいたのであろう。この氏族を味方に就けようとしたが、失敗し、神武の兄弟である稲飯命《いなひのみこと》と三毛入野命《みけいりのみこと》の二人を失っている（『古事記』ではこの二人は日向の地ですでに没している）。『日本書紀』では入水としているが、それは彼らが海神の子であることを語るためで、実際は味方につける交渉に失敗し殺されたのかもしれない。大和と熊野は結びつきが強かったと思われる。その後ようやく案内人（八咫烏《やたがらす》）を得たり、援軍（剣「ふつのみたま」）を得たりして、大和に攻め込み、同族の饒速日尊の裏切りによって、長《なが》髄彦《すねひこ》を倒し、大和を征服した。

安本美典氏は、邪馬台国東遷説をとなえた白鳥庫吉、和辻哲郎、和田清、榎一雄、井上光貞といった戦前、戦後の歴史学者や年代論を展開した栗山周一の説から、多くの人によって説かれてきた「邪馬台国東遷説」の根拠を、文献上のものと、考古学上のものとにわけて、およそつぎのようにまとめておられる。

「おもに文献上の根拠」

⑴年代的にみて、『古事記』『日本書紀』の伝える天

照大御神の活躍の時期は、卑弥呼の活躍の時期に重なりあう。（栗田周一は古代の天皇の実在位年数を十二年程度に見積もった）

(2)日本神話の伝える天の岩戸事件は、『魏志』倭人伝の伝える卑弥呼の死、宗女台与の奉戴などの一連の事件とモチーフが酷似している。

(3)卑弥呼も天照大御神も、ともに女性で、シャーマン的で宗教的な権威をもち、夫がなく、男弟がある。

(4)天照大御神と素戔嗚尊との戦争談は、卑弥呼と狗奴国の男王なる卑弥弓呼との戦争に似ている。

(5)卑弥呼《ひみこ》の名は、「オホヒルメノミコト」「日の御子」「日の巫女」「姫尊《ひめみこ》」などと関係がありそうである。

(6)『魏志』倭人伝と日本側文献とを比較すると、風俗習慣や、社会の状態がよく似ている。（いれずみ、朱を用いる習慣、髪の結い方、衣服、器物、葬式における歌舞、みそぎ、骨を焼いてのうらない、一夫多妻など。）

(7)「邪馬台《やまと》国」の「邪馬台」と「大和朝廷」の「大和」との名称が、共通している。これは、「大和朝廷」が、「邪馬台国」を継承したためと考えられる。

(8)『古事記』『日本書紀』の神話は、なぜ九州に関係する多くの記述をおこなわなければならなかったのであろうか。神話を、まったく架空の物語としてみる立場からは、その必然性が説明できない。

「おもに考古学上の根拠」

(1)古くから、玉、鏡、剣は、皇室の象徴である。ところで、玉、鏡、剣は、北九州の甕棺のおもな副葬品である。皇室および大和朝廷が、九州におこったと考えることによって、北九州系の玉、鏡、剣が、皇室の皇位のシンボルとなりえたことをうまく説明できる。

畿内を中心にはじまる古墳時代に入っても、はじめの一世紀ほどは、三つの宝器を副葬する風習がみられる。遺骸と一緒に朱丹を使用する風習も、北九州の弥生式墳墓、畿内の古式古墳ともにみられる。倭人が朱丹を身体にぬる風習のあることは、『魏志』倭人伝にみえる。このように、畿内の初期古墳文化は、北九州弥生文化の系統をひいている。

(2)弥生時代の畿内には、方形周溝墓という墳丘墓が実在するが、副葬品をもつものは、皆無といってよい。次の時代の前方後円墳からは、豊富な副葬品が発見される。副葬品を墓におさめる「習慣」そのものが、弥生時代の北九州と、古墳時代の畿内とで連続している。

(3)『古事記』『日本書紀』の神話では、鉾と剣(さらに、鏡と玉)とがしばしば語られている。これは、筑紫中心の銅鉾銅剣の文化と照応している。

(4)『古事記』『日本書紀』の神話は、銅鐸《どうたく》についての記憶を残さない。

　畿内の銅鐸は、二、三世紀の、弥生式文化の後期に、もっとも盛大となり、しかも突然、その伝統を絶つ。七一三年、大和の長岡野で銅鐸が発見されたとき、人々はこれをあやしみ、『続日本紀』には、「その制(形)は、常と異なる」と記されている。銅鐸は、多く隠匿したような形ででてくる。銅鐸文化は、畿内を中心に紀元前後数世紀にわたって栄えた文化であり、大和朝廷が初めから畿内にあったとすると、両者の間に、なんの結びつきもないのは、不可解である。

(5)古墳は、畿内に、突如としてはじまる。これは、新しい政治勢力が、畿内に進出してきたものとして、自然に理解できる。銅鐸文化の消滅と古墳文化の発生は、その背後に、支配層の交代があったことを思わせる。

森浩一氏によれば、古式古墳発生の母胎は、大和を中心とする畿内の弥生式文化には、ほとんど求められないのにたいし、北九州の弥生式文化からは数多く求められるという。北九州には、成立期の古墳として、なんら不都合のないものがある。おそらくは、古墳は、鏡、剣、鉾などを墓にうずめる習俗とともに、九州に発生し、畿内で発達をとげたのであろう。

(6)最古の直弧文（直線と弧線を組みあわせた文様）の出現の時期が、西から東へと移動している。

(7)『魏志』倭人伝には、倭人は、鉄を用いたとある。弥生時代後期において、鉄製品は、北九州から多く発見され、近畿からは、ごくわずかしか発見されない。そして、次の古墳時代にはいると、畿内を中心とする多くの古墳から、莫大な量の鉄器が出土している。鉄器の使用において、弥生時代の北九州と、古墳時代の畿内とで連続している。

(8)『魏志』倭人伝には、倭人が、養蚕を行っていたことを記している。また、邪馬台国女王から魏帝へ献上した絹製品の名が、『魏志』倭人伝にいくつか記されている。弥生絹は、いずれも、北九州のみから出土している。古墳時代以後には、畿内から絹が出土する。絹の出土において、弥生時代の北九州と、古墳時代の畿内とが連続している。

（『卑弥呼と邪馬台国』ＰＨＰ研究所）

これだけ文献上、考古学上も邪馬台国東遷の裏づけがある。

なお、邪馬台国畿内論の主張とその検証は第八章に示している。

三世紀前後葉の畿内の考古学的変革と邪馬台国東遷

三世紀前葉の卑弥呼の時代から、後葉の台与の東遷およびその次代の男王（応神天皇）の時代への考古学的変革を寺澤薫著『王権誕生』（講談社）の考古学的知見の記述より検証してみよう。

鉄器の普及

鉄器の出土は、三世紀前葉において北部九州が圧倒的に多いことは、前節においても述べた。寺澤氏は、①「三世紀前葉の奈良県は二世紀に比べ増加しているが出土数は福岡県の四分の一程度と少なく、周辺の県はさらに少ない。畿内全体でも福岡県の半分以下であること」、②三世紀後葉以降は、「布留〇式の畿内の前期古墳への大量の鉄器の副葬状況や、集落での高度な鉄器生産の出現」と鉄器が急激に増加したことを挙げている。

この鉄器の畿内での急増は、台与の東遷の時期と一致している。

すなわち、伊都国王が本来の怡土の地（現、糸島市）で君臨していた一、二世紀の倭奴国の時代から鉄製品の東方への供給は軍事戦略的に制限していたと考えられる。鉄製の武器は青銅器製に比べて圧倒的優位に立てるからである。鉄器の輸出は王や首長の威信財として使われる程度の量としたのではないか。伊都倭国の生産物の東方への供給は、隣国で瀬戸内海を抑えていた豊国が受け持った。この交易で豊国は栄えた。伊都国が没落し、倭国内が乱れ、その後、卑弥呼が共立され邪馬台国となったあとも鉄の輸出制限は続けられた。次項の纏向遺跡の出現で述べるが、卑弥呼の後を継いだ豊国の王女台与が九州を統一したのち、拠点を大和に遷したので、鉄器も大和の地で急激に増えることになったのである。

纏向遺跡の出現

寺澤氏によると、「三世紀の初め（庄内〇式）、奈良盆地の東南の、三輪山と竜王山に挟まれたやや小高く広い扇状地に、纏向遺跡は突如として出現した。それは従来のいかなる巨大弥生集落とも異質な政治的な都市の誕生であった。

この遺跡の誕生と同時に盆地の弥生集落の基礎構造は瓦解した。唐古・鍵遺跡など、弥生時代前期からの安定した環境のもとで発展してきた、基礎地域（小共同体）の拠点的な環濠集落の大部分が消滅したり衰退し、かつての巨大農村は多数の小規模山村へと分裂してしまったのだ。遺跡の広さも巨大で、ムラというよりマチというにふさわしい。マチの建設はまず巨大な運河の造成から始まり、三世紀前半のマチの広さはすでに一キロ四方に及ぶ。最盛期の三世紀後半には一・五キロ四方にもなる」

「また、集住が進み、三世紀の前葉から後葉にかけて、列島最初の全長百メートル前後の前方後円墳が矢継ぎ早に築造された。続く三世紀後葉から末に掛けての頃には、最古・最大の「定型化前方後円墳」である箸墓古墳（全長二八〇メートル）も築造される」

「大量に出土した土器には、ヤマト以外の地域で作られた土器が平均一五パーセントもある。なかには搬入土器が三〇パーセント以上という場所もある。その搬出元は南九州から南関東までに及ぶが、量的に多いのはキビ（吉備）などの瀬戸内中・東部地域、山陰、北陸、そして伊勢湾沿岸地域だ。畿内各地からもおしなべて持ち込まれている。その対象の広さは三世紀末の倭国の推定範囲に近いものがある。

（中略）三世紀になると、新たな流通網の整備によって搬入土器が大量に出土する遺跡は多い。だが、纏向ほど大量で広域の土器が出土する遺跡はめったにない」

そして寺澤氏は、纏向型前方後円墳の出現については、「新政権は『ヤマト』の国（邪馬台国）にある纏向の地に都を置いたにもかかわらず、その権力母体は邪馬台国でもなければ、奈良盆地や畿内中心部の部族的国家連合でもないと考える。明らかに『筑、備、播、讃』などの西日本各地の部族的国家連合による連合政権なのであり、すでに述べたように前方後円墳の原型が楯築墳丘墓に求められる以上、そのキャスティングボートを握ったのは『キビ』国だった」としている。

さらに、「首長霊継承の施設について、巨大な墓壙と郭は北部九州・イヅモ・キビから、同大量の朱は北部九州から、聖なる空間（覆屋・立石など）は北部九州・イヅモ・キビから、特殊器台・壺はキビから、円礫・礫堆はイヅモ・キビから、同呪具について、鏡等の破砕は北部九州から、巫女型・家型の土製品はキビから、弧帯文様はキビ・畿内から、墳丘について、墳形（円丘＋方丘）はキビから、葺石・貼石・積石はイヅモ・キビから、墳丘の巨大化はイヅモ・キビから、副葬品について、鏡・玉・武器・腕飾類・鉄器多量副葬は北部九州から、立地について、丘陵頂（天）はキビから、周濠は畿内から、供献土器について、丹塗は北部九州から、二重口縁壺・三種の小型精製土器はキビ・畿内から影響を受けた」と図を示され、前方後円墳へ影響を与えた要素は畿内以外に求められる、と言われている。

　このことが三世紀前葉の卑弥呼の時代のことであるとすると、これは九州最北部からキビに近い小豆島や淡路島までを抑えていた豊国の関与と考えるとぴったりと符合する。

　関川尚功氏は纏向遺跡など奈良盆地の発掘調査の結果から「大陸系の遺物、特に青銅製品がまったくと言ってよいほど出ないこと、弥生墳墓には副葬品がないこと、箸墓古墳は四世紀の造営と考えられるので、邪馬台国大和説は成り立たない」といわれている（「考古学からみて邪馬台国大和説は成り立つか」『季刊邪馬台国』一二九号、梓書院）。

『日本書紀』において、神武天皇が東遷するきっかけとなったのは「また、塩土の翁に聞くと『東方によい土地があり、青い山が取り巻いている。その中へ天の磐舟に乗って、とび降ってきた者がある』と。思うにその土地は、大業をひろめ天下を治めるによいであろう。きっとこの国の中心地だろう。そのとび降ってきた者は、饒速日というものであろう。そこに行って都をつくるにかぎる」といって、東遷を決断したと記されている。大和に攻め込んだ後も最後に饒速日が臣下の長髄彦《ながすねひこ》を斬って神武に帰順したことになっている。この記述からすると、神武が来る前は饒速日が大和の地の都建設に参加していたことになる。長髄彦は饒速日が神武天皇に帰順したのになお戦おうとしたので、臣下ではなく共同経営者、あるいは長髄彦が王であったかもしれない。また、関裕二氏は「東方からの搬入土器が多いことから東海地方の出自かもしれない」（『なぜ饒速日命は長髄彦を裏切ったか』ＰＨＰ研究所）と言っているが、『先代旧事本紀』では、地元や大和の豪族としている。

筆者は、神武は豊国の王族としている。したがって饒速日も豊国の王族の一人ということになる。志村裕子氏は『先代旧事本紀』の記事から「筑紫国の遠賀川流域を中心とする東部地域と畿内の神社や地名の関係が顕著であることから、饒速日命はこの地から畿内へ移動したのだろう」（「筑紫の自然と神々」『季刊邪馬台国』一二九号、梓書院）といっておられる。遠賀川流域は、筆者の考えでは豊国の領域である。また、氏は「遠賀川流域は、天照大神の父母である伊奘諾尊《いざなぎのみこと》・伊奘冉尊《いざなみのみこと》から神武天皇までの「天孫」といわれる神々を祭ることが実に顕著な場所であり、一方有明海の記憶は希薄である」ともいわれている。

豊国の領域は九州北東部・山口県西部・四国伊予地方と瀬戸内海の島々であり、交易国家と考えると西方の九州筑紫国や東方の国々あるいは吉備国とも友好的に接していたに違いない。交易国家は自己の伝統を守るよりも、外の優れた物資や習慣を取り入れることに積極的であってもおかしくない。

また、橋本輝彦氏はつぎのように言っておられる。

「庄内式土器が出現する頃に（二世紀末から三世紀初頭）、直径が一キロメートルくらいの規模の纒向遺跡が出現し、この範囲のまま庄内式期の終わる三世紀の中頃過ぎまで前半期の纒向遺跡が存続します。（中略）そして、布留式土器が出現する三世紀の中頃過ぎになりますと、纒向遺跡は遺跡の範囲がさらに大きくなることが分かっています。東西が二キロメートル、南北が一・五キロメートルという広大な大きさになりまして、前期の纒向遺跡ですら国内屈指の規模なのですが、さらに大きな規模を持ったものに変貌を遂げます」（橋本輝彦・白石太一郎・坂井

秀弥共著『邪馬台国からヤマト王権へ』ナカニシヤ出版）

三世紀初頭には出現した纒向遺跡が、三世紀後期に入って突然拡大したということも『日本書紀』にいう三世紀後半と考えられる神武東遷の話と符号する。

三世紀前葉に造られたとされる纒向型前方後円墳は、大和に四基、四国吉野川沿いに三基、播磨に三基、吉備・佐賀・武雄に各一基というように分布している。これも九州を併合した豊国の勢力範囲である。

ところで、なぜこの時期に、この場所に、このような各地の土器が集まるような都市が建設されたのであろうか。特別に強権を持った王でもない人たちで都市ができる場合として、商業都市が考えられる。

纒向遺跡は、交易者によって築かれた商業都市ではないか。交易者は敵をつくらず、誰とでも友好的に共存する知恵をもっている。そのような観点から見ると、各地の土器が集まっていること、物資運搬用の運河が掘られていること、後にこの地は「大市」といわれたこと、などあてはまる事柄が多いことがわかる。寺澤氏もこの地の交通の有利性を述べておられる。筆者は、先に倭国大乱は南海トラフの地震で瀬戸内や東海の海岸に津波が押し寄せたのが主因という見方を示した。纒向はその津波が押し寄せることのない、しかも広大な平地があり、近畿地方では、ほかに見ることのできない好条件がそろっている地域なのである。瀬戸内海や東海の交易者たちが津波のこない商業に適したこの地に、協力して商業都市を築こうとしたのではないか。交通の有利性だけならば、やはり、大阪湾や淀川沿いが有利である。

箸墓古墳

箸墓古墳は、纒向の地に築造された全長二八〇メートルの最古・最大の「定型化前方後円墳」と言われている。築造時期は、三世紀後葉から末という説（寺澤薫）と四世紀（関川尚功氏、前掲）という説がある。関川氏は長らく纒向遺跡発掘に従事された研究者である。宮内庁は「大市墓」として、倭迹《やまとと》迹《と》日《ひ》百《もも》襲《そ》媛《ひめ》の墓に治定《じじょう》している。

『日本書紀』には倭迹迹日百襲媛を箸墓に葬ったとある。倭迹迹日百襲媛は崇神天皇の姑《おば》（崇神の父、開化天皇の妹）にあたる媛であるが、彼女の活動はおよそ次のように記されている。

崇神天皇は天下を治めようと努力するが、災いが止まない。そこで、八十万《やそよろず》神を招いて占いをしたところ、大物主神《おおものぬしのかみ》が倭迹迹日百襲媛に神懸かりして、大物主神の子の大田田根子《おおたたねこ》を祭主にするよう要求し、天皇がその通りにすると国中は鎮まったという。百襲媛は聡明で、武埴安彦命《たけはにやすひこのみこと》の謀反を予知し、天皇に進言したりした。その後、三輪山に居する大物主神の妻となったが、神が夜しか来ず、姿が見えない不満を述べると、神は「それでは、朝にはあなたの櫛函に入っているが、驚かないように」と言った。朝になって、櫛函に小蛇が入っているのを見た百襲媛は驚いて座り込んだときに、箸が陰部に刺さり死んでしまった。それで大市の地に葬った。墓は、昼は人が造り、夜は神が造った。石は大坂山から運んだ。名づけて箸墓という。

この話は神話に近い。神が神懸かりした女性は他に、神功皇后が居る。神功皇后には住吉の神が神懸かりした。

今まで見てきたように、台与は天照大神の後半生として描かれ、神功皇后としても描かれている。また、崇神と叔母・甥の関係は、崇神と同人物とみられる神武と天照大神の関係（神話では時間を長く見せかけるため、神武は天照大神の孫の曾孫であるとしたと考えられる）、すなわち、台与と日向の地を治めるために派遣した皇子の関係と同じように思える。そこで、さらに台与を倭迹迹日百襲媛として描いたのではないか。

と、理屈をこねてみたが、しかし、箸墓は三輪山

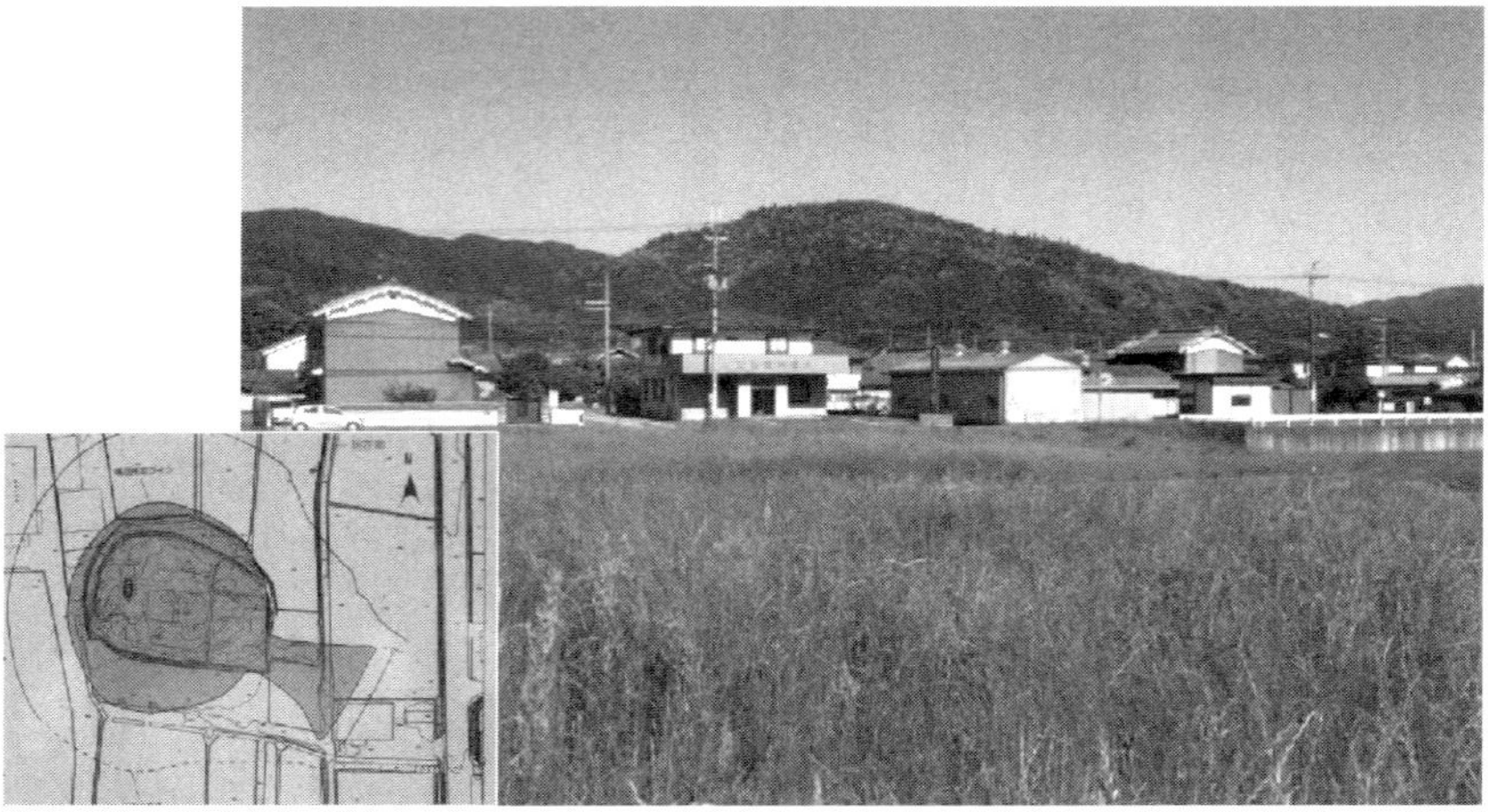

写真11　纒向石塚古墳から三輪山を望む
太平洋戦争時高射砲台設置のため上部が削り取られている
左は現地説明板の図（桜井市教育委員会）

に対してはそっぽを向いているのである。

三輪山の神である大物主神の妻となった倭迹迹日百襲媛の墓を三輪山に関係のない方向に向けて造るであろうか。

そこで、三輪山を向いている古墳を探すと纒向石塚古墳に行き当たった。箸墓古墳の北北西に約九〇〇メートルの所にある。全長九六メートル、後円部径六四メートル、周濠幅二〇メートルの大きさである。寺澤薫氏が「最古の定型化前方後円墳である箸墓古墳に先だって造営され、『纒向型前方後円墳』と命名した」古墳の一つで、時代的にも合う。旧暦元旦（二月十一日前後）に、この古墳の円丘部に立つと、三輪山の山頂から出る初日の出を拝むことができる（石野博信「ヤマト王権の成立と伊都国」伊都国フォーラム資料、二〇一五年二月一日）。

この古墳は方丘部が三輪山の山頂方向に向いている（「纒向石塚古墳第九次調査」桜井市教育委員会、二〇〇六年）。頭を方丘部と反対方向に向けて葬っ

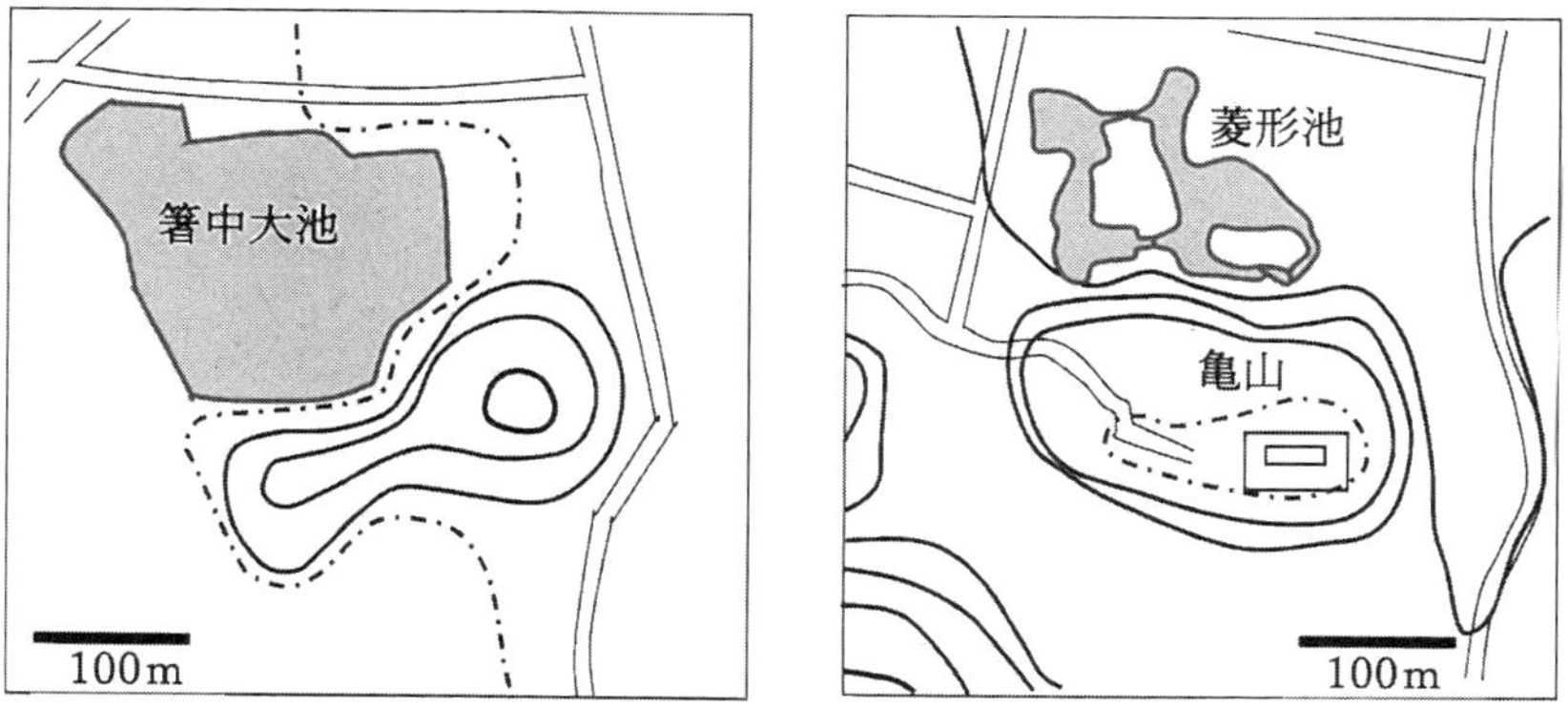

箸墓古墳　　宇佐神宮　亀山

図11　宇佐神宮（右）と箸墓古墳（左）
（国土地理院地図をもとに作成）

たとすれば、陰部が三輪山に向く。まさに『日本書紀』の伝承にぴったりの方向である。第八章に示しているように、早期の前方後円墳は地形に合わせて、後円部を傾斜の高い方に造られているのに対し、この墓は地形に合わせていないのである。百襲媛は当時の最高権威者ではないのであるから、この程度の大きさの墓が適切である。箸墓古墳は当時最大の墓なので、これにあてるのは返っておかしなことになりはしないか。

『日本書紀』の「壬申の乱（六七二年）のときに、大海人皇子（のちの天武天皇）側がイワレ彦（神武）の陵に馬や兵器を奉り、三輪君高市麻呂らが上道《かみのみち》を守るために箸陵のもとで戦った」という記事と、前方後円墳出現の状況において箸墓は特異な古墳であることから、森浩一氏は「その特異さが壬申の乱にさいしても、神日本磐余彦天皇陵《かむやまといわれひこてんのうりょう》とともに箸陵として登場したと考えている。多少の誤解をおそれずにいえば、箸墓こそがヤマトにとっての実際上の、あるいは古くからある〃始祖王〃の古墳であった」(『考古学と古代日本』中央公論社)といっておられる。

箸墓古墳を宇佐神宮亀山と比較してみた。

図11右図に、宇佐神宮亀山を示す。頂上平坦部の右側(東側)、現在の上宮の所に土を盛って円墳を造り、棺を埋め、左側(西側)の場所で祭祀を行ったと考えられる。つまり、日の出の方向を見ながら祭祀を行うのである。左図に箸墓古墳を示すが、亀山との類似点をいくつも見ることができる。

①全長二八〇メートル、高さ三〇メートルほどと、規模がほぼ同じである。

②向きが東西方向で、後円部に棺が納められているとすれば、棺の納められている位置は東側である。

③池が北側に位置し、宇佐神宮の池が菱型池と呼ばれるように、池の形が角ばっている。

亀山は自然の小山であり、その頂上部に土を盛り、墓としているが、箸墓古墳の企画者は、この亀山をイメージして、その形を整えて同じ大きさに造ったのではないか。すなわち、前方後円墳の形は祭祀場付の墓であり、その発想のもとは亀山だったのではないか。それほど両者に共通点がある。

亀山が卑弥呼の墓であり、後を継いだ台与が「亀山と同じ規模の墓を」と考えて箸墓を設計したと考えるのは飛躍しすぎであろうか。箸墓の軸は真東より北に傾いているが、夏至の日の東方の山の上から昇る日の出の方向に合わせている。最も太陽光が強い時の日の出の方向である。

造立時期が三世紀後葉から四世紀後半まで意見が分かれているが、台与または応神天皇ならば当てはまるのではないか。

箸墓が百襲媛の墓といわれるようになった経緯は次のように考えられる。『日本書紀』によると、崇神天皇のときに、宮殿内に祀られていた天照大神と倭《やまと》大国魂神《おおくにたまのかみ》は宮殿外に出され、天照大神は豊鍬入姫《とよすきいりひめの》

写真12　箸墓古墳
左奥は三輪山

命《みこと》に託し大和の笠縫邑《かさぬいのむら》に祀り、倭大国魂神は長尾市《ながおち》を祭主として祀らせた。垂仁天皇は「先帝、崇神天皇は政治をよくご覧になり、神々を救い、躬《み》を慎まれた。私の代にも神祇をお祀りすることを怠ってはならない」と詔した。天照大神を祀ることを託された倭姫命は大神の鎮座地を探した末、伊勢にその地を定めた。一方、倭大国魂神は「天照大神は天原を、代々の天皇は葦原の中つ国を、そして私は自ら地主の神を治めるようにというのが最初のはじまりのときの約束である。先皇崇神天皇は神祇を祀ったが不十分」と神がかりしたので、垂仁天皇は長尾市宿禰を祭主にし、大市の長岡の崎に祀らせた。倭大国魂命はこの場面にしかでてこないが、神がかりの言葉から大和地方の神と考えてよいのではないか。今は大和神社に祀られている。天皇の始祖神を伊勢に遠ざけ、地祇や大物主神は近くで祀った。天皇の神ではない地祇や大物主神（三輪山に祀った）は禍をもたらすので、それを鎮静させるためである。このとき、台与の墓もひそかに箸墓から宇佐亀山に遷されたのではないか。箸墓は空になり、いつしか台与の墓であったことが忘れられてしまった。一方、禍の神である三輪大神（大物主神）を祀ることは続けられ、その妻とされる百襲媛の墓が、三輪山のすぐ近くにあり、それが、この地域最大の墓である箸墓であると言う者がいつしか出て、それがいつのまにか真実と信じられるようになったのではないか。

纒向遺跡の建設が三世紀前葉から始まり、主建物が後葉に入って建て替えられ、三世紀末から四世紀に、この時代、最初で最大の完成型の箸墓前方後円墳が築造されたという考古学的事実と、『日本書紀』にいう「饒速日命が大和の地に都をつくり、その噂を神武が聞き、都を遷すことを考え、その後、神功皇后が都入りをする」という記述は、今まで述べてきたように、饒速日、神武、神功皇后はもともと豊国の人間であり、卑弥呼の率いる筑紫の国の危機に際して、帯方郡から来た軍師張政の指名で豊の王女台与が後を継いで筑紫・豊国の合併、次いで狗奴国併合によって九州を統一し、その勢いで、一族の饒速日が開拓していた大和に都を遷したという仮説によく符合するのである。

以上のように、三世紀に纒向遺跡に現れる都市建設は、邪馬台国が九州にありその後東遷したという説をも裏づけるものであって、それをもって邪馬台国畿内説が確証されるものではない。

纒向型前方後円墳・畿内系土器の東方への伝播と日本武尊の歩いた径路

寺澤薫氏は、「東方諸国のなかには三世紀の中頃以降ヤマト王権との関係を独自に模索し始めた国々も出始めた。纒向型前方後円墳の導入だ。それはヤマトから伊勢を抜け海路で遠江に出て上総に至るという海の東海道沿いと、近江から北陸道沿いに点として出現し、これはまた畿内系土器の流入経路ともピタリと合う」。また、三世紀後葉から四世紀初めの東方の纏向型前方後円墳として「新豊院山二号（静岡県磐田市）、神明塚（静岡県沼津市）、秋葉山三号（神奈川県海老名市）、神門四号・小田部（千葉県市原市）、臼ケ森（福島県会津坂下町）、浅間山（栃木県足利市）、分校マエ（石川県加賀市）。印だけであるが、浅間山（群馬県高崎市）、川柳将軍塚（長野市）、稲荷森（山形県南陽市）など」が示されている。畿内土器が目立って流入する地域として「三重県津市から伊勢市までの伊勢湾沿い、愛知県豊橋市から静岡県焼津市までの海岸沿い、沼津市周辺、神奈川県平塚市から横浜市までの一帯、千葉県木更津市以北の千葉県東京湾岸沿い、千葉県浦安市から埼玉県さいたま市・熊谷市・群馬県高崎市を結ぶ線上の一帯、栃木県栃木市・小山市付近、長野市から松本市・天竜川沿いを結んだ線上の一帯、福井県敦賀市から石川県金沢市までの海岸沿い一帯」が挙げられている。

筆者の推察では、三世紀後葉は台与が大和に王朝を確立したあとである。また、神功皇后（台与）より前の天皇は実在したかも知れないが、すべて神功皇后と同時代の皇族あるいは家臣の武将という仮説を設けている。

『日本書紀』では、日本武尊を東国の蝦夷討伐に向かわせている。

その経路は、まず、伊勢神宮に参って、倭媛命から草薙剣を授かり、その後、駿河（静岡県）に渡り焼津で賊を討ち、相模（神奈川県）を通り、馳水《はしりみず》（横須賀走水）から東京湾を、暴風雨をおして渡り上総（千葉県）に入っている。その後、葦浦（ひたちなか市阿字ケ浦か）から海路、蝦夷の支配地（仙台か）に入り、蝦夷の首領を服従させた。さらに常陸の国（茨城県）から甲斐国（山梨県）に至り休息したのち、武蔵（東京都・埼玉県）・上野国（群馬県）を巡り、碓氷峠から信濃（長野県）に抜け美濃（岐阜県南部）から尾張（愛知県）に帰った。また途中、従属した吉備武彦を越の国（福井・石川・富山・新

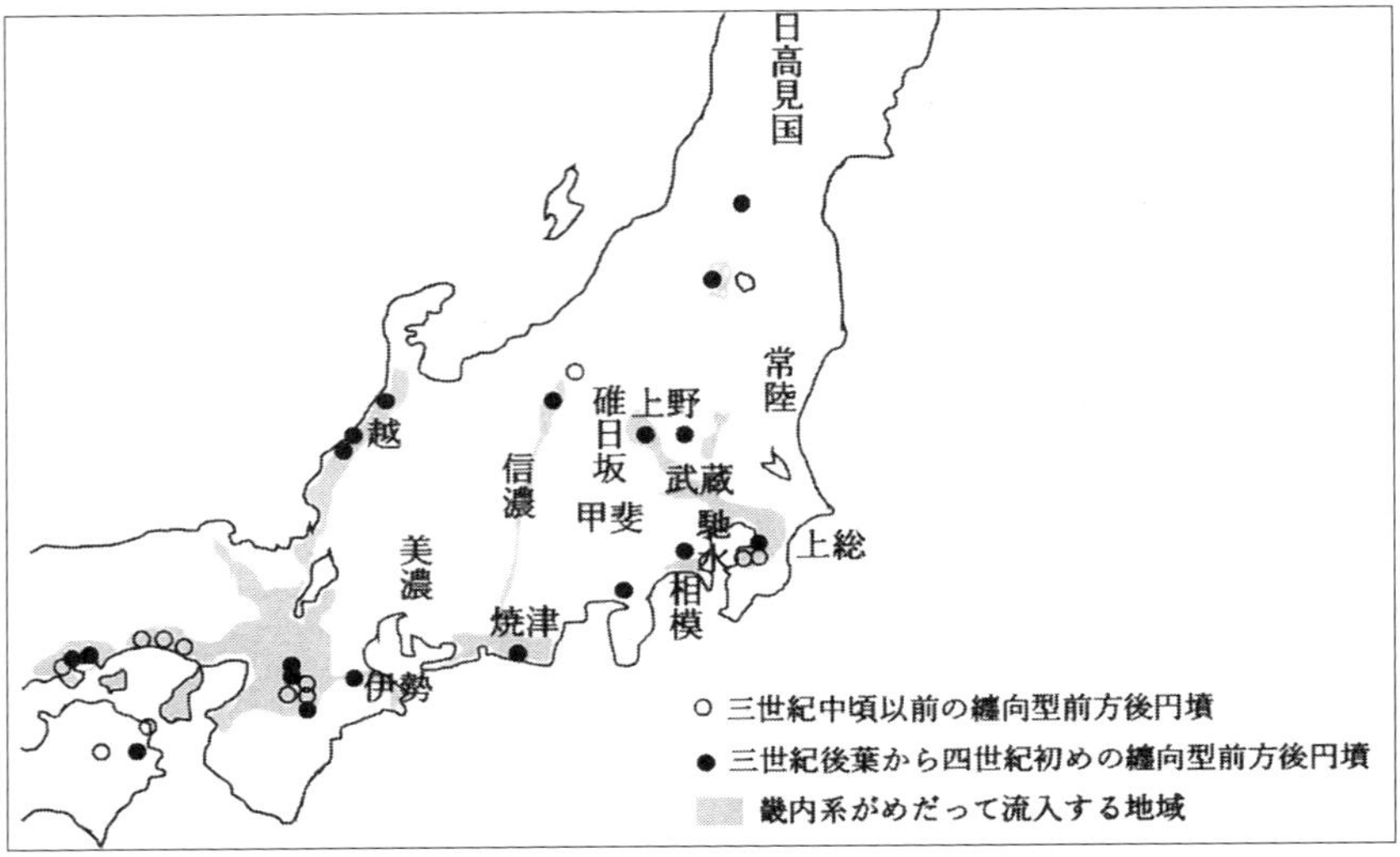

図12　畿内系土器・古墳東方への浸透と日本武尊の通った地名
（寺澤薫『王権誕生』講談社をもとに作成。
『日本書紀』における日本武尊の通った地を加筆した）

潟県）に遣わしたとある。

これは、纏向型前方後円墳の波及地と畿内系土器の目だって流入する地域と驚くほど一致している（図12）。このことは、日本武尊が台与の時代あるいはその次の時代（三世紀後葉から四世紀初め）に、東方征服のために派遣された武将とすれば、『日本書紀』に示された記述を考古学的に実証するものになるのではないか。

また、筆者が立てた「成務天皇以前の天皇は台与の時代の皇族たち」という仮説と一致する。

すなわち、景行天皇や日本武尊の活躍は、台与が都を大和に遷したあとの事柄と解釈されるのである。

応神は初代と三代天皇

以上述べてきたように、神功皇后が卑弥呼、および台与にあてはまるとすると、その子である応神天皇は真実の初代天皇となるのではないか。

現在、天皇名には諱《いみな》と諡《おくりな》とがある。応神天皇の「応神」は諡である。諱は『日本書紀』では「誉田《ほむた》」といい、『古事記』では「品陀和気《ほむだわけ》」という。これが在世中の名で、諡は奈良時代、天平宝字六年（七六二）から八年にかけて、淡海三船《おうみのみふね》が神武天皇から元正天皇までの漢風諡を一括撰進されたものとされる。

この諡で神の字が含まれる天皇は神武、崇神、応神、そして神功（皇后）である。淡海三船は、この四人の名になぜ「神」の字を入れたのか。『古事記』に神武（神沼河耳命）は「天の下治らしめしき」とあり、崇神は「初国知らしし御真木《みまき》天皇」と記されているので、どちらも初代天皇と解したのであろうことは、想像がつく。神武と崇神は同一人物であり、神武は東遷までの前半生を、崇神はその後の治政である後半生を描いているという説がある（関裕二氏は「それが通説になっている」という〈『古代史の秘密を握る人たち』PHP研究所、二〇〇一年〉）。

では、神功皇后と応神天皇はどうか。この天皇や皇后も、その王朝の初代であるという説を唱える人もいる。

水野祐は、およそつぎのようにいっている。

日本の古典の中に卑弥呼や女王国、あるいは壱与（台与）に関する伝承が全然ないので、神武東征伝説にいうように、卑弥呼の女王国が九州から大和へ遷都したという史実を反映しているとすることはできない。近畿大和地方にはそれ以前に銅鐸のような独自の文化も生み出されており、九州の国家とは別に、大和の古い原始国家ないし国家群はもっと早くから出現していた。

史実としての大和国家の統一は崇神天皇である。この天皇の生存年代は三世紀末から四世紀初頭であり、大和における古墳文化の発生年代と完全に一致する。この王朝は吉備や出雲の部族国家を征服併合した。

一方、九州島では、三世紀前半、卑弥呼と狗奴国が覇を競い、卑弥呼が魏に援助を求め、魏からは張政らが派遣されたが、卑弥呼が死に、宗女台与が後を継いだ。しかし、その後は不明になっている。そののちは想像するしかないが、おそらく張政は女王国と狗奴国とを和睦させたのであろう。ところが、張政帰国後、三世紀後半、狗奴国が勢力を盛り返し、女王国を併合し、九州を統一した。

その後、大和国家の仲哀天皇のとき、大和国家は狗奴国征圧のため九州入りしたが、三六二年仲哀天皇が戦死し、逆に狗奴国が大和の勢力を一掃して西日本を統一したと考えられる。神功皇后・応神天皇は狗奴国の王である。応神天皇は九州で崩じたが、子の仁徳天皇が日向を去って難波に入って新王朝を打ち立てた。その権威を示すために容積世界一の巨大墳を作った。(『評釈魏志倭人伝』雄山閣)。

また、上田正昭氏は、天皇の諡《おくりな》に注目し、およそ次のようにいっている。

崇神天皇・垂仁天皇の諡がそれぞれミマキイリヒコイニヱ、イクメイリヒコイサチと「イリ」が付き、「記紀」には、崇神天皇の血脈に二十余人も「イリ」の語をおびる神や人が見いだされる。崇神天皇紀に、三輪神の子孫のオホタタネコを司祭にしなければ災害が治まらなかったとあるように、崇神天皇はもともとこの地の王者ではなく、他の地域からこの三輪山を中心とする地域によりついたはじめての王朝という伝承があったのではないかと考え、仮に「イリ王権」と名づけたという。それが次の代の天皇の諡が「オホタラシヒコオシロワケ」と「タラシ」と「ワケ」の語をおびる景行天皇となり、その後、成務、仲哀天皇に「タラシ」が付き、応神天皇の諡が「ホムタワケ」となり、その「ワケ」が応神天皇の子菟道稚郎子(ウヂノワケイラツコ)に受けつがれた。そして、地名を名としない唯一の例外の諡(鳥の名の「大鷦鷯《おおさざき》」)をもつ仁徳天皇が菟道稚郎子に代わって王位をつぐという異常な書きぶりと、その後仁徳天皇から雄略天皇まで后妃伝承において葛城氏とのつながりが明確になることから、仁徳天皇の代における大和勢力との対立がみいだされはしないかと疑問を発している。（『上田正昭著作集2　古代国家と東アジア』角川書店）

　以上のように、応神天皇から新しい王朝が始まったとみる研究者は多い。しかし、その前後の歴史の繋がり、あるいは応神天皇の在位時期について、「神功皇后が台与であり、三世紀後半初めの人物であり、その子とされる応神天皇は三世紀末の人物」とする説は見当たらない。前述の台与＝神功皇后の処で述べたように、応神天皇においても、朝鮮半島の百済の歴史書に一致するような事件を記し、その在位時期が『日本書紀』に示す時期と一二〇年ほどずれているからである。応神天皇の外交歴をみよう

『日本書紀』

　応神天皇十四年（二八三）二月　百済より縫衣工女を送られた。真毛津《まけつ》と言い、来目衣縫《くめきぬぬい》の先祖である。

また、百済より弓月君が来日、新羅が邪魔をして留まっている君の民を呼ぶために葛城襲津彦《かつらぎのそつひこ》を加《か》羅《ら》に遣わしたが、戻ってこなかった。

（『百済本紀』に「四〇二年、倭国に使者を送り大珠を求む。四〇三年、倭国の使者を手厚くねぎらう」とある。一二〇年のずれ）

同十五年（二八四）八月　百済王は、阿直岐《あちき》を遣わした（馬を奏上）ので、太子菟道稚郎子の師とする。阿直岐氏の先祖である。

同十六年（二八五）二月　百済より王仁《わに》来日、太子の師とする。書首《ふみのおびと》の先祖百済阿花王《あかおう》が死んだので、後を継がせるため、王子直支《とき》を還す。

（『百済本紀』に「四〇五年、腆支《てんし》太子は倭国において訃報を聞き、哭泣しながら帰国する事を請うた。倭王は、兵士百名を伴わせて、護送した」とある。一二〇年のずれ）

同二五年（二九四）　百済の直支王が薨じ、その子の久爾辛が王となった。

（『百済本紀』に「四二〇年、久尓辛王（腆支王の長男）即位」とある。一二六年のずれ）

同二八年（二九七）　高麗の王が使いを送って朝貢した。

同三七年（三〇六）　呉に使いを派遣して、縫工女《ぬいめ》を求めた。

同三九年（三〇八）　百済の直支王、その妹新斉都《しせつ》媛と七人の女を倭に遣わした。

応神天皇の場合も、初代天皇としての目立った業績がなく、というか、中央で命令をしたかもしれないが、実際の行動は臣下たち、すなわち、仲哀天皇より前の天皇（実は皇族）が行っていて、それはそれぞれの天皇紀で記してしまっている。そこで、前述の神功皇后同様、干支で二運すなわち一二〇年ほどあとの、百済本紀などが記している倭との交渉記事を応神天皇の業績として取り上げたのではないか。当時、暦は干支で表していたので、時間が経てば、それが三〇〇年前のことなのか、三六〇年前のことなのかわからなくなるということを利用した、あるいは、実際に混乱していたと考えられる。しかし、応神天皇の在位期間を『日本書紀』が示すとおりに、二七〇～三一〇年とし、以後の天皇の在位期間も『日本書紀』の通りとすると、仁徳天皇の在位期間が八六年間（三一三～三九九年）となっているので、これは現実離れの在位期間ということになる。これをどう解釈すればよいか。

そこで、応神天皇に初代と三代の二役を持たせたのではないかと仮説を立ててみた。四世紀末の対朝鮮半島との交流記事を初代天皇である応神の活躍として応神紀に入れてしまったので、三代目の天皇について記載することがなくなり、困窮し、いっそ三代目も応神天皇にしてしまおうと考えたのではないか。「記紀」の記述において、三代目にまた応神天皇の名を出すわけにはいかないので、二代目の仁徳天皇の在位期間を三代目の部分を含めて長くしたのではないか。そのことを示唆する痕跡がないか調べてみると、驚いたことにそれがあったのである。

『日本書紀』仁徳天皇十二年八月に「高麗が献上した鉄の的を的臣《いくはのおみ》の祖である盾人宿禰《たてひとのすくね》が射通した。その功により、的戸田宿禰《いくはのとだのすくね》の名を賜った」とある。

一方、応神天皇十六年八月に「的戸田宿禰を加羅に遣わす」と記されている。この記事を見比べてみると、明らかに、仁徳天皇が先の代の天皇で、応神天皇が後の代の天皇ということになる。

『日本書紀』編纂にあたり、沢山の伝承が錯綜し、つい間違ったと解することも可能ではあるが、多数の人間が何十年もかけて編纂しているのである。そうそう間違った記述をする可能性は少ないのではないか。それ以上に、応神天皇二役という歴史の真実を気づいてもらうために、入れた可能性は十分に考えられるのではないか。なお、『日本書紀』「仁徳紀」には「十七年、的臣の先祖砥田宿禰」、「三〇年、的臣の先祖口持臣」と計三度も的臣の先祖の人物が挙げられている。

応神と仁徳が同一人と見なす研究者はいる。直木孝次郎氏（大阪市立大学教授）は『直木孝次郎古代を語る5　大和王権と河内王権』（吉川弘文館）の中で、「『古事記』の仁徳天皇の段と、『日本書紀』の応神天皇の段を比べると、①仁徳紀には、丸邇池《わにいけ》や依《よ》網池《さみいけ》を造ったとあり、応神紀にも、名は異なるが、多くの池を造ったとある。②仁徳紀の黒日売《くろひめ》と応神紀の兄媛《えひめ》の物語がよく似ている。どちらも天皇が妃を追って、淡路、吉備へと向かっている。③どちらも「枯野」という非常に速い船を造っている。このことから、『それが応神の話になったり仁徳の話になったりするのは、もと両天皇が一体であったことを思わせる』」としている。

応神と仁徳が同一人としても、それだけのことで、仁徳天皇の在位期間が八八年もあることの何の説明も得られないし、応神天皇は架空の人物であると推論しても、応神天皇が八幡神と結びついて全国に多数の神社が祀られ、特に本山である宇佐八幡に対し天皇家が特別に重要視していることの説明も全く得られない。

応神天皇の皇后の仲姫《なかつひめ》の記述にもおかしなことがある。それは、『日本書紀』応神紀では、仲姫の素性を明かにしていないことだ。しかし、応神天皇の妃について、高城入姫は仲姫の姉、弟姫は仲姫の妹としている。景行紀には高城入姫は景行天皇の妃八坂入姫との第十二子、弟姫は同第十三子として記載されているが仲姫は記されていない。また、仁徳紀には、母仲姫は五百城入彦皇子《いおきいりびこのみこ》の孫と記されている。景行紀には五百城入彦皇子は妃八坂入姫の第二子とされている。つまり、仲姫は、応神紀・景行紀では景行天皇の子であるが、仁徳紀では景行天皇の子の孫、すなわち曾孫ということになり、食い違うのである。このことは、仲姫は景行天皇の一世代あとの天皇の皇后でもあり、三世代あとの天皇の皇后でもあることを暗示しているのではないか。

さらに、三代目も応神天皇としたことの傍証となるかもしれない記事がもう一つある。

『日本書紀』応神紀には、「上古の人は、弓の鞆《とも》のことを『ほむた』といった。ある説によると、天皇がはじめ皇太子になられたとき、越国においでになり、敦賀の笥飯大神《けひのおおかみ》にお参りになった。そのとき大神と太子と名を入れ替えられた。それで大神を名づけて去来紗別神《いざさわけのかみ》といい、太子を誉田別命《ほむたわけのみこと》と名づけたという。それだと大神のもとの名を誉田別神、太子のもとの名を去来紗別尊ということになる。けれどもそういった記録はなく、まだつまびらかでない」と記されている。

『古事記』にも、応神天皇の諱を「大鞆和気命《おおともわけのみこと》、亦の名を品陀和気命《ほむだわけのみこと》。この太子の御名、大鞆和気命と負わせる所以《ゆえ》は、初めて生れまし時、鞆の如き宍《しし》（肉）、御腕に生《あ》りき」とある。また、その前の仲哀紀に「建内宿禰《たけしうちのすくね》命《みこと》が太子（応神天皇）を連れて敦賀にいったとき、そこに居る伊奢沙和気《いざさわけ》大神が夢の中に現れ、『私の名を御子の御名に変えたい』といった。それで『仰せのとおりに』と承知した」と名の交換の記事がある。

これは、三代目の天皇は去来紗別尊であったのを誉田別尊に入れ替えたことを暗示しているのではないか。ちなみに次の代の履中天皇の和風諱は「去来《いざ》穂《ほ》別尊《わけのみこと》」という。天皇の和風諱は似たような名が続くことがある。「イザサワケ」と「イザホワケ」はよく似ている。また、「イザサワケ」と「オオサザキ（仁徳天皇の諱）」とは似てなくもない気がする。また、『日本書紀』に「上古の人は」と記されているので、八世紀初めの『日本書紀』編纂時には、鞆のことを「ほむた」とは言っていなかったことになる。これも、初代天皇「大鞆和気命」と三代天皇「品陀和《ほむだわ》気命《けのみこと》」を同一人と見せるための細工ではないのか。『日本書紀』に仁徳天皇の享年が記載されていないことも気になる。

応神天皇が初代と三代であるとすると、初代応神が二五〇年ころ生まれ、二七〇年に二十歳で即位、三一〇年崩御（享年六十）、二代仁徳が二十歳ころ即位（応神四十歳のときの子）、三五〇年六十歳で崩御、三代応神がやはり二十歳ころ即位（仁徳四十歳ころの子）、四〇〇年に崩御（享年七十、日本書紀には記載なし）と計算できるので、あり得ない在位期間ではない。ただ、もしかしたら、初代応神、二・三代仁徳（菟道稚郎子《うじのわきいらつこ》と大鷦鷯《おおさざき》）、四代応神であったのかもしれない。この場合は一代の平均在位年数が約三十三年となり、より現実的である。

しかし、ここまでして、三代目、あるいは四代目に応神天皇を持ってくることには、なにかもっと切実な理由があるのではないか。つまり、四世紀末頃の天皇を初代天皇にしたい理由があるのではないかということである。

そこで浮かんでくるのが、継体天皇のことである。

継体天皇は応神天皇五世の孫とされている。継体天皇の即位は五〇七年（継体五十八歳）であるから、初代応神天皇の即位二七〇年（二十歳）から四代先で五〇七年（五十八歳）ということは一代の平均在位期間（年齢差）が六十年（二三七分の四）近くになる。つまり、二十歳で後を継ぎ、八十歳まで生きるということを四代続けることであり、そのためには、跡継ぎの子は六十歳のときの子でなければならない。これは、あり得ない数字である。三代天皇が応神であり三五〇年即位とすると、一代の平均在位年数が四〇年、つまり平均四〇歳の時に生まれた子が後を継ぐということになり、去来紗別尊が第四代の天皇で三七〇年ころ即位とすると、一代の平均在位年数が三十三年となり、まともな数字となる。継体天皇は第三代あるいは第四代去来紗別天皇の五世の孫であったのを、継体天皇を権威づけるために応神天皇五世の孫とし、つじつまを合わせるためにこのような名前の交換という説話を設けたのではないか。そうしなければ、二七〇年頃即位とされる初代応神天皇からは七世の孫ということになり、天皇家の血の濃さからいえば、妃に天皇家の血が流れていない場合、七世の孫では六十四分の一になるのである。五世の孫ならば、十六分の一、これでも薄いが、事実であるのでこれ以上カムフラージュできないと考えたのであろう。

結局、「記紀」では天照大神は皇祖として、邪馬台国の女王、卑弥呼と台与を表しているという説が、かなり多くの人たち、最近では安本美典氏が唱えられている。また、神武天皇と崇神天皇が同一人物で、その前半生と後半生とに別けて記されているとも考えられている。そうであるならば、神功皇后も、天照大神すなわち卑弥呼と台与を表し、その前半に台与、後半に卑弥呼を表すという一ひねりを加え、さらに、応神天皇は、真の初代と三代目あるいは四代目の天皇を合わせているという仮説も、あながち、とんでもないことではないように思えてくるのである。

以上の人物の漢風諡には「神」の字がついている。諡を付けた淡海三船はそのことを知っていたのではないかと思うのである。

神功皇后と応神天皇の大和への移動

筆者は、仲哀天皇を『魏志』倭人伝における卑弥呼のあとに立った男王に、神功皇后を台与に、そして、成務天皇以前を台与と同時代の王族に、という仮説に立っている。

台与（神功皇后）の命により、日向の地から大和への東遷のために、先発した神武天皇らが奈良大和の地を平定したのち、台与は子の応神天皇と共に大和入りを果たした。

はたして、先発の将軍たちが政治の主権をすんなりと台与に渡したであろうか。おそらく「否」であったと考えられる。

そもそも台与はどのような立場であったか。

台与は卑弥呼から倭国王を引き継いだ。しかし、その卑弥呼は共立、すなわち、合議制の国家運営のシンボルとして擁立されたのである。占いに長けていたので、合議で得られた案を占いに掛けて神の判断を仰ぐ役目を担ったのであろう。後を継いだ台与もその役目なので、十三歳の少女でも務まったのであろう。国家運営の実務は小国王たちで行われていたと考えるのが妥当である。

したがって、台与（神功皇后）が大和に遷っても、立場に変わりはなく、帯方郡の軍師から任命された倭国の後継者であり、おそらく、卑弥呼が授かった金印も引き継いでいたであろうから、シンボルとしての倭国王として、神武天皇らは受け入れることはしたであろう。

しかし、政治の実務は神武天皇ら先発隊によって運営が続けられたと考えられる。

その例が崇神紀の禍を鎮める場面で、崇神天皇は、それまで宮殿内に祀っていた天照大神と倭大国魂《やまとおおくにたま》の二神を外に出し、なお禍をもたらす大物主神を捜し出し、神の要望のとおり大田田根子に祀らせることにより、この禍を解決している。

初代応神天皇は天皇位にあっても、外部からはまったくその存在が見えなかったかもしれない。仁徳天皇にしても「記紀」を見る限り、たいした業績はなく、兄弟の間で天皇位の譲りあいを演じ、即位してからもその在位年数は八七年と真実とは考えられない長さとなっている。天皇の実像として記憶に残っていたのは次の去来紗別からではないか。笥飯の神と名前を交換したという天皇である。つまり、三世紀後半に豊国の王族の一人である神武天皇が大和に都を遷してから四世紀にかけては、彼の子孫が実権を握り政治を進めたのではないか。すなわち、神武・崇神・垂仁・景行・成務あたりの「記紀」に実績が示されている天皇が政務を行ったと考えられる。その間、台与・応神の子孫は王家のシンボル、すなわち祭祀王として存在するに過ぎず、外部からは見えず、その存在の記憶があいまいになっていて、何代で引き継がれたのかもわからなくなっていたのではないか。

去来紗別尊

台与の子孫が実権を得る可能性が生じるのはいつか。それは、実力者の女子と婚姻を結ぶことによって、倭国王と実力者の両方の血が流れる王が誕生したときにはじめて、その可能性が生じることになる。

去来紗別尊は仁徳天皇の後半、すなわち八田皇女を正妃に迎えた人物とすると、初代応神天皇が政務を行う権力者景行天皇の皇女仲姫を娶り、応神天皇の子の仁徳天皇が葛城襲津彦の女子の磐の媛を正妃に娶った。皇族以外の女性を正妃に迎えた最初のこ

料金受取人払郵便

博多北局
承認

0215

差出有効期間
2020年8月31
日まで
（切手不要）

郵便はがき

812-8790

158

福岡市博多区
　奈良屋町13番4号

海鳥社営業部 行

通信欄

通信用カード

このはがきを，小社への通信または小社刊行書のご注文にご利用下さい。今後，新刊などのご案内をさせていただきます。ご記入いただいた個人情報は，ご注文をいただいた書籍の発送，お支払いの確認などのご連絡及び小社の新刊案内をお送りするために利用し，その目的以外での利用はいたしません。

新刊案内を［希望する　希望しない］

〒　　　　☎　（　　）
ご住所

ご氏名《フリガナ》
（　　歳）

お買い上げの書店名

「記紀」から読み解く『魏志』倭人伝とその後の倭国

関心をお持ちの分野

歴史，民俗，文学，教育，思想，旅行，自然，その他（　　　）

ご意見，ご感想

購入申込欄

小社出版物は，本状にて直接小社宛にご注文下さるか（郵便振替用紙同封の上直送いたします。送料無料），トーハン，日販，大阪屋栗田，または地方・小出版流通センターの取扱書ということで最寄りの書店にご注文下さい。なお小社ホームページでもご注文できます。http://www.kaichosha-f.co.jp

書名		冊
書名		冊

とだという。去来紗別尊の正妃八田皇女は和珥氏に連なる。すなわち、去来紗別尊は政務権力者のほか、葛城氏、和珥氏とも親族関係を結んでいる。この親族を後ろ盾として、祭政兼務の最初の倭国王に就いたと考えられる。

去来紗別尊は継体天皇の権威を高めるために、名を応神にすり替えたと考えられることは前に述べた。去来紗別尊は、祭政兼務という名実ともに備えた実力を発揮した最初の王として記憶が強く残ったのではないか。

まず神武天皇が東遷してきて、その一族が政治的権力者としてこの地を治めた。すなわち神武、崇神、垂仁、景行、成務といった天皇が治め、それから去来紗別に引き継がれたと、当時の畿内の人々は記憶していたと考えられる。台与の子孫が宮廷内で祭務に就いていたということは周りの人々には関係のないことだったのである。

一方、天皇家は、卑弥呼や台与が始祖であることを知っていた。

これをどう結び付けるか。そこで、「記紀」の原資料の作成者は、この去来紗別を始祖王とするために、笥飯大神との名の交換という逸話を創り、応神天皇に結び付けた。そうしなければ歴史がつながらないのである。

そして、応神天皇の活躍の記事を去来紗別尊の時代のものとした。また、台与すなわち神功皇后を去来紗別尊に結び付けた。そうすることによって、成務天皇以前の天皇が、仲哀天皇、神功皇后より前の天皇群として連なることになる。

それは、また、神武から成務天皇までの墓が考古学的には四世紀に造営されたと考えられていることにも合致する。去来紗別の在位が五世紀初頭まで（『日本書紀』では仁徳天皇は四〇〇年崩御としている）とすれば、応神天皇（＝去来紗別尊）の外交記事や大仙古墳（仁徳陵といわれている）が五世紀造立という考古学的知見とも一致する。

このように考えると、卑弥呼から続く天皇家と神武から続く大和の統治者を結び付けることのできる去来紗別尊は、厩戸皇子が帝紀を作る上で、欠くことのできないキーパーソンであることがわかる（筆者は「記紀」の原資料は、厩戸皇子と蘇我馬子が作ったとされる帝紀・国記と考えている。第六章参照）。そのキーパーソンを三代目（あるいは四代目）去来紗別尊ではなく、初代天皇にしたいという気になるのも、よく理解できる。そこで、笥飯大神との名の交換という逸話を創り、去来紗別尊を応神にすることにした。神話のなかでそれを断っておけば、事情を知っている者には理解でき、偽りを記したことにはならない。

かくして、卑弥呼→台与→応神→仁徳→去来紗別という祭祀王である天皇家の系列と、神武→……→成務→去来紗別という実質的な大和の統治者の系列を併せ持つ歴史書が創りあげられたのである。

神武東遷（二五〇年代）から去来紗別尊即位（三七〇年頃）の間、百二十年の期間を神武天皇から成務天皇まで十三代で引き継いだとすれば、平均在位年数が九年程となり、少し短いような気もするので、実在であっても最高統治者ではない人物も入れたのではないか。筆者は第二代から第四代までの天皇在位年数（いずれも四十年未満）が第五代から第十三代までの平均在位年数（七四年）に比べて明らかに短いことから、神武東遷に同行した三人の兄弟ではないかと想像している。

もっとも、第二代から第九代までを架空の天皇としても、百二十年を崇神・垂仁・景行・成務の四代の天皇で引き継ぐことになるので、平均在位年数三十年となり十分可能ではある。

また、病没などで平均寿命が短いと考えられる時代であり、兄弟・親族で継承したかもしれないので、安本美典氏の言われるように全員実在の天皇としても、特に不都合はない。

去来紗別尊の出自

去来紗別尊は「記紀」に応神天皇が敦賀の笥飯大神と名を交換したとでてくるだけで、去来紗別尊を、八田皇女を妃に迎えた晩年の仁徳天皇に当てたが、去来紗別尊の出自は明らかではない。

応神天皇を表す誉田別《ほむたわけ》と似た名前の皇子がいる。垂仁天皇紀に出てくる誉津《ほむつ》別命《わけのみこと》である。誉津別は垂仁天皇と皇后狭穂姫《さほひめ》との皇子である。皇后の皇子は彼一人である。三〇歳になっても話すことができなかったが、ある日空を飛ぶ「鵠《くぐい》（白鳥の古名）」を見て「あれは何物か」と口をきいたという（『日本書紀』）。『古事記』では本牟智和気王《ほむちわけのみこ》は出雲の大神に参拝して話すようになったとしている。次田真幸氏は吉井巌氏の著を引いて、

> 吉井巌氏はホムチワケノ王の物語について、『一皇子の奇跡の回生譚と言う性格だけではなしに、神秘的な出生をもつ皇子の変身と聖婚への過程が語られている』と述べ、この物語は天皇にかかわる物語であり、ホムチワケノ王は天皇ではなかったかと推定された。そして吉井氏は、『釈日本紀』に引く上宮記逸文には、応神天皇にあたる存在がホムツワケノ王となっていることに注目して、ホムツワケノ王はホムタワケノ王（応神天皇）と系譜の上で重なり合うこと、つまりホムツワケノ王とホムタワケノ王とは、同一天皇像であったらしいと推定せられた。（『天皇の系譜と神話』所収「ホムツワケ王」参照）この説に従うと、ホムツワケノ王物語の中に、敬語動詞の「詔《の》りたまふ」が用いられていること、大御食《おおみけ》を献《たてまつ》るとあること、またホムチワケノ王生誕の物語に、新たな穀神の生誕の信仰が反映していることも、この物語が元来は始祖的天皇像を語ったものであったことによるものとみることができよう。
>
> （『古事記（中）全訳注』講談社）

と言っておられる。

『釈日本紀』の「上宮記」逸文には、継体天皇の出自系譜が載っており、継体天皇から遡ると「上宮記一云」では乎富等大公王《おほとのおおきみ》（継体天皇）→汗斯王《うしのきみ》→乎《お》非王《ひのみこ》→太郎子《おおいらつこ》（またの名を意富富等王《おほほとのみこ》）→若野毛二《わかのけふた》俣王《またのみこ》→凡牟都和希王《ほむつわけのおおきみ》、であるが、掲載されている系図では乎非王が抜けており、系図で見れば継体天皇はホムツワケ王の五世の孫ということになる。

　このホムツワケ、実は去来紗別尊であったのを筍飯大神との名前交換の逸話を創作して応神天皇としたのではないか。ホムタワケと初代応神とまったく同じ名にするわけにはいかないので、ホムツワケ（記ではホムチワケ）と酷似の名にしたと考えられる。ホムツワケは皇后の子であるから直系である。

　ホムツワケの祖について、第七章「宇佐家の伝承」の項で検討している。

第五章　倭の五王は筑紫の王

豊国と筑紫国の確執

台与が女王になり、筑紫国、豊国、狗奴国の統一が達成され、さらに、東の畿内の併合に成功し、奈良大和を都とした。この東遷は豊国が主体で行われた。帯方郡から派遣された張政の使命は、友好国であり、「新魏倭王」の金印を下賜している「倭国」の存続・強化である。そのために、女王国（邪馬台国＝筑紫国）と同等の勢力をもっており、しかも女王国とは隣国で、交易を通じて、友好的な関係であった豊国と半ば強引に合併したのである。この合併後の盟主が豊国側になること、すなわち主権が豊国を形成する氏族に移ることに対して、当然のことながら、筑紫国内から不満・反発が起きた。内乱となり千人余の死者がでた。そこで張政は豊国王を諦め、王女の台与を盟主とすることで何とか収拾したという経緯がある。筑紫国としては、庇を貸して母屋を取られるということになった。筑紫国は、狗奴国に攻められ、敗北寸前だったので、主権を維持し続けるということは虫が良すぎることでもあるのだが、筑紫国にとっては無念な事であった。新女王台与は、筑紫国への入国当初は「神功皇后紀」に記述されているように、道々歓迎されて筑紫入りし、筑紫の国をほぼ見回り、反発分子を討伐し、那珂川上流では岩を削って神田への水路を設けたりしている（裂田《さくたの》溝《うなで》）。しかし東遷後、どこまで筑紫国の王たちに配慮したかは不明である。

東遷では、総大将の神武天皇は日向を発し、宇佐に寄り、その後、宇佐より西方の岡水門《おかみなと》にしばらく滞在した。岡水門は筑豊地方を流れる遠賀川河口付近にあった大きな湾である。遠賀川流域は前述のように豊国の領地が大部分を占めていて、そこで兵を集めたのであろうが、筑紫の兵が参加したかどうかは「記紀」には記述されていない。例えばその後に伊都国王など筑紫の王と思われる人物が見当たらないのである。

大和王権成立当初から筑紫国と確執があったことは、『日本書紀』応神紀に「応神九年、武内宿禰を筑紫に遣わして、人民を監察させた。そのとき宿禰の弟の甘美内宿禰《うましうちすくね》は、兄を除こうとして天皇に讒言《ざんげん》して、『武内宿禰は常に天下をねらう野心があります。いま筑紫にいて、ひそかに語っていうのに、〝筑紫を割いて取り、三韓を自分に従わせたら、天下を取ることができる〟といっているそうです』といった」とある記事にも伺える。

この記事により、大和王権に対して筑紫国が必ずしも従順でないことがはっきりと示されている。また、特に注目すべきは、「筑紫国は朝鮮半島に食指を伸ばしていること、そして三韓を従わせることができる国力を持っていると考えている」ということである。

筑紫国が独自に朝鮮半島に出兵し、三韓征服も可能だと考えていたことになる。

少なくとも、『日本書紀』の編纂者たちは、筑紫国はそのようなことができる国であったと思っていたということだ。

筑紫国は台与に倭国王を譲った形になったが、筑紫国の領土は何ら減少することはなく、狗奴国を取り込む事も可能であったし、台与が都を大和に遷したので、豊国の九州地方統治能力は低下し、筑豊地方や豊前の領域まで筑紫国の勢力を拡げることも可能であったろう。

筑紫国の人々には、自分たちこそ倭国の盟主という自負があったであろう。自分たちこそが本家と思っていたに違いない。合併当初から豊国の軍門に素直に従うという気にならなかったであろうことは十分に考えられることである。

宗像・沖ノ島交易ルートの開発

考古学的知見で、最も鮮明なのは、大和王権が成立してから、朝鮮半島との交易が宗像・沖ノ島ルートになったことである。現在の宗像市神湊《こうのみなと》から北西へ一〇キロメートルの所に筑前大島がある。さらに北西五〇キロメートルの所に沖ノ島がある。沖ノ島から対馬北端まで北西に七五キロメートルである。沖ノ島には祭祀遺構があり、十万点にものぼる膨大な宝物が残されていることがわかり、八万点が国宝に指定されたという空前の宝の島である。その宝物を伴う祭祀遺構は四世紀初頭から始まり、八世紀まで続く。宗像は豊国の領地である。その頃の豊国の

写真13　筑前大島の沖津宮遥拝所
沖ノ島にある沖津宮は遠所で女人禁制でもあるので、ここから遥拝した

の領地は、現在の福岡県でいうと豊前だけではなく、筑豊地方すなわち遠賀川流域の大部分を占めていたと考えられる。筑紫国の特性である甕棺墓は筑豊地方では飯塚の立岩遺跡で発見されるだけである。遠賀川河口の岡水門も豊国の港と考えられるのである。台与の邪馬台国（筑紫国）女王就任によって、対馬海峡を抑えていた阿曇族の一部を豊国に取り込むことができたのだと思われる。そのことによって、宗像からの交易路を開くことができたと考えられる。

この沖ノ島ルートは代々宗像氏が管理し、祭神は天照大神と素戔嗚との誓約によって生まれた三女神、田心姫神《たごりひめのかみ》・湍津姫神《たぎつひめのかみ》・市杵島姫神《いちきしまひめのかみ》でそれぞれ沖ノ島の沖津宮・大島の中津宮・宗像市の辺津宮（宗像大社）に祀られている。

朝鮮半島南岸の金官国《きんかんこく》があったとされる金海市の大成洞《たいせいどう》遺跡《いせき》や東萊《とんね》（釜山の北、金官国と洛東江《らくとうこう》を挟んで東側）の福泉洞遺跡などの四世紀代の遺跡からヤマト系の倭系遺物が出土しているという（熊谷公男著『大王から天皇へ』講談社）。交易の拠点としてヤマト系の倭人が移り住むことが許されたのだと推測される。

沖ノ島は宗像の大島と対馬のちょうど中間に位置し、島伝いに渡るルートとして位置的には絶好の場所にあるが、海が荒れた時に船を停泊させるに都合の良い湾が全くない。だからこそ、海が荒れることを恐れ、沖ノ島で頻繁に祭祀を行い、多量の宝物を捧げ、海神の保護を祈念したのだと思われる。したがって、できれば壱岐・対馬ルートを採りたいのだが、そこは筑紫の国である。筑紫国との確執から、渡海ルートとしてはリスクが増えるが、沖ノ島ルートを選んだと考えられる。

また、この危険な宗像・沖ノ島ルートが出現したこと自体が、豊国と筑紫国の確執を物語っていると言えよう。

一方、筑紫国は、壱岐・対馬ルートを使った朝鮮半島との交易路は維持できたのではあるが、輸入した物資の畿内方面への配布先を失うことになったに違いない。やむを得ず筑紫国と狗奴国は連合し、次第に独立性を高めていったのではないか。筑紫国は豊国から独立することはできない。台与は中国側から指名された倭国王である。その権威で天皇家は続いている。豊国に歯向かえば、即中国の敵とみなされ、中国から攻められるおそれがあるからである。豊国を通しての東国との交易ができなくなったので、安曇族自ら山陰ルートを使って東国交易に乗り出したのかも知れない。それが今日、長野県に安曇野など安曇と縁のありそうな地名が残ることになったのではないか。独立といっても大和王権に面と向かって対峙する力はないので、面従腹背といった体制である。すなわち、大和王権からの徴収や軍役などには協力しながら、一方で、朝鮮との交易は以前と同じように独自に継続する。交易においても、大和王権とは異なる国と独自の交易を行い続けようとしたと考えられる。

倭の五王は筑紫の王

倭の五王について、考えてみる。

中国南北朝時代、南朝の東晋や宋に朝貢した中国側の記録は次のようなものである。

四一三年、東晋、義熙九年、この歳、高句麗、倭国及び西南夷・銅頭大師、並んで方物を献じた（『晋書』安帝紀）。

四二一年、宋、永初二年、高祖（武帝）は「倭の讃、万里を越えて貢献した。その遠くからの誠意を評して除授を賜う」と詔を発した（『宋書』倭国伝）。

四二五年、宋、元嘉二年、讃が、司馬の曹達を遣わし、方物を献じる（『宋書』倭国伝）。

四三〇年、宋、元嘉七年、倭国王、使者を遣わし方物を献じる（『宋書』文帝紀）。

四三八年、宋、元嘉一五年、讃が没し、弟の珍が立ち使者を遣わし貢献した。「使持節、都督倭・百済・新羅・任那・秦韓。慕韓六国諸軍事、安東大将軍、倭国王」を自称し、除正を求めた。安東将軍に詔除された。珍はまた、随員等十三人を平西・征虜・冠軍・輔国将軍号に除正されることを求め、聞き入れられた（『宋書』倭国伝・文帝紀）。

四四三年、宋、元嘉二〇年、倭国王済、使者を遣わして奉献した。安東将軍倭国王とされる（『宋書』倭国伝）。

四五一年、宋、元嘉二八年、「使持節、都督倭・新羅・任那・加羅・秦韓・慕韓六国諸軍事」を加号される。安東将軍はもとのまま。また、上京した二三人は、軍・郡の役職を除せられる（『宋書』倭国伝）。七月、安東将軍倭王済は安東大将軍に進号する（『宋書』文帝紀）。

四六〇年、宋、大明四年、倭国が使者を遣わして方物を献じた（『宋書』孝武帝紀）。済が没し、世子興が使者を遣わして貢献した（『宋書』倭国伝）。

四六二年、宋、大明六年、詔して曰く「倭王の世子興《こう》、世々忠を戴き、外界に藩を作り、中国の感化を受けて辺境を安寧にし、貢職を修め、新たに辺業を継いでいる。宜しく爵号授け、安東将軍・倭国王にすべし」（『宋書』倭国伝）。倭国王の世子の興を安東将軍倭国王と為した（『宋書』孝武帝紀）。

四七七年、宋、昇明一年、倭国、使者を遣わして方物を献じた（『宋書』順帝紀）。興没し、弟の武立つ。武は「使持節、都督倭・百済・新羅・任那・加羅・秦韓・慕韓七国諸軍事、安東大将軍、倭国王」と自称する（『宋書』倭国伝）。

四七八年、宋、昇明二年、倭国王武、使者を遣わして貢献した。以って安東大将軍に為す（『宋書』順帝紀）。使者を遣わし上表した（『宋書』倭国伝）。

四七九年、南斉、建元元年、使持節、都督倭・新羅・任那・加羅・秦韓七国諸軍事、安東大将軍倭王武を鎮東大将軍に進号（『南斉書』倭国伝）。

五〇二年、梁、天監元年、高祖が南郊において即位した。鎮東大将軍倭王武を征東大将軍に進号した(『梁書』武帝紀)。

『日本書紀』において、この時代に中国へ使者を送ったと記しているのは、雄略天皇だけである。それによれば、雄略八年(四六四)と十二年(四六八)に「身狭村主青《むさのすぐりあお》・桧隈民使博徳《ひのくまのたみのつかいはかとこ》を呉国に遣わされた」とある。一方、呉国から倭国への使者は雄略六年と十四年に呉の使いが来倭し、十四年のときは歓迎の宴を催している。これだけである。しかし、その年号は『宋書』とはまったく異なっている。『古事記』の方には全く記事がない。

『晋書』や『宋書』に記された倭の五王の朝貢年と『日本書紀』『古事記』の天皇を比較すると、表1のようになる。

表1より、倭の五王と『日本書紀』のそれに該当する天皇との間に、大きな隔たりがある。すくなくとも、八世紀初頭の編纂者は、倭の五王については全く関心がなかったといえるのではないか。七世紀

表1　倭の五王朝貢年とその時の天皇
(古事記は天皇の没年が干支によってのみ記されているので、この期間に合うように年代を定めている)

年	倭王名	日本書紀	古事記
四一三	讃	允恭	仁徳
四二一	讃	允恭	仁徳
四二五	讃	允恭	仁徳(丁卯四二七年没)
四三〇	記載なし	允恭	履中(壬申四三二年没)
四三八	珍(讃の弟)	允恭	允恭
四四三	済	允恭	允恭
四五一	済	允恭	允恭(甲午四五四年没)
四六〇	興	雄略	安康(没年無記載)
四六二	興(済の子)	雄略	安康(没年無記載)
四七七	武(興の弟)	雄略	雄略
四七八	武	雄略	雄略
四七九	武	雄略(四七九年没)	雄略(己巳四八九年没)
五〇二	武	武烈	武烈または仁賢

には遣隋使を四回（六〇〇、六〇七、六〇八、六一四年）、遣唐使を四回（六三〇、六五三、六五四、六六九年）送っているのであるから、『宋書』（六世紀前半に完成）に記された倭国の情報は入っていたと考えられる状況のなかでのことである。

一方、『古事記』については、天皇の没年が干支によって記されているだけなので、この期間に合うように該当年をいれてみると、五〇二年の梁への朝貢を除けば、一部に矛盾があるもののほぼ五王に収まる。仁徳と履中・允恭は兄弟ではなく父子であるが、四三〇年の朝貢の倭王名は記されていないので、そこが履中にあてはまるとすれば、四三〇年朝貢の倭王と四三八年朝貢の倭王とは兄弟となる。四三八年の朝貢の時、四三〇年に朝貢した倭王を引き続いて讃であると勘違いしたと考えればつじつまが合うことになる。しかし、この時代の天皇在位がおよそ合うからといっても、それだけのことで、一連の天皇在位期間を定められない『古事記』の記事を採用することはできない。『古事記』においては、外交の記事は、允恭の時に新羅人の渡来、雄略の時に呉人の渡来の二件だけである。

倭の五王が大和王権の天皇であるとする研究者の多くは、「記紀」の示した天皇在位期間を誤りであるという仮定のもとに、在位年は信用できない（実際、『日本書紀』と『古事記』では在位期間が異なっている）として、讃と珍、興と武の兄弟関係、済と興の父子関係から割り出そうと試みている。

「記紀」では、履中・反正・允恭は兄弟、安康・雄略は允恭の子であると記されていることから、讃は履中、珍は反正、済は允恭、興は安康、武は雄略とする説が多い。

そうすると、履中は四一三～四三七年（書紀では四〇〇～四〇五年）、反正は四三八～四四二年（同四〇六～四一〇）、允恭は四四三～四六一年（同四一二～四五三）、安康は四六二～四七六年（同四五四～四五九）、雄略は四七七～五〇二年（同四五六～四七八）の間に在位したことになる。「記紀」の在位年を信用できないのであるから、この違いは気にしないというのが「倭の五王は大和の天皇説」の考え方のようである。また、『日本書紀』に倭の五王の記事がないのは、「書紀編纂時、中国の支配下には入りたくないという朝廷の強い意志により、あえて朝貢の記事を省いたのだ」という意見も多いが、これは、おかしい。中国と交渉の結果、「わが国が朝鮮半島の軍事的統治をすることを認めさせた」と喧伝すればよいのだ。「中国に対して臣下の礼をとっている」など倭国の民に言う必要などない。

『日本書紀』には応神三七年に呉に使いを送り、仁徳五八年には呉から使いが来ている。雄略天皇の時は雄略八年（四六四）と十二年（四六八）に呉に使いを遣わしたとある。十四年には呉の使いが来倭し、歓迎の宴を開いていると記されているのである。その間の履中・反正・允恭・安康天皇のときだけ省く理由はなりたたない。

呉に使いを遣わすことが呉に隷属することにはならない。雄略天皇が呉に使いを遣わし、返礼に呉から来た使者に対して歓迎行事をすることは、呉と対等に交流していることを民に知らせることができ、国威の高揚に役立たせているのである。

呉はクレと読んで高句麗（コクリと読み、高《コ》は美称なので外すとクリ）のことを指すという説（金達寿『日本古代史と朝鮮』講談社）があるが、『日本書紀』ではこの場面に高句麗を指すであろう高麗が出てくるのである。特に応神三七年には「阿知使主らは高麗国に渡って、呉に行こうとした」という記事もある。呉は中国の呉または南宋を指すとしてよいのではないか。もしかしたら北魏だったかもしれないが。

熊谷公男氏は、「倭の五王は大和王権の天皇である」という理由として、概略次のようにいっている。

倭王武の上表文に「東のかた毛人《もうじん》を征すること

五十五国、西のかた衆夷《しゅうい》を服すること六十六国云々」とあることから、武の居所が関東や九州の辺境にあったとは考えがたく、列島のほぼ中央部、つまり畿内にあったとみるのがもっとも自然である。また、この上表文は、四七五年に、高句麗が百済を攻撃して王都漢城を陥落させ、百済王が戦死したことのあとを受けて、奏上したもので、文全体をみても、堂々たる漢文で、その目的は、百済救援のため、高句麗征討の決意が固いことを強調して、百済における軍政権の公認と高句麗と同格の官爵の獲得をねらったのである。

（『大王から天皇へ』講談社）

この高句麗が百済王都を陥落させた時のことを『日本書紀』では、次のように記されている。雄略二十年（四七六）に、高麗王が大軍で百済を攻め滅ぼしたが、百済が日本に仕えていることを考え、生き残りを全滅させることはやめた。雄略天皇は、二十二年に、百済の汶州王《もんすおう》（百済本紀では文周王）に援軍を送り、二十三年（四七九）には、百済の文斤王《もんこんおう》（百済本紀では三斤王）が没したので、昆支王《こんきおう》の子の末多《すた》王を百済の王とするため、兵器を与え、筑紫国の兵士五百人とともに百済に遣わした。これが東城《とうせい》王《おう》であり、筑紫の安致臣《あちのおみ》、馬飼臣《うまかいのおみ》らは船軍を率いて高麗を討ったとし、その年の八月に雄略天皇は崩御している。筆者注の百済本紀の記事とよく一致している。

古田武彦氏は倭の五王が九州王朝であるという理由として、概略、次のようなことを挙げておられる。

(1)『宋書』の夷蛮伝では「（媻達国）舎利不陵伽跋摩」のように人名を七音と美音漢字を使っており、人名の一字を抜き取って名付けるようなことをしていない。

(2)高句麗や百済（夷蛮国）では、国王名は「高璉」「余映」といった中国風の姓一字、名一字といった中国風の名で記されているので、これは、高句麗や百済王が中国風の名乗りをしたとみなすのが至当である。

(3)通説において、倭王武は雄略天皇と比定しているが年代が全く合わない。

(4)倭王武の上表文は、自己を「臣」とする、大義名分の立場で書かれている。すなわち、自己を「東夷」の立場においている。したがって、上表文に記されている「東は毛人を征すること五十五国、西は衆夷を服すること六十六国」の「衆夷」とは自己の周辺の倭人をさしている。自己は九州、「毛人」は瀬戸内海周辺とするとき、大義名分に合した理解が得られる。

(5)上表文の「渡りて海北を平ぐること九十五国」という表現も、九州(筑紫)を原点とするとき、ピッタリ適合する。これに対し、近畿天皇家は「記紀」において朝鮮半島南半を指すとき、いつも「海西」の表現を使っている。『日本書紀』神代の「海北道中」もまた、「筑紫」を原点とする表記である。

(『よみがえる九州王朝―まぼろしの筑紫舞』ミネルヴァ書房)

熊谷氏は「九州の豪族」という明証はないといわれるが、「畿内」というのも「倭王武の上表文の内容」位しか挙げられておられず、「畿内」説も明証はないに近い。ここは、もうすこし、倭の五王時代前後の事象の流れから考えざるを得ないのではないか。

『日本書紀』において、歴代天皇の行動は、神功皇后と応神天皇の新羅に対する記事に見られるが、前述のごとく、それは「記紀」の作者が皇祖と初代天皇の業績を高めるために、百済や新羅から伝わってきた両国の歴史書から抜き出して記したものと考えることができる。

この二人にしても積極的に朝鮮支配の大将軍になろうという意志はみられない。日本の天皇は当初から征服型ではなく、共立されてなるという形である。自ら天皇の地位を求めて行動した天皇は少ない。推挙してくれる豪族がいなければ天皇位につけないのである。池や濠をつくったりする農業の公共工事を行う農業立国、すなわち農耕民族の王として描かれているのである。

それに対して『宋書』に見える倭の五王の記事は積極的な対朝鮮への姿勢が見られる。「記紀」の天皇像とはかけ離れて見える。

前述のように、筑紫国は卑弥呼出現の前の倭奴国の時代から、加耶諸国の傭兵としての出兵が交易の一つの手段であった可能性がある。『三国史記』新羅本紀に記された「倭人侵入」の記事は、確かに五世紀になって急激に増え十四回を数える。しかし、その前の四世紀には三回、三世紀には七回、二世紀、一世紀には各一回と倭奴国の時代から継続しているのである。したがって、大和王権成立後も、筑紫国をはじめとする九州の国が「新羅侵入」を継続していた可能性は十分にあると考えられる。

大和王権が畿内に成立したとしても、筑紫国は卑弥呼の時代からの領地が減少したわけではない。南の狗奴国と友好的に合併したとすれば、九州の大部分を占める大国になっていたとも考えられるのである。九州だけで大国というのは、朝鮮半島の百済や新羅と比べてのことである。交易ルートも以前と同じ壱岐・対馬を通して行うことができることも変わってはいないはずである。ただ、対象とする交易の相手国は大和王権とは異なったと考えられる。大和王権は百済国であったし、筑紫国は新羅国であった。このことは、いつから始まったかは定かではないが、『日本書紀』では朝鮮半島の倭人の拠点である「任那《みなま》」を守るために、任那存続を認めた百済と友好的になったと考えられる。

『古事記』に「筑紫国を別名『白日別《しらひわけ》』という」とある。白は斯羅《しら》で新羅を指すという説とも符合する。また、『豊前国風土記』に「昔、新羅の国の神、自ら渡り来たりて、この河原に住みき。すなわち、名づけて鹿春《かわら》の神という」とある。さらに、六世紀になって継体王朝が百済救援に乗り出したとき、筑紫の君磐井が新羅に味方しそれを阻止しようと乱を起こしたこととも符合するのである。

倭王は、以前から朝鮮半島に兵を送り、半島南部の倭人を主とする国を守ると同時に、時には洛東江下流を狙って侵略してくる新羅軍を追って新羅国内まで侵入した。それは、倭の五王時代も続いており、倭王は、東アジアの盟主である宋に朝貢し、臣下として朝鮮半島の軍事的支配権を宋に認めさせようとしたと考えられる。百済は宋に対して朝貢し臣下の礼をとっているので、宋としては百済を除く朝鮮半島の軍事的影響力行使を倭王に認めたのであろう。もっともこれは形式的なものだったという説もあるが、ともかく倭王としては中国皇帝から下賜された将軍位をもって交易を有利に進めようとしたとみられる。場合によっては軍事的実力行使も辞さない態度をとったであろう。

このような好戦的な行動は、倭奴国や卑弥呼の邪馬台国の時代から朝貢の献上品の中に生口《せいこう》（奴隷）を入れていた北部九州の王によくあてはまるのである。

あらためて倭王武の上表文をみてみよう。

倭王武の上表文（森公章『倭の五王』山川出版社、二〇一〇年）

（Ⅰ）

封国は偏遠《へんえん》にして、藩を外に作《な》す。

昔より祖禰《そでい》躬《みずか》ら甲冑《かっちゅう》を擐《つらぬ》き、山川《さんせん》を跋渉《ばっしょう》して寧所《ねいしょ》に遑《いとま》あらず

東は毛人を征すること五十五国、西は衆夷を服すること六十六国。渡りて海北《かいほく》を平《たい》ぐること九十五国。王道融泰《ゆうたい》にして、土を廓《ひら》き畿《き》を遐《はるか》にす。

累葉朝宗《るいようちょうそう》して歳を愆《あやま》らず。

（Ⅱ）

臣、下愚《かぐ》なりと雖《いえど》も、忝《かたじけ》なくも先緒を胤《つい》き、統《す》ぶる所を駆卒《くそつ》し、天極に帰崇し、道百済を遥《へ》て、船舫《せんぼう》を装治す。

而るに、句驪《くり》無道にして、図りて見呑《けんどん》を欲《ほっ》し、辺隷《へんれい》を掠抄《りょうしょう》し、虔劉《けんりゅう》して已《や》まず。

毎《つね》に稽滞《けいたい》を致し、以《もっ》て良風を失い、路に進むと曰《い》うと雖も、或《あるい》は通じ、或は不《しか》らず。

（Ⅲ）

臣が亡考済《さい》、実《まこと》に寇讐《こうしゅう》の天路を壅塞《ようそく》するを忿《いか》り、控弦《こうげん》百万、義声に感激し、方《まさ》に大挙せんと欲せしも、奄《にわ》かに父兄を喪《うしな》い、垂成《すいせい》の功をして一簣《いっき》を獲《え》ざらしむ。

居りて諒闇《りょうあん》に在り、兵甲を動かさず。是《ここ》を以って、偃息《えんそく》して未だ捷《か》たざりき。

（Ⅳ）

今に至りて、甲を練り兵を治め、父兄の志を申《の》べんと欲す。

義士虎賁《こほんぶんぶ》文武功を効し、白刃前に交わるとも亦《また》顧みざる所なり。

若し帝徳の覆載《ふくさい》を以て、此の彊敵《きょうてき》を摧《くだ》き克《よ》く方難を靖《やす》んぜば、前功を替えること無けん。

竊《ひそ》かに自ら開府儀同三司《かいふぎどうさんし》を仮し、其の余も咸《み》な仮《か》授《じゅ》して、以て忠節を励む。

口ずさむには調子はいいが、意味が分かりにくいので、口語体に直してみた

（一）我が国は、中国から遠く離れたところにあって、天子の藩屏となっています。

昔より我が先祖は、自ら甲冑をまとい、山河を踏破し、安らかに過ごす暇はありませんでした。

東方の毛人を征した国は五十五か国、西方の衆夷を服させた国六十六か国、海を渡って、北方を平定した国九十五か国におよびました。天子の政道により天下は泰平、領土は都から遠くまで拡がっていきます。我が国は代々朝貢しており、その年を間違えた

ことはありません。
(二)自分は愚か者ですが、忝《かたじけな》くも、先代の志を継いで、部下を統率して、天下の中心である天子に帰順するため、百済経由で船舶を準備しました。ところが高句麗が無道にも、周辺の隷属国を掠奪して、侵略をやめません。そのため、良風を失い、進路を進めようとしても、進んだり、止まったりして、朝貢が滞りました。
(三)我が亡き父の済は、仇の高句麗が朝貢の路を遮っていることに怒り、百万の兵もその正義に感激し、大挙して向かおうとしましたが、突然、父と兄が死に、わずかなところで不成功に終わりました。喪に服したため、兵を動かすことができず、ここにいたっても動くことが出来ず勝ちに至っていません。
(四)今や、軍備を整え、父兄の志を果たそうと思います。義士として文武の功を立てるべく、眼前に白刃を交えようとも悔やむ事はありません。もし帝《みかど》の徳が天下を覆い、この強敵を砕き、よく国難をおさめることができましたら、父祖の功労をお替えになることはないでしょう。
自らひそかに名乗っております開府儀同三司とその他の官号を仮授していただき、以って、忠節を尽くしたいとおもいます。

この上表文に、「昔より祖先は自ら甲冑を着け、山川を跋渉し、安らかに暮らす暇なし。東は毛人を征すること五十五国、西は衆夷《しゅうい》を服すること六十六国」という一節があるが、この祖先というのは、諸国征圧に派遣された将軍を示している。『日本書紀』のなかでは、日本武尊《やまとたけるのみこと》(『古事記』では倭建命)によくあてはまる。日本武尊は九州の熊襲から名を贈られて改名したことが「記紀」に記されていることから、出自は熊襲ではないかと前述した。全国を平定してまわった日本武尊は人々の間に強い印象を与え、伝説として全国に伝えられていたのではないか。とくに、出身地である九州では英雄として誇りに思っていたかもしれない。

同じく武の上表文に、「竊《ひそ》かに自ら開府儀同三司を仮し、其の余は咸《みな》仮授して、以て忠節を勧む」という一節があるが、「開府儀同三司」について古田武彦氏は、「宋書にその説明があり、『儀同三司』というのは、『儀式は三司に同じ』ということで、三司というのは『太宰《たいさい》一人。……太傅《たいふ》一人。……太保《たいほ》一人』と載っている」（『古代史の宝庫』朝日新聞社）という。そして、筑紫の太宰府は「九州王朝の倭王が都を太宰府としたのだ」といっておられる。辞書『新版漢語林』（大修館書店）には、「太宰＝最高位官、総理大臣に相当」、「太傅＝周代の官名、左大臣、天子の守役」、「太保＝周の官名、天子の補佐役」と周代の官名として説明してある。ちなみに、この辞書では「太宰＝大宰」、「太傅＝大傅」、「太保＝大輔」と解されている。

太宰府の北東一四キロメートルには大分《だいぶ》という地名のところがある。ここに大分八幡宮や、大分廃寺塔跡があり、近くには王塚古墳（桂川町、装飾古墳で有名）がある。古代には栄えた所と考えられる。福岡平野から筑豊へ抜ける道は、北側から見ると糟屋から多々良川を遡り大野集落の峠、宇美からショウケ越え、太宰府から三郡山の南麓の米の山峠、朝倉から冷水峠《ひやみずとうげ》を越える道があるが、いずれも大分に降りて合流する。大分は交通の要衝となっている。

大分廃寺塔跡は心礎柱座の直径から計算すると三〇メートルを超える三重塔であったと考えられていて、新羅系の瓦も出土し、この地域唯一の七堂伽藍の寺院であったと考えられている。

大分八幡宮の由来記石盤には「神功皇后御征韓後、糟屋の宇美邑にて応神天皇御出産遊ばされ、翌年の春、京にお上りの際、軍隊を引率され、糟屋・嘉穂の郡境にある険しい山ショウケ越えを経られ、当宮にお執り遊ばされ、この地にて軍隊を解隊せられし由縁の地なり」とある。

また、同由緒記には「宇佐宮御託宣集に我宇佐宮より穂波郡大分宮は我本宮なり」と記されている。

写真14　大分八幡宮
拝殿の後ろの古墳は皇室古墳埋蔵推定地「仲哀天皇御陵」と由緒にある

福岡市にある日本三大八幡宮の一つである筥崎《はこざき》八幡宮の由緒書きには「古録によれば、平安時代の中頃である延喜二一年（西暦九二一）、醍醐《だいご》天皇が神勅により「敵国降伏《てきこくこうふく》」の宸筆《しんぴつ》を下賜され、この地に壮麗な御社殿を建立し、延長元年（九二三）筑前大分《だいぶ》宮（穂波宮）より遷座したことになっております」（筥崎八幡宮公式Ｗｅｂサイト）と記されている。大分八幡宮が宇佐八幡宮の本宮であり、また筥崎八幡宮の元宮であるという伝承は、この地が古代において重要な場所であったことを示している。大分《だいぶ》は太傅《たいふ》の転訛と考えることができるのではないか。

また、太宰府の南十四キロメートルの小郡市に「大保《おおほ》」の地名も残っている。ここには御勢大霊石《みせたれいせき》神社があって、小郡市観光協会Ｗｅｂサイトの説明によると「主祭神は、第十四代仲哀天皇である。伝承によると、仲哀天皇が熊襲征伐にあたり、行宮をここに設けたという。ところが天皇が戦線を巡視した時に毒矢に当たり、この地で崩御した。神功皇后は兵士の士気の衰えることを恐れて喪を秘し、熊襲征伐の後、香椎の宮で発喪したという。その後朝鮮出兵にあたって、御魂代の石を軍船にのせ仲哀天皇の鎧と兜を着せて征途につき、戦勝後凱旋すると、その石を天皇の御魂代として、また朝鮮半島を守る不動石として祀ったと伝えられている」と記されている。

ここからすぐ近くの一・四キロメートル南に小郡官衙《かんが》遺跡《いせき》（七〜八世紀、国指定遺跡）がある。旧石器時代から歴史時代までの遺物が出土しているという。古代において重要な地であったと考えられる。

このように、倭王武が上表文に記した「開府儀同三司」に相当する「太宰」、「太傅」、「太保」の府があったのではないかと思われる地名、遺跡が筑紫に残っているのである。大和にはこのような地名はない。倭王武はこの地の王であったことの根拠となり得るのである。

一方、『日本書紀』では「推古十七年（六〇九）、筑紫大宰が「百済僧道欣《どうこん》・恵弥を頭として僧十人、俗人七十五人が、肥後国の葦北の港に停泊しています」と奏上した」というのが「筑紫大宰」という言葉の初見である。「筑紫大宰」がいかなるものか、また何時つくられたかも説明がない。筑紫古来の都「太宰」府の名が残り、筑紫国造家《つくしのくにのみやつこ》の別名として使われたという可能性もあると思われる。『日本書紀』はあくまで、天皇家が把握している事柄が記されているのであって、地方の国の実態など掌握できていないことは、当然のことながら記されることはないのである。国造家でなくて、中央から派遣された国司であったかもしれないが、いずれにしても、九州で生じた事件を必要に応じて大和へ連絡し、指示を仰ぐ役目を持った役所ということであろう。「太宰」あるいは「大宰」は筑紫特有の機関であるので、以前から呼ばれていた名前が残っていたと考えられる。中央の権力を強く及ぼすことのできない地方では、同じ役目を果たす機関の名前を簡単には変えられない。現在まで「太宰府」という地名は残っているのである。

北部九州の人たち、特に筑紫国は、倭国建国の経緯から自分たちこそ本家だと思っていてもおかしくない。その後も、大陸の文化を真っ先に取り入れることのできる位置に居るのであるから、なおさらである。大和王権もその由来から筑紫国については、少々のことは大目に見るということもあったのではないか。

そのことは、『日本書紀』において、「継体天皇が磐井を討つために、物部麁鹿火《あらかい》大連に将軍の印綬を授けて、『長門より東の方は自分が治めよう。筑紫より西はお前が統治し、賞罰も思いのままに行え。一々報告することはない』といわれた」とあることが、如実に表している。大和王権は、筑紫を、行政上は掌握していなかったとみられる。筑紫国は、倭国の一員として大和王権の天皇を奉るが、行政では独立に近い状態で振舞っていたのではないかと考えられる。

あらためて、倭の五王がいたとされる四一〇～五〇二年までの『日本書紀』における対外記事をみてみよう。

表2　倭の五王時代の天皇外交年表

天皇	年／記事
仁徳	五八年（三七〇）／呉国、高麗国が朝貢した。
履中	記事無し。
反正	記事無し。
允恭	三年（四一二）／新羅に使を遣わして医者を求めた。厚く礼をして帰国させた。
允恭	四二年（四四九）／天皇崩御、新羅から弔使がきた。
安康	記事無し。
雄略	二年（四五八）／百済の池津媛を娶ろうとしたが、石川楯と通じたので媛とともに焼き殺した。『百済新撰』には、「己巳の年、蓋鹵《こうろ》王が即位した。天皇は美女を乞い、百済は慕尼《むに》夫人の娘（適稽女《ちゃくけいえ》郎《はし》）を天皇に奉った」という。（百済本紀四五五年に「蓋鹵王即位（近蓋婁、毘有王長男）」とある。
雄略	五年（四六一）／百済の加須利君が、池津媛が焼き殺されたことを聞き、今後は女を貢いではならぬ

といい、弟の軍君《こにきし》を倭国へ遣わした。軍君は身ごもった加須利君の妃を貰い受け渡海したが、筑紫の加羅島《かから》で出産したので、母子ともに還した。百済新撰によると、「辛丑年に蓋鹵王が弟の昆支君を遣わし、大倭に参向させ、天王に仕えさせた」とある。

雄略 六年（四六二）／吉備上道臣《きびのかみつみちのおみ》田狭《たさ》の妻稚媛《わかひめ》の美貌を聞き、田狭を任那の国司に任じ、稚媛を召した。任那でそのことを聞いた田狭は帰らぬ決心をし、続いて任那へ来た子の弟君にも任那に留まることを勧めた。弟君の妻は国家への忠誠心から弟君を殺した。

雄略 八年（四六四）／身狭村主青《むさのすぐりあお》・桧隈民《ひのくまのたみ》使博徳《はかとこ》を呉国に遣わした。倭国に朝貢せず、高麗に好《よしみ》を求めていた新羅は高麗に裏切られ、任那の日本府に助けを求めた。任那王は援軍を送り、高麗軍を撃破した。

雄略 九年（四六五）／天皇は自ら新羅を討とうとしたが、神に止められ、紀小弓《きのおゆみ》宿禰を遣わした。紀小弓は奮戦したが彼の地で死んだ。

雄略 一〇年（四六六）／身狭村主青が、呉の献じた鵞鳥をもって筑紫に行ったところ、その鵞鳥が水間君の犬に食われた。水間君は鴻十羽と養鳥人《とりかい》を献じて謝罪した。

雄略 一一年（四六七）／百済から貴信《くいしん》という者が逃げてきた。磐余の呉の琴弾の坂手屋形の先祖である。

雄略 一二年（四六八）／身狭村主青・桧隈民使博徳を呉に遣わした。

雄略 一四年（四七〇）／身狭村主青らは、呉国の使いとともに、呉の献じた手末の才伎《てひと》、漢織・呉織と衣縫の兄媛・弟媛らを率いて住吉の津に泊まった。この来朝者のために道を造った。呉坂という。呉人を桧隈野に住まわせた。そこを呉原と名づけた。もてなしの宴を行った。

雄略 二〇年（四七六）／高麗王が大軍をもって百済を滅ぼした（百済本紀に「四七五年、高句麗が侵入し蓋鹵王《かいろ》を殺す」とある）。

雄略 二一年（四七七）／天皇は久麻那利《こむなり》を百済に賜り、百済を救い興された。

雄略 二三年（四七九）／百済の文斤王《もんこんおう》が逝去し、昆伎王の子の末多王を百済の王とするため、兵器と筑紫の兵五〇〇人を遣わして、百済に送った。これが東城王《とうせいおう》である。筑紫の安致臣《あちのおみ》・馬飼臣らは船軍を率いて高麗を討った。

百済本紀「四七九年　東城王即位（牟大、摩牟、文周王の弟の子）

清寧　四年（四八三）／海外の使者を集め、宴会をした。

顕宗　三年（四八七）／阿閉臣《あへのおみ》事代を任那に使いさせた。月の神、日の神が続いて田地を要求したので、田地を与え、壱岐の県主の先祖（押見宿禰）と対馬下県直にお祠りさせた。紀生磐《きのおいわ》宿禰が任那で三韓に王たらんと、百済を攻めたが、失敗に終わった。

仁賢　六年（四九三）／高麗に日鷹吉士《ひたかきし》を遣わし、巧手者《てひと》を召された。

武烈　四年（五〇一）／百済の末多王が無道を行い、民を苦しめた。国人は王を捨て、嶋王を立てた。これが武寧王である。『百済新撰』にいう。「末多王は無道で、民に暴虐を加えた。国人はこれを捨てた。武寧王が立った。諱は嶋王という。琨支王子の子である。即ち、末多王の異母兄である。琨支は倭に向かった。そのとき筑紫の島について島王を生んだ。島から返し送ったが京には至らないで、島で生まれたのでそのように名づけた。いま各羅の海中に主《にりむ》（国王）島がある。王の生まれた島である。だから百済人が名づけて主（古代朝鮮語で王の意味）島とした。今考えるに、島王は蓋鹵《こうろ》王の子である。末多王は琨支王の子である。これを異母兄というのはまだ詳しく判らない」とある。

武烈　六年（五〇三）／百済王が麻那王を遣わして、調《みつぎ》を奉った

武烈　七年（五〇四）／百済王が斯我《しが》君を遣わして、調を奉った。「前に送った使いの麻那は百済国王の一族ではありません。故に謹んで斯我を遣わします」といってきた。その後子がうまれて法師君という。これが倭君の先祖である。

表2よりわかるように、中国に対しては、三七〇年の仁徳天皇以後は、四六三年の雄略天皇まで使者を送ったという記事はなく、さらに、朝鮮半島に対しても、雄略天皇以前は、四一二年と四四九年の允恭天皇の時の新羅との交流記事しかないのである。

朝鮮半島の国々の都督将軍を申請しておきながら、半島との交渉の記事が無いのは、倭の五王が大和王権ではなかったことを如実に表しているのではないか。履中、反正、允恭、安康天皇の間は、ほとんど対外には関心がなかったと考えられるのである。

しかし、雄略天皇時代の外交記事がこれだけ多いと、やはり、雄略天皇が外交に乗り出してきたのではないかと思われてくる。

雄略五年（四六一）の、「百済より軍君と共に遣わされた王妃が筑紫の加羅島《かからじま》で出産」とある記事は、朝鮮半島から使者が渡来するときは、宗像・沖ノ島ルートではなく、より安全な、従来の壱岐・対馬ルートを採っていたことを示すもので、朝鮮半島との交流では、依然筑紫国が大きくかかわっていたと考えられる。

同六年（四六二）の「吉備上道臣田狭を任那の国司に任じた」という記事は、任那（狗邪国、金官国）は筑紫国の半島における重要拠点であったであろうから、この地が大和王権の手に落ちることは、筑紫国にとって、大きな痛手となったであろう。

先に、神功皇后・応神天皇の対外国記事が干支二運、百二十年ずれていることから、大和王権皇祖の業績を示すために朝鮮半島の歴史書から記事を採って来たと推測した。さらに、応神天皇は初代と三代を表しているとした。この事が肯定されるならば、大和王権が朝鮮半島や中国に対して直接交渉を始めたのは雄略天皇からと考えられる。そうすると、後の継体天皇の時代の磐井の乱まで、話がうまく繋がるのである。

すなわち、神武天皇が東遷して大和王権を立てて以来、王権はその足場を強固にするために内政に尽力してきた。一方、九州の筑紫国は、倭奴国の時代から、朝鮮半島とは密接に交易・交流を行い、半島南部の狗邪韓国は、いわゆる倭と呼ばれ韓人とは区別される人たちが住んでおり、倭奴国の連合国として強い影響力を持っていた。狗邪韓国が他国から攻められ、危機が生じた時には出兵し撃退していた。そのことは、大和王権が畿内に成立しても、ほとんど変わらなかった。大和王権は九州東北部から東遷した豊国である。豊国は、伊都国王、卑弥呼の時代から筑紫国とは友好国であった。その関係は豊国がその都を大和に遷しても続いたと考えられる。筑紫国は豊国の大和王権にとって、その設立の過程から、他国とは異なる特別な関係なのである。筑紫国は、云わば、自分たちが本家と思っていてもおかしくなく、大和王権もある程度、それを認めざるをえなかったであろう。筑紫国も大和王権ができたとしても、何ら領地が減少したわけではなく、勢力も減少したわけでもない。朝鮮半島との交易において、卑弥呼の後、台与が女王を引き継いだとき、阿曇族の一部を取り込み、それが大和王権に引き継がれ、宗像・沖ノ島ルートが開設されたが、筑紫国も壱岐・対馬ルートは堅持していたはずなのである。しかし、筑紫国も倭国の一員である限り、最高権威者は中国から指名を受けた大和王権の天皇なのである。天皇は倭国の神を祀り、神の神託を受けることのできる唯一の家柄なのである。それは卑弥呼の時代から続いていたのである。

筑紫国は倭国の一員でありながら、対外国との交流はかなり自由に行っていたと考えられる。五世紀において、大和王権が朝鮮半島や中国に対してほとんど関心を持たない間も、筑紫国は積極的に対朝鮮半島との交流を行っていたとしても、何ら不思議なことではない。

筆者は、神功皇后の朝鮮半島の出兵も狗邪韓国からの出兵要請に基づくものとの見方をしている。筑紫国はその後も要請があれば出兵していたに違いない。朝鮮半島諸国と対等の地位を得るために、中国が宋の時代になっても朝貢して、対等の地位、この時代は都督将軍職を要求したのだ。

倭の五王が大和王権の王であるという論者は、宋への服属の事実を伝えたくないために『日本書紀』に外交の記事を載せなかったというが、この新羅との闘争についても、なぜ省いたのかが説明されていない。新羅へ攻め込むというのは、それ相当の大事件のはずである。雄略天皇以外にその記事が無いのはおかしなことではないか。そして、雄略天皇の宋への朝貢記事は載せているのである。なぜ、雄略だけ隠さなかったのか説明がつかないのではないか。

朝鮮半島は三世紀半ばに三韓（馬韓、辰韓、弁韓）の時代になり、四世紀半ばに馬韓の地は百済に、辰韓の地は新羅に、弁韓は加耶諸国になった。弁韓には『魏志』が記しているように狗邪韓国があり、倭国に属していた。『日本書紀』では「任那」としている国である。馬韓、後の百済は弁韓・加耶諸国を容認していたのに対し、辰韓・新羅は弁韓・伽耶諸国への侵入を絶えず行い領土化を狙っていた。倭国は狗邪韓国（任那）を守るために度々出兵を余儀なくされた。

弁韓・伽耶諸国は小国の連合体であり、新羅の侵略を防ぐためには強力な援軍が必要である。その援軍が倭国と考えられるのである。出兵のコストに見合う交易物で満足し、領土化を求めない倭国は頼りがいのある国であった。新羅本紀には新羅が加耶諸国に侵入して戦争が起き、追い返された事件は記されず、倭国（朝鮮半島にいた倭人かもしれない）が、新羅の領域まで侵入した時のみ記されていると考えると、新羅の加耶侵入の回数は上記の十六回をはるかに超えることが推測される。

新羅は半島東岸に近い慶州に発祥した。半島東岸に沿って半島最大の太白山脈《テベク》があり、東岸にはほとんど平地がない。新羅が発展しようと思えば、西の洛東江中上流へ進出するしかなく、中上流域に進出しても、その下流の洛東江河口を確保しなければ、外へのさらなる発展はない。したがって、その河口にある金官加耶はぜひとも手に入れたい場所なのである。一方倭国にとっても朝鮮半島との交易拠点として、絶対に手放せない場所である。倭国と新羅が、この地を争うのは必然であり、この争いは、一、二世紀の倭奴国の時代から続いていたと考えられる。

このように、筑紫国は倭奴国の時代から継続して、朝鮮半島との関わりを持ってきたと考えられる。四世紀、中国北部は五胡十六国時代で、群雄割拠の時代が続き、五世紀になって、東晋、宋と中国南部に安定した国が出現したのを期に東晋、宋への朝貢を再開したと推測され、倭の五王は筑紫国の王と考えられる。

　雄略天皇は、即位当初から対外交易に興味を持ち、雄略二年（四五八）には百済から媛を娶ろうとしている。そして、雄略八年（四六四）には、呉（宋）に使者を送った（『宋書』では四六二年）。筑紫の王興《こう》はうまく天皇のお先棒を担ぐ形で、天皇の欲望を満たすとともに半島（新羅）への影響力も保った。それが『日本書紀』「雄略二三年（四七八）、百済の王子末多王を百済に送る際、兵器とともに筑紫の兵五〇〇人を遣わしたが、筑紫の安致臣・馬飼臣らは船軍を率いて高麗を討った」とあるように、百済の皇子を送り届けるだけでなく、高麗軍を討ちにいったところに、筑紫軍の積極性がよく表われている。その後、筑紫王は武に替わったが、筑紫国の半独立外交は続けられたということではないか。

　倭王武＝雄略天皇とするには年代が合わないのである。倭王武は少なくとも四七七年～五〇二年の間在位しているのに対し、雄略天皇の在位期間は四五七年～四七九年である。『古事記』においても、雄略天皇の没年は四八九年である。雄略天皇の在位期間である四六二年には倭王興が朝貢しているし、五〇二年の朝貢時の天皇は武烈である。筑紫王の興や武は、不満を持ちながらも雄略天皇の要求を満たすように動いたのではないか。倭国の臣として、天皇は行政のトップとしてだけでなく、神に仕える最高権威者として意識していたと考えられるからである。

　埼玉県行田市の稲荷山古墳から出土した鉄剣には、雄略天皇と推測される「獲加多支鹵大王＝ワカタケル大王」の名が刻まれ、刀の持ち主が大王に奉事し、その刀を下賜されたことを記してある。年代は「辛亥年」とあり四七一年と推測され、それは雄略天皇の治世のときとなっている。また、熊本県玉名郡和《なご》水《み》町江田船山古墳からも同様な刀が出土し、「獲〇

○○鹵大王」と不明の字があるが、稲荷山古墳出土の鉄剣の銘文と比較して「獲加多支鹵大王」と推測され、同時代にそれぞれの豪族が天皇に奉事し、刀をそれぞれ下賜されたと考えられている。

最近では二〇一五年に宮崎県高千穂の峰の南側のえびの高原にある島内遺跡の王墓から、雄略の時代とみられる甲冑セットが発見された。この甲冑セットは、大和王権からの配布品と見られている。

このことから、この時代、地方の豪族は大和王権に一定期間奉事するという慣習が確立していたことがわかる。しかし、大和王権の支配力は、そう大きくはなく、直轄地とされる屯倉《みやけ》も畿内が主であった。とくに九州に屯倉が献上されるのは磐井の乱の後である。地方の豪族は大和王権に一定期間奉事することによって、朝廷との絆を深めることができ、地方に戻れば朝廷に認知されていることで権威が高まるのである。

『日本書紀』における天皇の在位期間の信憑性はそれほど高くはなく、創作された部分があると思われる。そうであったとしても、『日本書紀』の編纂者が、『宋書』の「倭の五王」の記事を知っていながら、各天皇の在位期間を倭の五王のそれに合わせなかったということであれば、倭の五王は天皇ではないことを暗に示していることになる。言い換えれば、倭の五王が天皇であることを隠すために、わざわざ天皇の在位期間をずらしたとは考えにくい。

大和王権は、豊国の女王台与によって創立されたとすれば、筑紫国とは異なり、もともと卑弥呼の時代以前は、朝鮮半島との交易はほとんど行っていなかったと考えられる。一方、筑紫国は卑弥呼以前の倭奴国の時代から中国に朝貢し、朝鮮半島との交易も活発に行っていたのである。台与が大和に遷都したからといって、筑紫国は朝鮮半島との交易を止める理由は存在しないのである。中国の混乱が落ち着き、大和王権の筑紫国への対応を見極めた後、独自に中国へ朝貢したとしても、それは極自然な流れといえる。

倭の五王に与えられた官爵が高句麗や新羅王に与えられたものよりも低かったのは、倭の五王が漢の時代の「倭奴国」から続いている筑紫の王であり、それが今は大和王権にも朝貢し、臣下の礼をとっていることを知っていた可能性もあるのではないか。

しかし、雄略天皇が朝鮮半島に興味を持ち交易に乗り出し、特に百済との交流を積極的に行おうとしたため、筑紫国の立場は次第に半島との交易において、その自由度を狭められていったと考えられる。

雄略紀十年に呉に遣わされた身狭村主青らが二羽の鵞鳥《がちょう》を持ち帰ったが、筑紫の水間君の犬に食われたという記事がある。水間君の国は現在の福岡県三潴郡あたりで筑後八女を流れる広川が筑後川に合流するところである。水間君の墓ではないかとされる御塚《おんつか》古墳（五世紀後半、帆立貝式前方後円墳、囲み径一三〇メートル）や権現塚古墳（六世紀前半から中頃、円墳、二重濠、外堤直径一五〇メートル）がある。三潴は八女の都の港であった。その広川の筑後川との合流点から七～一〇キロメートルほど上流の河畔の丘陵に石人山古墳や岩戸山古墳がある。岩戸山古墳（前方後円墳、墳丘長一三五メートル）は六世紀に反乱を起こした筑紫の君の墓とされている。石人山《せきじんさん》古墳（前方後円墳、墳丘長一〇七メートル）は五世紀の古墳で倭王武の時代と合う。八女地方には石人山古墳以前の大きな古墳はなく、讃から興までの倭王は太宰府付近を本拠として活躍していたとみられる。

倭王武の上表文に「高句麗は、百済に攻撃をしかけ、殺戮《さつりく》をやめようとはしません。そのため朝貢が滞ってしまいました。」とあり、それまで朝貢のルートとして、朝鮮半島の西岸を北上し、黄海沿岸を伝って長江河口に着くという比較的安全な航路を使えなくなったことを申し述べている。また、雄略天皇の朝鮮半島との交易進出によって、倭王武は独自に博多大津からの朝鮮交易をしにくくなったこともあって、有明海から直接宋への交易に活路を見出そうとしたのではないか。それで、雄略天皇との確執を避けるためもあって、都を南の八女地方に遷し、新たに九州西岸から西へ船を漕ぎ出し直接長江河口をめざしたのではないか。宋の首都、建業《けんぎょう》は長江の河畔にあった（現、南京市）。

　長江河口の緯度は鹿児島市と同じくらいなので、帰りは長江河口から東へ東へと進めば、対馬海流によって北へ流され、ちょうど天草あたりに到着することになる。有明湾の奥に位置する水間君のところに遣宋使が帰ってきたのは、このように宋への航路を変えたためだと考えられる。

　宋に朝貢した国が筑紫国とすれば、また、ひとつ謎が解ける。『後漢書』に記された「女王国の東、海を渡ること千里余にして狗邪国に至る」である。『後漢書』を記した范曄は倭王讃が朝貢した頃の宋の人である。倭王の報告の中で東方に対峙する大きな国があることを知り、それが『魏志』倭人伝にいう「狗奴国」と思い、「南」を「東」に書き換えたのだ。

磐井の乱とその後

　そして五二七年、筑紫の君磐井の乱が起きるのである。

　それは、継体天皇の時である。この天皇は、先の代の武烈天皇に男子も女子もなく、十八歳で薨じたため、近くに跡嗣がおらず、遠く越前国から招聘《しょうへい》された天皇で、応神天皇の五世（四世の孫彦主人《ひこうしの》王《おおきみ》と垂仁天皇の七世の孫振媛との間の子）とされる。

　天皇の位を継いだとはいえ、血筋からいえば、かなり離れている。天皇が、今まで神に仕える最高権威者として、畏敬の念を集めてきたのには、その血筋が最も重視されてきたからである。

　現在でも天皇位を継ぐ者は男系でなければならないと主張される人々が沢山おられ、それに対してN

○とは言いにくい雰囲気がある。それが、現代でいえば、皇族の中に天皇を継ぐ人が絶えたので、民間に下っている人を引きもどすということに相当するのである。現在でもそうであるから、古代においては、さらに強く反発する人々がいてもおかしくない。天皇家に次ぐ家柄と自負していたであろう筑紫の君磐井は、新しく就任した継体天皇の血の薄さに、まったく畏敬の念をいだくことができなかったのだろう。

そこへ、新羅出兵に際して、継体天皇から将軍に任じられた近江毛野臣《おうみのけぬのおみ》の指揮下に入れという命令である。新羅は磐井が交易をしている国であり、しかも朝鮮半島の拠点であった任那（金官国）は大和王権が抑えてしまっている。筑紫国にとって出兵の意義はまったくないのである。磐井も若い頃朝廷に赴き、奉事したことがあるのであろう。そこで「今でこそお前は朝廷の使者となっているが、昔は仲間として肩や肘をすり合わせ、同じ釜の飯を食った仲だ。使者になったからとて、にわかにお前に俺を従わせることはできるものか」と毛野臣にいって、交戦して従わなかったという。

継体天皇は物部大連麁鹿火《あらかい》に将軍の印綬を授けて、「長門より東の方は自分が治めよう。筑紫より西はお前が統治し、賞罰も思いのままに行え、一々報告することはない」といい、磐井の君を討たせた。三井の郡で交戦ののち磐井は敗れ、斬られた。磐井の子葛子《くずこ》は糟屋の屯倉を献上し、死罪を免れた。

古田武彦氏は、たった糟屋の屯倉一つの献上で許されたことに疑問を持ち、また乱そのものも「乱の性格がありません」と考え、また、許された葛子が破壊された磐井の墓である岩戸山古墳を修理しないはずはないとして、磐井の乱そのものを「架空の造作」としている（『古田武彦の古代史百問百答』ミネルヴァ書房）。たしかに『日本書紀』には、磐井は筑紫国を取り巻く肥前、肥後、豊前、豊後をおさえて反乱を起こしたが、物部麁鹿火と磐井の交戦は「継体二二年一一月一一日に筑紫の三井の郡で始まり、一二月には葛子が屯倉を献上した」と記され、場所も限定的で、しかも非常に短期に終結した。古田氏はそのことを指して言っているのだと思うが、ここには麁鹿火の策略が隠されているとみる。調略である。麁鹿火は戦後の九州支配について考えたに違いない。強力な筑紫軍との戦いは回避し、いや温存し、磐井の前の時代と同じように倭国軍の先鋒として活用したかった。戦の目的は磐井の首ただ一つである。そこで肥前、肥後、豊前、豊後には「静観してくれれば、罪を問うことはない」と本領安堵を保証し、彼らが磐井側へつくことを防ぎ、さらに息子の葛子にも磐井の後には筑紫王に就かせ、従来どおりの待遇を約束したのだ。対朝鮮半島対策に重要な博多大津にある糟屋の地を屯倉として献上するだけでよいとした。かくして磐井は孤立し、磐井の親衛隊のみで戦うことになったのだ。征服した地域の統治をその被征服者の長にさせるということは、よく行われることで、いわば統治の常道である。アレクサンダー大王は降伏した王を許し、そのまま統治を続けさせたというし、七世紀百済を滅ぼした唐は、その後捕らえた百済の皇子の扶余隆を許し、百済のあった熊津都督帯方郡主に任命している。近くは日本が満州を統治するのに清の皇帝をトップに据えた。世界大戦後、ソ連は朝鮮半島に共産主義政権を樹立するため金日成を送りこんだ。

葛子は磐井の墓を修理すれば大和王権への忠誠を疑われることになるので、そのまま放置した。

そして、五三二年、金官国は、新羅に滅ぼされた。大和王権の将、近江毛野臣の働きは、はかばかしいものではなく、むしろ、無能の将のように記されている。倭の五王が筑紫の将であったとすれば、近江毛野臣がその朝鮮半島における過去の経緯や経験を知ることなく、半島へ渡っても思うような成果を挙げられなかったのも道理と思われる。

その後、筑紫国がどのように取り扱われたのかをみると、板楠和子氏によると、筑前・筑後・豊前・豊後・肥前・肥後のすべてに物部とその関係部民の領地が十九か所認められ、特に磐井の本拠地であった筑後は八か所に及んでいるという。そのなかには、御井郡弓削郷《みいぐんゆげごう》の高良社五姓氏人物部（『太宰管内志』所引「高隆寺縁起」）や三潴郡鳥養郷《みずまぐんとりかいごう》の物部阿遅古《もののべのあぢこ》連　公水間君等祖《むらじのきみみずまのきみ》（『旧事紀（天孫本紀）』）の名がみられる（「乱後の九州と大和政権」、小田富士雄編『磐井の乱』吉川弘文館）。先の継体天皇の言葉から、かなりの領地がこの時以後、物部氏に認められたのではないか。

屯倉については、筑紫国では糟屋のほか、、安閑天皇のとき、穂波（嘉穂郡穂波町）、鎌（嘉麻市）に屯倉を定めたとある。ここは、筑紫国の東端にあたり、その東の豊国と境をなすところである。また、豊国においては、我鹿《あが》（福岡県田川郡赤村）、大抜《おおぬく》（北九州市小倉区貫《ぬき》）、三崎（北九州市門司区？）、肝等《かと》（福岡県京都郡苅田町？）、桑原（田川郡大任町桑原？）に屯倉をおいている（場所の推定は板楠和子氏による）。つまり、糟屋、穂波、鎌の筑紫国の東側一帯、及びその東の豊前一帯を王権の屯倉にしたことになる。磐井が筑紫のみならず、豊前も掌握していたとすればかなりの領地を没収したことになる。また、物部氏の氏神である石上神宮に納められている七支刀《しちしとう》は、磐井の館にあったものを戦利品として持ち出されたという経緯も考えられる。

宣化元年（五三六）五月、天皇は「食は天下の本である。黄金が万貫あっても、飢えをいやすことはできない。真珠が千箱あっても、どうしてこごえるのを救えようか。筑紫の国は、遠近の国々が朝貢してくる所であり、往来の関門とする所である。このため海外の国は、潮の流れや天候を観測して貢をたてまつる。応神天皇から今に至るまで、籾種を収めて蓄えてきた。凶年に備え賓客をもてなし、国を安んずるのに、これに過ぐるものはない。そこで自分も阿蘇君を遣わして、河内国茨田郡《かわちのくにまんだぐん》の屯倉の籾を運ばせる。蘇我大臣稲目宿禰は尾張連を遣わして、尾張国の屯倉の籾を運ばせよ。物部大連麁鹿火は新家連《むらじ》を遣わして、新家《にいのみの》屯倉の籾を運ばせよ。阿倍臣は伊賀臣を遣わして、伊賀国の屯倉の籾を運ばせよ。宮家を那津の口《ほとり》（博多大津）に建てよ。また、かの筑紫・肥国・豊国の三つの国の屯倉は、それぞれ離れ隔たり、もしそれを必要とする場合には、急に備えることが難しい。諸郡に命じて分け移し、那津の口に集め建て、非常に備えて民の命を守るべきである。早く郡県に下令して、私の心を知らしめよ」と詔したと『日本書紀』にある。これが筑紫国の「官家《みやけ》」の初見であり、ここで、筑紫国の交易港である博多大津が完全に王権の管轄下にはいっていたことがわかる。また、麁鹿火は新家（伊賀国にある）の屯倉の籾を運んでいるので、その方面に領地があったのであろう。その年の七月に麁鹿火は死んでいる。筑紫国は筑前の大部分を屯倉として失い、また各地に物部の領地として失ったものの、筑後を保持し、筑紫の君は筑紫国造家として存続した。六世紀以降も八女古墳群に小規模ながら前方後円墳が造り続けられている。しかし、領地以上に、博多大津という朝鮮半島との交易港を失ったことは大きく、その勢力は大きく衰退したと思われる。

第六章　『記・紀』の原資料の作者

神話の大筋の指示者は「日出ずる処の天子」と名乗った男

以上、『魏志』倭人伝に記されている事件の後の経過を、『日本書紀』や『古事記』の記事から拾って話を繋げてきたが、そもそも、誰がこの歴史書の概略を指示したのかの見当をつける必要がある。そうすることによって、作成意図が明確になると思われる。

この歴史書の筋書きは、いったい、だれが指示したのか。遠い昔に九州で起こったこと、出雲で起こったことなどは、それぞれ別々にその地方の出身者によって口承で伝わって来たであろうことは想像がつくが、口承の継続の中で「記紀」のようにまとまった形には、自然になるものではない。誰かが主導してまとめたに違いない。神武天皇の即位が紀元前六六〇年ということは、考古学上の知見からは縄文時代にあたり、真実ではないということが明白である。ということは、誰かがこの筋書きを指示しなければ、できあがるものではない。

「記紀」編纂のきっかけは、天武天皇が「諸家に伝わる「帝紀」および「本辞（旧辞）」は、すでに多くの虚偽を加えているので、偽りを削り、真実を定めて後世に伝えようと欲す」という詔を出されて、舎人《とねり》の稗田阿礼《ひえだのあれい》に勅語して誦《よ》み習わし、それを後に元明天皇が太安万呂《おおのやすまろ》に編纂させ、七一二年に完成したのが『古事記』であるという。『日本書紀』は、天武天皇が天武一〇年（六八一）、川島皇子以下十二人に、「帝紀」と「上古の諸事」の編纂を命じたのが始まりとしている。

このことから、天武天皇の時代、すでに諸家に「帝紀」や「本辞」が伝わっていたことになる。それが年月を経て、「偽りが加えられている」といっているのだ。すなわち、それらはかなり以前に作られていたことになる。『日本書紀』には、推古天皇二八年（六二〇）に、「この年、皇太子（厩戸皇子＝聖徳太子）、島大臣（蘇我馬子）と共議して、天皇記及び国《くにつ》記《ふみ》、臣、連、伴造、国造、百八十部並びに公民等本《もとつ》記《ふみ》を記録する」とある。それ以外に帝紀等編纂の記事はない。

『日本書紀』と『古事記』の、推古天皇以前の記事は、多少の取捨選択はあるものの、大筋は一致しているので、原資料は同じものと考えられる。また、『古事記』がその編纂にあたり、伝えられてきた「帝紀」や「本辞」の一部を修正したが、それ以後の時代についての記事は加えられていないと考えるならば、その原資料が厩戸皇子《うまやどのみこ》・蘇我馬子の時代に編纂された「帝紀」や「国記」であるとすると『古事記』が推古天皇の時代で終わっていることと符号する。

この厩戸皇子と蘇我馬子による「帝紀」や「国記」が、『日本書紀』と『古事記』の原資料であるという傍証として、つぎのことが挙げられるのではなかろうか。

『日本書紀』では神武天皇の即位を紀元前六六〇年としている。明治期の歴史学者那珂通世《なかみちよ》によると、これは「一部《ぼう》＝二一元（一元は干支一周の六〇年）＝一二六〇年の「辛酉」の年に国家的革命が行われる」とする中国の「辛酉革命説」を取り入れ、推古八年（六〇一）、辛酉の年から一二六〇年遡った年に合わせたとされている。

ここで『日本書紀』には記されていないが、『隋書』に記されている事件がある。

六〇〇年の朝貢で、「倭王、姓は阿毎《あま》、字は多利思《たりし》比孤《ひこ》、号を阿輩雞弥《おほきみ》という。遣使を闕《けつ》（宮城）に詣でさせた。上（天子）は所司（役人）にその風俗を尋ねさせた。使者が言うには、倭王は天を以って兄となし、日を以って弟となす。天は未明に出て跏趺《かふ》坐《ざ》（結跏趺坐）して、政《まつりごと》を聴き、日が出れば、すなわち政を停め、我が弟に委ねるという。高祖曰く、これははなはだ無義理（非道理）だ。ここにおいて、これを改めるよう訓令した。王の妻は雞弥《きみ》と号し、後宮には女性が六〇〇～七〇〇人いる。太子の名は利歌弥多弗利《りかみたふり》という」と答えた。これは推古天皇と厩戸皇子の関係を述べたとされる。兄は推古天皇で夜明け前に行うことの多い神事を、弟は厩戸皇子で政務を行っている。天皇が女性であるいうと、蔑まれそうなので兄と言ったと解釈されている。ここで倭王の姓は阿毎、字は多利思比孤といっていることである。阿毎《あめ》は天、多利思比孤《たらしひこ》は足彦、すなわち、天皇を指すであろうといわれている（井上光貞、坂本太郎他）。これに対し、高祖文帝は「これは大いに義理なし、これにおいて訓《おし》えて、これを改めしむ」と非難され、恥をかくことになった。

次に、六〇七年再度の朝貢で、「日出ずる処の天子、書を日没する処の天子に致す。恙なきや、云々」という出だしの国書を奏上した。これを見て中国皇帝は悦ばず、「無礼な蕃夷の書は、今後自分にみせるな」といったという。

しかし、このような中国と対等に付き合いたいという意図を持った文面を作るからには、皇帝が怒るのを予想していないはずはなく、準備周到な次の策を練っていたであろうことは想像がつく。結局、隋の皇帝は裴世清《はいせいせい》を倭国に送っていることからもわかる。もちろん、よく言われているように、当時、随は高句麗と対立しており、高句麗と友好的であった日本を高句麗から引き離す意図もあったであろう。

この中国と対等に付き合いたいという男が、国史を編纂するにあたって、建国を古くみせるために、辛酉革命の知識を使って、六〇一年の辛酉年から一蔀（一二六〇年）前の紀元前六六〇年に、初代天皇即位を目論んだのではないか。紀元前六六〇年というと、中国は春秋時代で、多くの国が群雄割拠していた頃である。一方、日本は縄文時代である。神話の部分はさらに遠い昔の事としている。

また、こうすることによって六〇一年という年は、初代天皇から一二六〇年目の辛酉の年であり、自身によって国の大改革を行おうとする意思表示をしていることになる。

『日本書紀』によれば、六〇三年に「冠位十二階」が制定され、その官人の規範を示す「十七条の憲法」が制定されている。また仏法を重んじ「丈六の仏像」が造られている。高句麗や百済から高僧を招き、朝鮮半島に対して任那擁護など盛んに使者や兵を送っていることが記されている。六〇〇年の朝貢で蔑まれたので、実効の程はともかく、大改革を実行しようとしている意欲は十分に伺われるのである。

これらを実行した男を厩戸皇子と仮定して、彼の立場から考えてみよう。厩戸皇子の周りには、高句麗の高僧慧慈《えじ》や百済の高僧慧聡《えそう》ほか知識人が集まっており、中国や朝鮮半島の事情や歴史書なども集まっていたと考えられる。それらの知識人の支援を得て構想を練ったに違いない。

まず、他国の例に倣い天地創造からはじめ、遠い九州での時代は神話に仕立て、初代天皇即位から実歴史のように記載する。実際の初代天皇が三世紀後葉であるので、厩戸皇子の時代から三〇〇年余り前と中国に比べてあまりにも短い。また、東遷、大和王権成立に多大な功績のあった将軍たちをどのように扱うかという問題もある。そこで、応神天皇の前に、この将軍たちを入れて、王権成立の功績に報いると同時に、歴史を古くみせるように考えた。応神天皇が神功皇后に伴われて大和入りをする前までは、実質、神武天皇たち将軍が畿内の支配者であったことは間違いのないところであるので、畿内や将軍たちの平定に遭遇した人達からみれば、倭国の支配者（＝天皇）と見られていたであろう。知識人から得た「辛酉革命説」を採りいれることにしたが、そうすると、一気に一二〇〇年余と実際の四倍近い歴史に引き伸ばすことになる。そのまま、歴代天皇の在位期間を延ばしたら、とんでもない長寿天皇ばかりとなる。天皇を中心とする皇族には、伝誦《でんしょう》で、いつごろどのような天皇が在位していたかは伝わっており、実在天皇の歴史はそう大きくは変えられない。そこで、この将軍たちの在位期間を大幅に延ばすことにした。すなわち、東遷の総大将であった神武を初代天皇にし、そのほかの将軍たちを時間的に縦に並べた。事件の生じた年は干支で伝わっていることもあるので、一元＝六〇年ずつずらして並べると符号することになる。つまり事件の年は干支で記憶されているので、その年が三〇〇年前なのか、三六〇年前なのか定かではなくなることを利用した。このようにすれば、神武天皇から成務天皇まで十三人程の将軍たちの履歴を縦にならべれば約八〇〇年の歴史が埋まることになる。

『古事記』では、事件の年・月をほとんど示しておらず、神武天皇の即位の年も明確ではない。

また、『古事記』において、時代の下った允恭から欽明天皇まで十一代の天皇のうち実に八人の天皇に没年や享年など年を表す記載がない。これはその記録・記憶が残っていなかったためとみられる。それなのに、初代とされる神武から応神天皇までは全員享年が記載されている。これには創作の疑念がわく。辛酉革命の説にしたがって歴史を創ろうとすると、その年数を何らかの形で表現する必要が生じるからである。神武天皇が紀元前六六〇年に即位したとして、歴代天皇の寿命から逆算すると、平均三二歳で即位したことになり、妥当な年齢になる（仲哀天皇没を西暦二〇〇年とした）。このことから、『古事記』もまた「辛酉革命説」を取り入れたものではないと断定することはできない。

また、神武の後の三代（二代から四代）の天皇の享年が四十歳代と短命なのは、神武東征で若くして亡くなった神武の兄たち（彦五瀬命《ひこいつせのみこと》・稲飯命《いないのみこと》・三毛《みけ》入野《いりの》命《みこと》）をあてたからではないか。

さらに、真の初代天皇応神への引継ぎをどのように表すか。そこで、応神天皇の母親である神功皇后（＝台与＝岩戸から出た後の天照大御神）を登場させた。神功皇后は主に台与の活躍を描いている。卑弥呼と台与を合せて天照大神としたのは、卑弥呼の死因や豊国との合併を記録したくなかったからである。ちょうどその時に皆既日食が起きていたので、それを利用して「天の岩屋戸隠れ」の話をつくった。万世一系とするには、天氏の国（筑紫国）と豊氏の国は、初めから一体としておきたかった。本家の「天」氏を出し、「豊」の名をできるかぎり使わないようにした。それでも九州（筑紫島）には四つの面があると言ったり、神話の初めに天照大神（筑紫国）、月読命（豊国）、素戔嗚命（肥国＝狗奴国）は兄弟として表したり、真実も述べるようにして、歴史の概要を知っている者には、神話の創作の部分と真実の部分がわかるように話を組み立てるように指示したのではないか。

『日本書紀』では神功皇后や応神天皇の活躍時期を二〇一年から三一〇年と卑弥呼や台与の活躍時期と合わせ、神功皇后は卑弥呼であるかのように、『魏志』倭人伝を引き、魏への朝貢の記事も載せたが、その一方、朝鮮半島への対応は、一二〇年ほど後の四世紀末から五世紀初めの、最も倭人が朝鮮半島に侵入した頃の朝鮮半島の記録を挿入して、神功皇后や応神天皇は四世紀末から五世紀初めの人物とも思わせるようにした。そうした理由は、神功皇后が台与であることをあからさまにしたくないことと、前述のように継体天皇の権威を高めるために、三代目の天皇を応神としておきたいということもあったのではないか。

神功皇后は「オキナガタラシヒメ」という。これは息長王の血を引く天武天皇によって後に改竄されたのだとすれば、皇祖神に「オキナガ」という名を付けるという、ワンポイント改竄で、天武朝の正統性を主張できることになる（詳細は第七章で示す）。

また、「タラシ」の名が付く天皇が、景行、成務、仲哀、神功と四代連続で登場するのも、命名に意図がありそうである。他に「タラシ」の名がつく天皇は、孝安、舒明、皇極のみである。

『古事記』が三巻に分けられ、上巻が天地創造から天孫降臨、中巻が神武天皇東遷から応神天皇（真の初代天皇）まで、下巻がそれ以後としているのも、分け方として当を得ていて、符合するのである。

なお、『日本書紀』では神功皇后について、『魏志』倭人伝を引き、卑弥呼にあて、それを天照大神（＝卑弥呼＋台与）としているので、寿命が長く記載されているが、二五〇年頃、台与が王位を継いだとき十三歳と、『魏志』倭人伝では記されているので、台与（神功皇后）は、没年とされる二六九年は三十歳前後ということになる。応神天皇は台与が女王に就いた後に生まれているので、『日本書紀』に示されている没年三一〇年での年齢は六十歳以下ということになる。

台与が二六六年に西晋に朝貢したとき、応神は十六歳くらいになっていたであろう。『梁書』（六二九年成立）や『北史』（六五九年成立）には、「再び卑弥呼の宗女『台与』を立てて王とした。その後、再び男の王が立ち、それぞれが中国から爵位を拝命した」とある。これはこの時の記事である可能性がある。台与は早々に世継ぎを応神に決め、そのことを中国に申請したと考えられる。

神話の各部の詳細な話は、九州や出雲に伝わる断片的な伝説や、渡来人の海外の歴史書の知識などを取り入れ、創作能力に優れた人物に、一連の神話にまとめさせたのではないかと思われる。赤城毅彦氏は、天地創造・国生みなどの神話のあらすじが、主に中国大陸南部から東南アジアの少数民族に伝わる神話と類似していることから、「記紀神話を検討すると、天地創造にはじまる神話のほとんどが、出雲神話のオオクニヌシの国譲り神話をのぞいて、中国の春秋時代、長江（揚子江）中流域の呉の後裔を自称していた邪馬台国の人たちが伝承していた神話・民話をもとに構成したもの、とみることができる」といっておられる（『古事記』「日本書紀」の解明作成の動機と作成の方法』文芸社）。厩戸皇子の「厩戸」命名も、馬小屋で生まれたとされるキリストを模したとも思われ、キリスト教についての知識のある渡来人の入れ知恵かもしれない。

厩戸皇子は、皇太子として、推古天皇から国政を任せられたとある。しかし、国政における詔は、推古天皇あるいは厩戸皇子から出されたとしても、この時の最強の権力者は蘇我馬子である。彼は厩戸皇子の生まれる前から、すなわち推古天皇の夫である敏達天皇のときから大臣を務め続けており、推古天皇も厩戸皇子も蘇我の血が半分流れているのであるから、馬子の政略で、天皇、皇太子の位に就いたのであろう。馬子が女性の推古を天皇に、厩戸皇子に皇太子・摂政の役を持たせるようにしたのは、天皇継承において、蘇我の血が流れている人物で最有力候補として推せる人物は敏達天皇の皇后である推古しかいなかったということもあるが、もう一つ大きな目的として、天皇の権力の分断を図ったと見られる。すなわち厩戸皇子に大きな力を持たせないようにしたと考えられるのである。推古天皇には神事だけを受け持たせ、厩戸皇子に国政を担当させるということで、女性天皇を訝《いぶか》る他の氏族を納得させ、一方、厩戸皇子が天皇として大きな権力をふるうことを制限したのだ。馬子が厩戸皇子の幼少のころから行動を共にし、皇子の聡明なことを認識していたとすればなおさらである。実質の国政は蘇我馬子が握っていたとすれば、皇太子厩戸皇子は特にするべき日常業務はなく、蘇我馬子が上奏してくる案件を承諾することぐらいしかなかったであろう。「聖徳太子はいなかった」という説も出るくらいである。聡明で知識人に囲まれ、最高の地位にいて、しかも暇である人間は、往々にして、とんでもないことを考え、実行するものである。「中国と対等に付き合いたい」と思うだけなら、誰でもできることであるが、実行するのは、常人ではなかなかなしえないことである。

『古事記』は天武天皇が是正・改竄した部分以外は原形が残っていると考えられるが、天皇の交代年さえ入らない、歴史書としてはきわめて不十分な形となった。一念発起して国の歴史書をつくろうと思っても、歴史の記録あるいは記憶がなければどうすることもできない。特に期日は記憶あるいは記録しておこうという意志がその時に働かなければ、なかなか残るものではない。

しかし、なにもないところからこれだけの歴史書をつくる労力は相当なものだったと思う。特に神話の部分は、その原型は伝誦で伝わっていたにしろ、外国の資料を基にした天地創造から、筑紫の神話、出雲・高志の神話などを組み合わせ、一連の物語として完成させるには、多大な時間と労力を要したと想像される。

『隋書』「アマタリシヒコ」九州王朝説

古田武彦氏は、『隋書』にでてくる「アマタリシヒコ」は九州王朝の王であるといっておられる（『失われた九州王朝』ミネルヴァ書房、二〇一〇年）。説の主な趣旨は次のとおりである。

『隋書』に、①裴世清の日本訪問記事に阿蘇が出てきており、その噴火に対して祭りをしていることから、このような詳細な記事は九州の熊本に実際に訪問しなければわからないので、訪問先は九州と判断されること、②アマタリシヒコは男王であり、当時の天皇であった推古女帝とは考えられないこと　③アマタリシヒコの宮殿には六・七百人の妃がいると記されていることから、当時女帝であった大和王朝とは考えられないこと　④六〇〇年の遣隋使の記事が『日本書紀』になく、大和王朝に伝わる内容と異なること、などのことから裴世清の訪問先は大和王朝とは考えられず、ほかの国である。その国は①の阿蘇が出てくることから九州の王朝である。

このことから、アマタリシヒコは厩戸皇子ではなく、九州の王であり、『日本書紀』に記されている冠位十二階制定や仏教に深く帰依したのも九州の王であるとして、その九州王朝は八世紀まで続き、『日本書紀』は九州王朝の記録を盗んだのだとしている。

古田氏の九州王朝の根拠に挙げた上記の四項目は、次のように説明できるのではないか。

まず、阿蘇山のことであるが、中国には火山がなく、頂上から火を噴く阿蘇山はたいへんめずらしく倭国独特の自然景観として耳にしたのではないか。瀬戸内を航海中に煙がみえたかもしれない。「倭国には火を噴く山があり、阿蘇山という。災害が起こらないように祭祀をおこなっているので報告に入れた」という説明を受け、めずらしいことなので報告に入れたとも考えられる。阿蘇山の記事は、裴世清の倭国派遣の行程の中ではなく、倭国の風俗の説明の中に出てくる。よって、この阿蘇山の記事で、九州に行ったとするのは、可能性はあるにしても断定することはできない。

つぎに、「アマタリシヒコ」については「アマタラシヒコ＝天帯彦＝天皇」という説もある。当時、天皇は推古で女性であったことから、アマタリシヒコは明らかに男王であり、厩戸皇子は皇太子であるので矛盾するということであるが、前述のように、推古天皇は主に天皇の業務として欠かすことのできない神事に従事し、政務は皇太子厩戸皇子が行ったと、『日本書紀』には記されている。このことは六〇〇年の『隋書』の記事の解釈にもあてはまる。前にも記したが、天皇が女性であると言えば軽蔑されると思い、「推古天皇を兄とし神事（夜明け前の祈り）を、厩戸皇子を弟とし政務を行っている」と奏上したところ随の高祖に即座に改めるよう告諭されたと解釈できるのである。古田氏の「九州王朝説」では、兄が神事を弟が政務を行うという体制について、邪馬台国の卑弥呼とその弟の例を挙げ、その体制が九州王朝では続いていたといっているのだが、その必然性について語っていないようである。実は、この二人体制は、大和王権はおろか現在まで続いているのである。神に仕える最高権威者であり神事を掌る天皇と、政務の最高責任者である大臣（現在でも総理大臣）という体制である。

六〇〇年に行なわれた朝貢で軽蔑されたことは恥ずかしいことなので、『日本書紀』の記事から外したことは十分理解できることである。

さらに『日本書紀』で、裴世清が来たときに、女帝推古も、馬子も表に出なかったことも、六〇〇年のことを顧みてのことであろう。この時の『日本書紀』で「天皇」と記しているところも、厩戸皇子が天皇代理として振舞ったと考えられる。通常から政務は厩戸皇子が行っていたとすれば、中国からの使者だけでなく、日本側の列席者も厩戸皇子が天皇の席に座っていたとしても不思議には思わなかったであろう。ただ馬子だけは、何か役を持てば、真の実力者であることが感知されるおそれがあるために、このときばかりは、だまって厩戸皇子の側に控えておくしかなかったであろうことも想像できるのである。作戦はうまく行き、『隋書』の記録には、天皇が女性であることも、馬子が真の実力者であることも記されていない。

アマタリシヒコの宮殿には妃が六・七〇〇人いるという記事は、風評かあるいは、厩戸皇子が隋に対して対抗意識の強いことを知っている家臣が、問われてつい見栄を切ったのではないか。朝貢も外交であるから、いつも真っ正直に語ることはない。誇張したり、都合の悪いことは、言わないことがあって当然である。『旧唐書』に「入朝者の多くは、自惚れが大きく、不誠実な対応をしたので、中国はこれを疑う」とある。

さらに古田氏は、冠位十二階の順序について、厩戸皇子は、「徳・仁・礼・信・義・智」としているのに対し、『隋書』では、「徳・仁・義・礼・智・信」となっていることを問題にしているが、隋では、この文字を使用する限りは、それは儒教の説くところの五常であると頭からそう思ってしまったものと考えられる。それに対して厩戸皇子は、儒教にとらわれることなく皇子の価値観で順序をきめたに違いない。皇子は「憲法十七条」で「和を以て貴《とうと》し」という言葉を用い「和」が大切であることを強調し、「徳」「仁」に続いて「礼」を三番目に「信」を四番目にもってきている。哲学者の梅原猛氏は、「憲法十七条」では「仁」の徳が説かれず、代わって「和」が説かれ、「礼」「信」を重んずることは太子の「憲法十七条」の大きな特徴であるとして「上下に『和』があれば、議論が可能であり、議論が可能であれば『理』が実現される。『理』が実現されれば、事は必ずうまくゆくという見方である。この『和』の原理は今でも日本社会で通用している」(『海人と天皇』小学館)といい、「礼」と「信」は「和」の政治を行うための人間関係の根本法則であるので、重視したのだと言っている。

『日本書紀』には遣唐使の記録はあっても遣隋使の記録がないので、記事は時代錯誤しているという人がいるが、これは間違いである。唐や新羅というのは『日本書紀』編纂時の国名を言っているのである。現在の歴史書で、古代に「中国」という国はなかったにもかかわらず「古代、中国では」と言ったりするのと同じである。記事当時の国名を意識しなければならないときにのみ、旧国名が記されるのである。

また、裴世清のたどった行程であるが、『隋書』には、「明年、上(天子)は文林郎の裴世清を使者として倭国に遣わした。百済を度《わた》り、竹島に行き着く。南に躭羅国《たんらこく》(済州島)を望み、はるか大海中にある都斯麻国《つしまこく》を経る。また東に一支国《いきこく》に至る。また竹斯《ちくし》国《こく》に至る。また東に秦王国に至る。そこの人民は華夏（中華）と同じであるため以って夷州となす。疑わしいが解明不能である。また、十余国を経て、海岸に達した。竹斯国以東は皆倭に附庸（従属）している」（筆者訳）とある。すなわち、百済、竹島、耼羅国は朝鮮半島の国々であり、そこから遙か大海中に在る都斯麻《つしま》国を経て、東に一支国、竹斯《ちくし》国に至り、さらに東、秦王国（豊前あたりか）に至る、さらに十余国を経て海岸に達す。豊前国から瀬戸内海を東に進み、大阪の海岸に着いたと読み取れるのである。また竹斯国より東は皆倭国に属しているとも記されている。しかも、『隋書』は上記に続いて、「倭王は小徳《しょうとく》の阿輩台《あほたい》と従者数百人を遣わし、儀仗《ぎじょう》を設け、鼓角を鳴らして来迎した。十日後、また大礼の哥多《かた》毗《ひ》と従者二百余騎を遣わし、郊外で慰労した」とある。つづいて、都に至り、王に謁見するのである。普通に読めば、大和に行ったことになるのではないか。

『倭国伝』（全訳注藤堂明保・竹田晃・影山輝國、講談社）には「利歌弥多弗利」を「和歌弥多弗利」と解釈し「ワカミタヒラ」と読み、「稚足《わかたらし》」にあて、あるいは「ワカミトホリ」と読み、「若きお世継ぎ」に、大和で裴世清らを歓迎した「哥多毗」を「カタヒ」と読み、「額田部連《ぬかたべのむらじ》比羅夫《ひらふ》」の「ヌカタベ」の音訳としている。筆者が思うに「ヌカタベノヒラフ」の音が「・カタ・・ヒ・・」と「カタヒ」の音だけが聞こえたということであろう。

しかし、『隋書』倭国伝で六〇八年の裴世清の来日以後「この後、遂に交流が絶えた」とあるのに対し、『隋書』煬帝紀に六一〇年の朝貢が記され、六一四年には『日本書紀』に朝貢の記事があること、また、冠位十二階制度の創設が、『日本書紀』では六〇三年なのに、『隋書』では六〇〇年の朝貢の記事にあるなど、不明の点も残っている。

『隋書』は唐の時代、戦乱でバラバラになっていた四部書を魏徴が校訂したとされている。時期は『旧唐書』魏徴伝では貞観二年（六二八）、『新唐書』では貞観三年（六二九）と食い違っている。記事の収拾時に取り違えがまったくなかったとは言い切れないのではないか。

『日本書紀』では、磐井の乱のあと、筑紫の兵は大和の将軍のもとで朝鮮半島出兵に駆り出されており、筑紫国造（欽明十五年）や筑紫火君《つくしのひのきみ》（欽明十七年）が筑紫兵の長として名がみえる。推古十七年には、筑紫大宰府の長官が奏上して、「百済僧道欣《どうこん》・恵弥《えみ》を頭として僧十人、俗人七十五人が、肥後の国の葦北の港に停泊しています」という連絡がはいり、大和朝廷から措置を指示している。第四章でも述べたように、筑後では八つの郷に物部の名があり、特に三潴郡鳥養郷は、敏達・用明天皇の時の大連であった物部弓削守屋の弟（前掲の物部阿遅古連）が水間君の祖として就任している（『先代旧事本紀』天孫本紀）。

　水間は有明海と筑紫大宰府を結ぶ中継地であり、また八女の港となっているところである。

　つまり、肥後国南端の葦北の情報も、しっかり大和に伝えられる体制になっているのである

　古田武彦氏のいう独立した九州王朝の姿は見出せない。

　氏は、九州王朝の記録を『日本書紀』編纂者が盗んだとしておられるが、推古の時代は、『日本書紀』編纂時のわずか百年前である。現代人と違って、当時の上層部の人たちは、自分の出自を含め、過去の事を十分に知っておかなければ、自分の立ち位置が定まらなかった時代である。広島・長崎で原爆が落とされて七十年が過ぎた。原爆にあった人から被災状況を直接聞いた人は、あと三十年以上は生存するであろう。百年前に生きた人から直接状況を聞いた人が生きているのである。そういう近々の歴史を改竄することはできない。偽りが即座に露見する。

　宋に朝貢した倭の五王のことは無視して、遣隋使のことは記録を盗んで記すことになにか必要性はあ

るのか。

天武天皇以降の天皇家に、蘇我系の厩戸皇子を持ちあげなければならない理由はないのではないだろうか。

馬子・厩戸皇子の『国記』の書は、天武天皇に届いたか

太子と厩戸皇子が相議してつくったとされる「帝紀」「国記」等の書類は、壬申の乱のおり、蘇我蝦夷《そがのえみし》が焼こうとしたのを、船史恵尺《ふねのふひとえさか》によって、「国記」が取り出され、中大兄皇子（のちの天智天皇）へ奉ったとある。天武天皇が「〝諸家の賷《も》たる『帝紀』および『本辞』は、すでに多くの虚位を加えているので、偽りを削り、真実を定めて後世に伝えようと欲す〟という詔を出されて、舎人の稗田阿礼に勅語して誦み習わした」と『古事記』の序にある。通説は、この取り出された「国記」が天智天皇を経て天武天皇に届いていることを前提として議論が進められている。諸家に伝わる「国記」も書類として届いているという人もいる。しかし、「国記」が確かに天武天皇に届いていたという証拠を示した論が見当たらない。筆者はもとより浅学の身であり、調べた論文著書も少ないのであるが、それでも大事なことであるので、誰かが引用しているはずと思って探しているのだが、いまだに見出していない。そこで、疑問が浮かんできた。

天武天皇の手元に、天智天皇に届けられたという書類があったのなら、書類を点検して修正させれば、それで済むことではないのか。なぜ、稗田阿礼に暗誦させたのか。

のちに、太安万侶は阿礼の口承した話を、漢文で成文化するのに大変苦労し、次のように言っている。

　しかしながら上古においては、ことばもその内容もともに素朴で、文章に書き表すとなると、漢

字の用い方に困難があった。すべて漢字の訓を用いて記した場合には、漢字の意味とことばの意味とが一致しないことがあり、全部漢字の音を用いて記したものは、記述がたいへん長くなる。そんなわけで今は、ある場合は一句のなかに音と訓を混用し、ある場合は一事を記すのに、すべて訓を用いて記すこととした。

（訳文は次田真幸著『古事記』（上）による）

これは、参考にするべき書類がなく、すべて、ゼロから成文していることを表明している。

漢文はまさに外国語であり、文法が異なるので成文に苦労するのは当然である。単語だけ知っていても、どうしようもない。成文化されたものがあれば、それを見れば良いと思うのだが、そうはしていない。すべて、最初からつくっているといっている。したがって、天武天皇のところには、さきの「国記」の成文化されたものは、届いていなかったと考えられる。また虚偽が加えられているという、諸家の「国記」の成文化されたものも、同様に届いていなかったと考えられるのである。「賷たる」には、「持っている」という意味のほかに、「もたらす」という意味もある。

太子・厩戸皇子が諸家に、この「帝紀」「国記」を伝えるときにも、口承で行ったはずである。諸家の語り部を一堂に集めて口承すれば済むことで、漢文で成文化したものは不要である。作るのは大変な労力が必要だし、作っても読める人は少ない。馬子の命令で、蝦夷、入鹿が成文化を図ったのは、中国等、国外に誇示するためのものであると思われる。

さらに、疑問がある。『古事記』と『日本書紀』において、歴代天皇の和風諡を表す漢字が、孝徳天皇の「天万豊日天皇」を除いて、ことごとく異なることである。そして、読みは同じなのである。なぜなのであろうか。馬子・厩戸皇子の「帝紀」の実物があれば、あるいは、「帝紀」を読んだことがあれば、それと同じ表し方をするはずではないか。音を表す漢字が異なるということは、『古事記』『日本書紀』それぞれの編纂者が、口承で伝わっている音を、それぞれ別個に漢字をあてはめたため、同じ音の単語でも、異なった漢字で表現されたということではないのか。それは、少なくとも八世紀はじめにおいて、天皇の和風諱あるいは謚を表す漢字が確立していなかったことを示している。

『日本書紀』の一書において、同じ神を表すのに「月弓尊」「月読尊」「月夜見」と一書によって異なっているのも、原資料が口承で伝えられていたことを示す。

加藤徹氏（『漢文の素養』光文社）は、倭国人は、意図的に文字を学ばなかった可能性があるとして、次のように言っておられる。

そもそも、和語では、「言《こと》」と「事《こと》」を区別せず、ともにコトと言った。すべての言葉には霊力があり、ある言葉を口にすると、実際にそういう事件が起きる、と古代人は信じた。例えば「死ぬ」という言葉を口にすると本当に「死」という事実が起きるし、自分の本名を他人に知られると霊的に支配されてしまうと、と恐れられていた。このような迷信を、言霊《ことだま》思想という。

八世紀の『万葉集』の歌人たちは、和歌のなかで、日本を「言霊の幸《さき》はう国」「事霊《ことだま》（言霊に同じ）のたすくる国」と詠んだ。こうした自覚は、弥生時代のヤマト民族にもあったであろう。そんな言霊思想をもつ古代ヤマト民族にとって、異国から伝来した文字は、まるで、言霊を封じ込める魔法のように見えたにちがいない。

古代においては、漢字圏との交易などで必要な場合を除いて、積極的に漢文で物事を記録する意欲はなかったのではなかろうか。そうであれば、逆に口承で伝えることに関しては語り部を養成し、厚遇するなど充実していたのではないか。

馬子・厩戸皇子が、はじめてつくった「帝紀」や「国記」は、「口語での歴史物語」であったと考えられる。

この「口語での歴史物語」が、口承によって、天武天皇にもたらされ、時が経っているので、諸家に伝わった伝誦に差異が目立つため、修正・改竄しようとしたのであると考えられる。

天武天皇は幾人かの語り部にそれぞれが継承している「帝紀」「本辞」を語らせ、それを取捨選択あるいは天皇みずから修正し、それを稗田阿礼に暗誦させた。

しかし、「国記」以外に、成文化されたものが、まったくなかったかというと、そうではないと思う。ごく短い文章なら、読み書きできる人が、数多くいたと思われるからである。

漢字は、表意文字であるから、漢字そのものの導入、即ち単語の導入は難しいことではない。今では、単語としての漢字は、小学生から習うのである。数節の定例化された漢文なら成文するのは困難ではない。日記くらいは作ることができたのではないか。

履中四年(四〇三)の条に「はじめて諸国に国史《ふみひと》(書記官)を置き、諸国の情報を報告させた」とある。

太子・厩戸皇子の「帝紀」「国記」、即ち『古事記』は「帝紀」にあたる部分が推古天皇まで、「国記」にあたる部分が、顕宗天皇まであるので、天武天皇が皇子たち十二人を集め、その後の時代の編纂を改めて命じたのなら、現在『古事記』と『日本書紀』と二つあることについて、説得性がある。阿礼に暗誦させた内容、即ち『古事記』の内容は日付が欠けているなど不十分なところがあるので、『日本書紀』において修正・改竄や補充がなされていることも納得がいく。

また『古事記』の「国記」にあたる部分が顕宗天皇までであり、四八八年に即位したとみられる仁賢天皇から以降は記されていないのは、一〇〇年余前までのことは、よく知られていることとし、文字に記すことによって、新たな物議を醸すことを避けるための処置であったとしたら、それは賢明な策だと思うのである。特に仁賢天皇の後、武烈天皇は残虐残忍な行動をとり、若くして崩御したので、子や兄弟がなく後継ぎを探し求めた結果、越の国から応神天皇五世の継体天皇を招聘したという、大事件がおきた。その事件に関わり、それぞれの立場を背負った人物たちの子や孫がまだ生きているのであるから、この事件を天皇家の立場から一義的に記すれば、多くの不平不満が噴出することは目に見えている。「和を以って貴《とうと》し」を信条とする厩戸皇子としては、他からの不平不満を起こさせてはならないことであり、これを避けるためには、歴史書をそれ以前で止めておくのが最良の選択であった。この書は、あくまで倭国の歴史の古さを海外の国に誇示する為の『古事記《ふることふみ》』であって、皆が良く知っている近々のことは、語る必要がないのである。

厩戸皇子がつくったとされる「十七条憲法」の成文化されたものはあったであろうか。中国へ誇示するため、成文化したであろうことは十分に考えられる。しかし、その成文は漢文、つまり外国語なのである。外国語である漢文を見せられても、それを正確に理解し、皇子が考えた言葉通りに、一言一句違わぬように、和訳することなど不可能に近い。したがって、国内への伝達は口承であったはずである。口承ならば、一言一句違わぬように伝えることができる。「十七条憲法」の成文化されたものは、在った可能性は高いが、一般に知られることはなかった、と考えるのが自然ではなかろうか。

森博達氏は、十七条憲法の成文化されたものがあり、それが伝わっていたという考えに立っておられ、十七条憲法の漢文に日本的特徴（倭習）が十七例あり、それが『日本書紀』推古紀の文章と共通して見られることから、十七条憲法の文は『日本書紀』編纂時に潤色されたものと考え、偽作説に立つと言っておられる（『日本書紀の謎を解く』中央公論社）。しかし、厩戸皇子の作ったものが口承でのみ伝わったのであれば、漢文化せざるを得なかった『日本書紀』の編纂者が、憲法の条文の中に、「倭習」が入るのは当然である。このことは、逆に厩戸皇子時代に成文化された書は伝わっていなかったという傍証になる。

漢字の導入ということについて考えてみると、漢字圏の人々との交易では、相手からの荷物に、品名、数量それに宛先が記されていたであろう。倭国の交易者は、それを理解しなければならないし、すぐに理解できたであろう。ほぼ、単語の羅列であるし、文法と言えるほどの文法も必要としない。この「漢字で荷札に書く」ということは、交易者の間で、瞬く間に広がったのではないかということは、十分に考えられる。その荷札は、品物の受取人にも届くのであるから、倭国の支配層にも、比較的早い時期に伝わって行ったと考えられる。

金印を下賜された「漢委奴国王」や「卑弥呼」も、当然、金印の文字、下賜された物品の品名、数量などの漢字に接するのであるから、興味を持たないはずはなく、知らなければならない情報である。物品のやり取りに利用することは考えたのではないか。

二〇一六年、糸島市の三雲・井原遺跡で、楽浪系土器とともに硯が出土した。弥生時代中期から古墳時代前期までの土器溜まり（土器の捨て場）からなので、実年代を詳細に比定できないようであるが、また楽浪郡から来て滞在した人が使ったのかもしれないが、ともかく古墳時代前期以前に倭国内で書が書かれていたことは明白になった。

さらに暦も導入したはずである。交易で先々の約束事を実行するためには、暦で期日を約束する必要が生じるはずなので、暦の存在を知ったなら、どうしても導入したくなる情報である。当時は干支で行っていたから、その順序を覚えればそう難しいことではなかったであろう。干支を使うことそのものが暦の使用である。

作られた暦を使うことと、暦の作り方を導入することは別のことである。

日記を付けることもしたかもしれない。

しかし、「帝紀」や「国記」といった歴史書は、天皇の誰かが一念発起して詔して、始めなければ作れるものではない。作らなければならないという、はっきりとした必要性が生じなければ作らないものである。太子・厩戸皇子には、中国と対等な国になりたいという明確な理由があった。そのため「帝紀」「国記」を中国に誇示するために製作したと考えられる。

第七章　「記紀」の構造

神話の重合・分割構造、もう一つの重ね合わせの神話「天孫降臨」

これまで、天照大神が、卑弥呼と台与を重ね合わされていること、神功皇后が台与と卑弥呼を重ね合わされていること、国譲りの話が日向と出雲の両方の話を重ね合わせたものであること、また、東遷した人物の記述が神武天皇と崇神天皇に分割されていること、応神天皇が初代と三代を兼ねていることなどを挙げてきたが、もう一つ大きな話が重ね合わせの構造になっているのではないかということがある。

それは、天孫降臨である。第三章では、高天原（本拠地）は筑紫国で、降臨先の葦原中国は日向とした。しかし、そことは違った場所に継いで話を作っている。豊国への合併統治のため神武らを日向へ派遣したが、その地の様子や景色は伝わってはおらず、話を創るためにはそこは良い土地であるという必要がある。そこで、遠い昔、先祖は朝鮮半島から日本列島へ渡ってきたという記憶を思い浮かべ、派遣先の日向の景色として、よく知っている北部九州伊都の地を選んだ。糸島市や福岡市西部地域には、古代朝鮮語に由来すると思われる地名が多い。既に多くの人が、この地を降臨先と指摘している。

『古事記』に示される降臨先である「筑紫の日向の高千穂のくじふるたけに天降りましき」や「此の地は韓国に向ひ、笠沙《かささ》の御前に真木通りて、朝日の直さす国、夕日の日照る国なり、かれ、此の地はいと吉き地」について、作家の金達寿氏は、三笠宮崇仁や亀井孝・大藤時彦・山田俊雄の著を引いて、「大和朝廷の天皇家の祖先たちは、海を渡って南朝鮮から北九州へ渡来した」ということが書かれていることについて、次のようにいっている。

『魏志』倭人伝にいう伊都国で、いまは福岡県糸島郡前原町となっている北九州のそこは、海をへだてて向き合っている加耶《かや》諸国（朝鮮南岸）のいくつかが、そっくりそのまま引き移ってきたようなところです。（中略）そこはまさに、「此の地は韓国に向かひ、……朝日の直刺す国、……甚吉《いとよ》き国」であったにちがいない。彼らが上陸したとみられる糸島郡（怡土郡と志摩郡とが合併）の東どなりは、これも『古事記』にいう「久士布流《くじふる》」（亀旨《くじ》フル＝クジの都京・村邑）のフル、すなわちそのフルに新羅の元号ソ、金沢庄三郎氏のいう「民族名ソ」が加わったソフルということの訛った早良《さわら》郡で、その南はこれまたソフルということからきたものという脊振《せふり》山地となっている。そしてこの脊振山地のなかには高祖《たかす》山や、古代朝鮮式山城のある雷山などといった小高い山々があって、その上に立つと、年産米一〇〇億円といわれる肥沃な糸島平野を一望のもとにすることができます。（中略）それればかりか、これも加耶ということであった芥屋（鶏永《けや》）、加布羅、加布里などの地名がまだ生きています。

（『日本古代史と朝鮮』講談社）

三笠宮崇仁著「日本民族の形成」（三笠宮崇仁編『日本のあけぼの　建国と紀元をめぐって』光文社）には、

天孫ニニギノミコトが、イツトモノオを従え、三種の神器をたずさえて、高千穂のクシフルの峰、またはソホリの峰に降下したという日本の開国神話は、天神《あまつかみ》がその子に、三種の宝器をもち、三神を伴って、山上の檀《まゆみ》という木のかたわらに降下させ、朝鮮の国を開いたという檀君神話や、六加耶の祖がキシという峰に天降ったという古代朝鮮の建国神話とまったく同系統のもので、クシフルのクシはキシと、ソホリは朝鮮語で都を意味するソフまたはソフリと同一の語である。

と記されている。

亀井孝・大藤時彦・山田俊雄編『日本語の歴史（1）民族のことばの誕生』（平凡社）には次のようにある。

また、ニニギノミコトが筑紫の日向《ひむか》の高千穂に天降ったことを述べた『古事記』の一節に「是に詔《の》りたまひらく、『此の地は韓国《からくに》に向かひ、笠沙《かささ》の御前《みさき》に真木《まき》通りて、朝日の直刺す国、夕日の日照る国なり、故、此の地ぞ甚吉《いとよ》き地《ところ》』と詔りたまひて、底つ石根《いわね》に宮柱ふとしり、高天原に氷椽《ひぎ》たかしりて坐しましき……」とある。ここにいう韓国は、もちろん南朝鮮のことで、そこを天つ神の故郷と解することが、文意にかなったもっとも自然な読み方となる。そういう意味で、天つ神＝外来民族が南朝鮮、とくに任那（六加耶）方面と深い関係にあり、たぶん、そこから北九州に渡来したであろうことを、もっとも明確に示しているのは、ニニギノミコトの高千穂の峰降臨説話そのものにほかならない。この点については、すでに東洋史学者の三品彰英《みしなしようえい》が論証したところである。彼は『駕洛国記』が伝える六加耶国の建国伝説と「記紀」による日本の建国伝説とをくらべ、その内容の重要な点では、二つの建国説話がまったく一致していることを指摘した。なかでも、

（1）国土を支配せよという天神の命令（神勅）を受けて天降ること

（2）〈真床覆衾《まどこおふふすま》〉（記紀）と〈紅幅〉（『駕洛国記』）とのように、布帛《ふはく》につつまれて降下すること

（3）槵触《くしふる》、槵日《くしひ》、久士布流《くしふる》（記紀）と亀旨《くし》（『駕

洛国記』）と、どちらもほぼ同一地名とみられるところに降下したことなど、たんなる偶然の一致とするには、あまりにもよく似すぎているこれらの点には、とくに注目すべきであろう。これは、南朝鮮ことに任那方面から北九州に渡来した外来民族＝天つ神が、新支配地の高い連山（高千穂の峰）に自分たちの建国伝説をむすびつけ、記紀の天孫降臨建国説話をうみだした、と考える以外に理解の方法がないほどの一致である。事実、槵触、久士布流のフルは韓語で村を意味するが、そう考えれば、槵触、久士布流は〈亀旨の村〉ということになるし、また書紀の一書で槵触（槵日）のところに添《そほり》をあてている意味も理解できる。このソホリは、百済の都を所夫里《ソフル》、新羅の都を蘇伐《ソブル》、いまも京城をソウルというように、王城を意味する韓語であった。（中略）大和王権の天皇家の祖先たちは、海を渡って南朝鮮から北九州へ渡来し、そこを日本における最初の拠点としたのであろう。南朝鮮から北九州に渡った外来民族は、何代かのちに畿内に進出した。これが神武東征伝説に反映していることはいうまでもない。

以上、第三章で述べてきたように、「記紀」の神話と応神天皇までの話（『古事記』では上・中巻）は、複数の話を一つの話に重ね合わせたり、一人の人物を複数に分割したりしているのである。そうすることによって、神話として神秘性をもたらすことに成功したともいえるのではないか。

歴史書に「偽り」を記すのは、はばかられる。この手法は、「偽り」ではないが、事実がよく分からないように話をつくるための、優れた方法である。

応神天皇の出生

『日本書紀』では、一応、仲哀天皇を応神天皇の父としているが、応神天皇の出生日が微妙なのである。二月六日に仲哀天皇が没し、応神天皇が生まれたのは、その年の十二月十四日である。十か月と十日後である。妊娠から出産まで「十月十日《とつきとおか》」という認識は、『日本書紀』編纂時のころから既に、あったと見える。現在のWHOの指針では、最終生理初日から出産まで二八〇日かかるという基準で計算されている。すなわち九カ月と十日である。旧暦時代はゼロの観念がなかったので、「十月十日」は「十か月目の十日」という意味である。『日本書紀』の記した十か月と十日は、仲哀天皇を親とした場合、出産予定日から少なくとも一か月遅く生まれたことを言っている。その理由としては、三韓征伐の最中に産気づく事のないよう、腰巻に石を挟んだで出産を遅らせたとしている。

　また、吉井巌は、『日本書紀』において仲哀天皇の出生記事に応神天皇が記されていないことを挙げ、次のようにいっている。

　出生記述のない天皇のなかで、ただ一人、常態の記述の結果としては考えられない天皇がある。それは、紀における応神天皇の場合である。応神は仲哀の子であって、応神が父の御記の皇子女記述のなかに示されていないのは、きわめて不自然である。しかも、仲哀紀では、次のごとく、

　二年春正月、甲寅朔甲子、立気長足姫尊為皇后

と、仲哀と神功皇后の婚姻手続きに関する記述があり、他の二妃とそれらの生んだ息子たちの記述も示されているのである。（中略）そして、あらためて紀の皇妃皇子女の系譜記述中に応神の出生が記述されていない様態の意義を求めるならば、やはり私は、仲哀紀の系譜的記述と応神との間に疎遠な関係がもと《ママ》存在していたことを推定せざるを得ないのである。

（『天皇の系譜と神話1』塙書房　一九六七年）

『日本書紀』において、仲哀天皇と神功皇后は夫婦としている。そうであれば、一巻にまとめてもよさ

そうなのに、仲哀紀はわずか七頁と武烈天皇と並んで極端に短いにもかかわらず、独立した巻になっている。これも仲哀天皇と神功皇后の関係が薄いことを示しているのではないか。

「記紀」原資料の作成の過程

結論として、「記紀」原資料の作成の過程は次のようなものであったと推測される。

(一) 中国の歴史に対抗するため、建国の時期を史実より大きく遡って設定することにした。そのため、中国に伝わる辛酉革命説を利用し、六〇一年の辛酉の年から一二六〇年遡った紀元前六六〇年建国とした。

(二) 国の始まり、九州邪馬台国の時代、八岐大蛇《やまたのおろち》など出雲で起きたことは神話という形にし、さらに遠い昔のことにした。神の世界にすることで非現実的なことも記述可能にした。

(三) 史実は二〇〇年ごろの女王卑弥呼から始まるので、その差八百余年を埋めるために、東遷に功績のあった皇族（豊国の氏族）たちを、十数人挿入することにした。事件の年次は干支(一周六十年)で記憶されているので、干支で表された年が三〇〇年前なのか三六〇年前なのかが、はっきりしないことを利用して、干支一巡六十年の倍数だけずらして組み立てると十数人で八百余年の歴史を埋めることができる。

この神武天皇から大和の統治が始まるという歴史は、政務権力者の外から見える大和の歴史に一致することになる。

(四) 神話の部分、あるいは曖昧にしておきたい部分は、複数の話を重ね合わせたり、あるいは一人の活躍を二人に分割したりして、事実をぼかして、神秘性を持たせるようにした。二つの事柄を混合することによって、まさに、架空の神代の世界が創造される。しかも、部分的には偽りとはいえない真実の世界なのだ。しかし真実が全く分からないようにするわけにもいかず、虚実の絶妙のバランスをとることにも腐心した。列挙すると、次のようになる。

・天孫降臨は「朝鮮半島から北部九州への移動」と「日向への皇子の派遣」の重ね合わせ

・出雲の国譲りは「出雲の国の割譲交渉」と「日向の国の割譲交渉」の重ね合わせ

・天照大神は「卑弥呼」と「台与」の重ね合わせ（前半を卑弥呼、後半を台与）

・神功皇后は「卑弥呼」と「台与」の重ね合わせ（主に台与、魏志倭人伝の記事を挿入）

・神武天皇と崇神天皇は東征将軍の分割記述（東遷を神武、東遷後の政治を崇神）

・応神天皇と仁徳天皇は初代から三代までの分割・重ね合わせ記述、（応神は初代と三代）

（五）三世紀後半の実質的な初代天皇応神と、それ以前の歴史に挿入した将軍たちとのつなぎに、台与を神功皇后として再登場させ、卑弥呼のあとに立った男王を仲哀天皇として登場させた。祭祀王であった台与の子孫が実権つまり祭政兼務の天皇となるのは台与五世の去来紗別《いざさわけ》である。そのため、「笥飯の神と名前を交換した」という話を創作して、去来紗別を初代天皇と同じ応神天皇としてこれに神功皇后を継いだ。また応神天皇の業績も四世紀末の去来紗別の時代のものにした。継体天皇は去来紗別の五世の孫である。

そうすることによって、台与（神功皇后）→初代応神→仁徳（菟道稚郎子＋大鷦鷯＋去来紗別）から履中へ連なる祭祀王（天皇家）の系と、神武・崇神→垂仁→景行→成務→応神（去来紗別）から履中へ連なるところの外からみえる政務権力者の系がみごとに融合した系図ができあがった。

（六）「記紀」の原資料は厩戸皇子と蘇我馬子が作成を指示したが、各代の天皇の交代年さえ伝わっていないことがあり、歴史書としては記事の期日も入らないきわめて不十分なものであった。これを成文化したのが『古事記』である。

『日本書紀』において、期日を入れ、内容も詳細にしたが、正しい情報のもとに記述されたかはあやしい。

『古事記』と『日本書紀』

筆者は、その内容について次のように仮説を立てている。

『古事記』は、厩戸皇子・蘇我馬子が作ったという「帝紀」「国記」を原資料として、天武天皇がそれを是正、あるいは天武天皇にとって、都合の良いように一部改竄したものを稗田阿礼に暗誦させたもの。それを、太安万呂が漢文（歌は漢字を表音文字として使用）で成文化し、和銅五年（七一二）に元明天皇に献上した。

『日本書紀』は、稗田阿礼が暗誦している内容が、推古天皇以降が記されていないこと、それ以前の記事も日付がないなど、不十分なので、天武十年（六八一）あらためて天武天皇が川島皇子ら十二人に指示し、大掛かりな歴史書作りをさせたものである。元正天皇養老四年（七二〇）に舎人親王が奏上した。

この仮説の根拠は前章で述べたが、さらに次のような傍証が挙げられる。

「物部氏の先祖」を『日本書紀』では饒速日命《にぎはやひのみこと》としているのに対し、『古事記』では饒速日命の子の「宇《う》麻志麻遅命《ましまじのみこと》」として、格式を下げていること。および崇神天皇の母「伊香色謎《いかがしこめ》について、『日本書紀』では「物部氏の先祖」としているのに対し、『古事記』では「穂積らの祖」として「物部氏」を避け傍系の「穂積氏」にしていることである。

「物部氏の先祖」と記しているのは『古事記』では「宇麻志麻遅命」だけであり、『日本書紀』では饒速日命、大綜麻杵《おおへそき》（崇神天皇の母伊香色謎命《いかがしこめのみこと》の親、物部氏の先祖）、伊香色雄《いかがしこお》（崇神紀、物部氏の先祖）、十《とお》千根《ちね》（垂仁紀、物部連の先祖）、市河（垂仁紀、春日臣の一族、物部首《おびと》の先祖）、夏花（景行紀、物部君の先祖）と何度もでてくる。『日本書紀』では「氏族の先祖」の記述数を半分ほどに減らしているにもかかわらず、これだけの物部氏族の先祖の記述をしている。

　これは物部氏を滅ぼした厩戸皇子・馬子が『古事記』には「物部氏」の名をできるだけ出したくないと考えたからと推測される。反対に、『日本書紀』では「物部氏」を重要視していることになる。

　したがって、『古事記』には、厩戸皇子・蘇我馬子の思惑や天武天皇の思惑が含まれており、また『日本書紀』には、厩戸皇子・蘇我馬子や天武天皇の思惑は是正されているかもしれないし、また違った思惑、例えば藤原不比等の干渉も入っているかもしれない。『古事記』と『日本書紀』の記述の違いを調べると、その辺の所が見えてくるだろう。

神功皇后の気長姓は天武天皇の改竄

『日本書紀』神功皇后紀の最後に「冬十月十五日（中略）この日に皇太后に諡をたてまつり、気長足《おきながたらし》姫尊《ひめのみこと》という」とある。

　では、生前の本名は何姫といっていたのだろうという疑問もわく。

　気長足姫の系譜について、『古事記』では、開化天皇紀に父方の系譜が示されている。

　それによると、開化天皇が丸邇臣《わにのおみ》の祖日子国意祁《ひこくにおけ》都命《つのみこと》の妹、意祁都比売命《おけつひめのみこと》を娶って生んだ御子が日子《ひこ》坐王《いますのおう》。日子坐王がその母の妹、袁祁都比売命《おけつひめのみこと》を娶って生んだ御子が山代の大筒木真若王《おおつつきまわかのおう》。大筒木真若王が同母弟の伊理泥《いりね》王の娘、丹波の阿治佐波毘《あじさわひ》売《め》を娶って生んだ御子が迦邇米《かにめ》雷王《いかづちのおう》。この迦邇米雷王が丹波の遠津臣の娘、高材比売《たかきひめ》を娶って生んだ御子が息長宿禰王。この息長宿禰王が息長帯比売命の父であるとしている。

一方、母方は、応神天皇紀の天之日矛《あめのひぼこ》の条に示されている。天之日矛は新羅の王子である。賤しい女が太陽の光を受け、赤玉を生んだ。その赤玉を王子が貰い受けたところ、美しい少女に姿を変えた。天之日矛はその少女と結婚し妻とするが、ある日いさかいをおこし妻は「祖国に帰る」と言って、難波に逃げてしまう。天之日矛は追いかけて渡来するが難波には入ることができず、多遅摩《たじま》（但馬）に留まった。その天之日矛が多遅摩の俣尾《またを》の娘、前津見《まえつみ》を娶って生んだ子が多遅摩母呂須玖《たじまもろすく》。その子が多遅摩《たじま》斐泥《ひね》。その子が多遅摩比那良岐《たじまひならき》。その子が多遅摩《たじま》毛理《もり》。その子が多遅摩比多訶《たじまひたか》。その多遅摩比多訶が弟の清日子《きよひこ》の娘、由良度美《ゆらどみ》を娶って生んだ子が葛城の高額比売《たかぬかひめ》。この高額比売が息長帯比売命の母であるとしている。

『日本書紀』では、父母とも神功皇后紀に記されており、父方は開化天皇の曾孫気長宿禰王とのみ記されている。また母方も葛城高額媛とのみ記されている。途中の系譜はない。天日槍《あまのひぼこ》は垂仁天皇紀に記されているが、天日槍→但馬諸助《たじまのもろすけ》→但馬日楢杵《たじまのひならき》→清彦→田道間守《たじまもり》の系譜が示されているのみで、高額媛との関連はまったく記されていない。

『古事記』において、息長宿禰王の母は丹波の娘であり、祖母も丹波である。母方の姓がつくことの多い古代の名の付け方で、息長の姓が唐突に出てくるのは不自然である。息長氏は近江国坂田郡（滋賀県米原市）が本貫とされている豪族であるといわれている。母方にしても、多遅摩の父が多遅摩の娘を娶って生んだ子が葛城というのは、やはり不自然である。

すると、神功皇后と父親の姓を息長に置き換えたのではないかという疑問がわいてくる。誰が？　ということになるが、息長氏は前述のように近江国坂田郡、今の米原市付近が本貫だという。この地は継体天皇の出身地に近い。継体天皇の父は近江国高島郡（現在の高島市）にいたという。『古事記』では継体天皇を近淡海国《ちかつおうみのくに》から迎えたとある。高島市は琵琶湖の西岸で、米原市からは琵琶湖を挟んでちょうど西側にあたる。船で渡れば二〇キロメートルほどで、すぐ近くである。系譜の中で息長氏の媛を娶ったことは十分に考えられる。

『古事記』の原資料作成者が、継体天皇の権威を上げるために、神功皇后の和風諡号に息長姓を付けたとすると、継体紀にその系譜が記されていないので、その説明ができないことになり、この仮説は成り立たない。ただ、継体天皇が妃に息長摩手王の娘を娶っているので、息長氏とは近い関係にあることは示されている。

天武天皇の改竄ということについてはどうか。推古天皇の後を継いだ舒明天皇、彼は厩戸皇子の子とされる山背大兄王《やましろのおおえのおう》と皇位を争った田村王である。彼の和風諡号は「息長足《おきながたらし》日《ひ》広額《ひろぬか》天皇《のすめらみこと》」という。彼の祖父の敏達天皇は、息長真手王の娘、広姫を皇后とした。その子が押坂彦人大兄皇子で、舒明天皇の父である。父が天皇位を継げなかったので、舒明天皇に広姫の出身氏である息長の姓を諡号に付けたと考えられる。祖母の姓「息長」と名「広」の両方がはいっている。舒明と天武天皇は血がつながっている。継体天皇の権威付けと絡んで、自分にもその血が受け継がれている息長の名を、神功皇后すなわち台与と神功皇后の父に付けたことは考えられるのではないか。このワンポイントの改竄によって、継体天皇だけでなく、天武天皇自身が神功皇后から続く、権威ある家柄として表されることになるのである。また、舒明天皇の和風諡号も「息長」と「広」の名を入れるというような念の入れ方から考えると、天武天皇の改竄かもしれない。

天武天皇の改竄とみられる箇所がさらにある。「蘇我氏の先祖」を「蘇我石川宿禰」としていることだ。蘇我氏の系図をみると、武内宿禰の子である蘇我氏の祖として「蘇我石川宿禰」があげられているが、その子孫は蘇我満知《そがのまち》→蘇我韓子《そがのからこ》→蘇我高麗《そがのこま》→蘇《そ》我稲目《がのいなめ》→蘇我馬子とずっと「蘇我」である。「石川」の名はない。『古事記』原資料の作成者である蘇我馬子が蘇我氏の祖の名だけに「石川」を入れるのは想像しにくい。次に「石川」の名が出てくるのは「蘇我倉山田石川麻呂」である。

　蘇我倉山田石川麻呂は馬子の孫であり、乙巳の変において中大兄皇子（後の天智天皇）が行った蘇我氏嫡流と言われている蝦夷・入鹿父子の殺害に加担した人物である。天武天皇の皇后であった後の持統天皇は、天智天皇と蘇我倉山田石川麻呂の娘遠智《おちの》娘《いらつめ》の間の子であるのだ。石川麻呂の系は途絶えたが、弟の蘇我連子の子である蘇我安麻呂は天武天皇に使え、その子が天武天皇から「石川朝臣」の姓氏を下賜されている。蘇我氏の祖の名にその「石川」を付加したと考えられる。あるいは『古事記』の編纂を命じた元明天皇（天智天皇と蘇我倉山田石川麻呂の娘姪娘《めいのいらつめ》の間の子）が『古事記』を受け取った後に改竄したのかもしれない。いずれにしても蘇我倉山田石川麻呂あるいは石川朝臣が蘇我氏の嫡流であると主張するために、蘇我の祖に「石川」の名を入れたことは充分に考えられる。

『風土記』と「記紀」

　各地の『風土記』に景行天皇がよくでてくるが、彼とその子日本武尊《やまとたけるのみこと》は各地の平定に奔走しており、また八十人にもおよぶ子孫を各地に赴任させたとしている。各地で妃を娶り、その間にできた子を国や郡に封じたのであろう。ところで、『風土記』は和銅六年（七一三）五月、元明天皇が編纂を命じた。その前年の七一二年正月に『古事記』を奏上したと太安万呂が、その序に記している。その効果を考えれば、『風土記』編纂の詔とともに『古事記』の写書を配布したことは十分に考えられる。

奏上された『古事記』を吟味し、修正を加え、多数部書き写すことを考えると、配布までに一年余はかかるであろう。『古事記』が奏上されてから『風土記』編纂の詔が発せられるまで一年四か月であるから、時間的にもぴったりである。

『風土記』作成に関しては、郡・郷、山・川・野の名称、耕地の状態、産物、自然界の動植物などのほか、地方の伝承も記すように命じている。

すなわち、『古事記』という大和王権の歴史書を渡せば、それに沿うように地方の伝承が創られるであろうことをねらっている。大昔、伝承されている筑紫国での卑弥呼や台与あるいは平定に来た将軍の活躍を、あれは天照大神、神功皇后、あるいは倭建命であったと認知されることになるのだ。このため、『古事記』と『風土記』は、天皇に関することなど大事なところでは不一致を見ないことになる。また、『日本書紀』を編纂中なので、提出された内容を吟味して、『日本書紀』に加筆修正を加えることもできる。

『古事記』の内容、すなわち稗田阿礼が暗誦した倭語による物語を伝えるのは語り部の仕事であるが、わざわざ書をつくって配布したのは改竄を防ぐためである。このようにして『風土記』をつくらせたことは「記紀」を日本の歴史書として、全国に認知させるために決定的な効果をもたらした。

『古事記』は、そういう意味で大きな役割を果たしたといえる。太安万呂は『古事記』をわずか四カ月で作成していることから、元明天皇は『風土記』作成の詔に添付することを目的に、急ぎ成文化を命じたのではないか。『古事記』作成を『続日本紀』に記さなかったのは、このような『風土記』との関係をあからさまに気付かれることを避けるためだったのかも知れない。そして、おそらく、『日本書紀』成立に伴い『古事記』の写書は廃棄命令が下されたであろう。

また、播磨国は詔の翌々年と早々に『風土記』を提出したのに対し、出雲国は七七三年提出と二〇年も遅れて出している。『日本書紀』での修正もできないので、『日本書紀』にない「国引き神話」などが載っていて、大和王権に対する反骨精神がよく出ている。

宗像三女神の宇佐降臨

天照大神と素戔嗚尊の誓約によって生まれた三女神について、『古事記』は、胸形（宗像）の奥津宮、中津宮、辺津宮に坐すと記し、『日本書紀』の本文でも、筑紫の胸肩君らが祀る神と記している。一書（第一）は、筑紫の国に降らせ、海路の途中に降りて、天孫を助けよと命じられたとし、一書（第二）は、『古事記』と同じく、遠瀛《おきつみや》、中瀛《なかつみや》、海瀛《へつみや》においでになるとしている。いずれも三女神は素戔嗚尊の子としている。

ところが、一書（第三）だけは、異なることが記されている。「日神（天照大神）が生まれた三柱の女神を、葦原中国の宇佐嶋に降らせられた。今、北の海路の中においでになる。名づけて道主貴《みちぬしのむち》という。これが筑紫の水沼らの祭神である」とある。

一書（第三）の記述内容を整理すると、

①誓約に際して、自分の持ち物を噛み砕いて神を生んだ。『古事記』『日本書紀』本文では、互いに持ち物を交換して神を生んでいる。

②日神（天照大神）の生んだ三女神は、宇佐嶋に降臨したが今は北の海路の中にいる。
他の書は宇佐嶋への降臨はなく、直接北の海路、あるいは筑紫の胸肩君の神としている。

③三女神は胸肩君ではなく、水沼君の祭神としている。他の書は胸肩氏あるいは単に北の海路の中にいるとしている。

④素戔嗚尊の生んだ男神は六人である。他の書は五人。

これだけ『古事記』及び『日本書紀』本文と異なると、何か特別のところからの伝承ではないかと思えてくる。

また、宗像三女神を祀る宗像大社と宇佐神宮を結ぶような伝承はひとつも見当たらない。

水沼君とは福岡県の八女市を流れる支流広川が筑後川に合流するところ（三潴郡）を領地としていたと考えられている。すなわち、大宰府において、有明海から中国の長江河口へ向かう遣使や交易者が使う、いわゆる南路の港として重要であった。八女の都の港でもあった。大型の海洋船はここまで筑後川を遡ってきたと考えられる。この水沼君が『日本書紀』に登場するのは、「景行天皇十八年、熊襲征伐を終えて、八女を訪れたとき水沼《みぬまの》県主《あがたぬし》猿大海《さるおおみ》が『八女には八女津媛がおられます』と申し上げた」という記事のあとは、雄略天皇十年に「呉の献上した二羽の鵞が水間君の犬に食われた」という記事があるくらいで、『日本書紀』においてはそれほど活動が記されていない。

この一書は、むしろ胸肩氏の名を使いたくなかったからなのではないか。胸肩氏といえば、天武天皇の第一子である高市皇子の母、尼子娘《あまこのいらつめ》が胸形徳善の娘である。高市皇子は、壬申の乱では天武軍の全権を委ねられ大活躍をし、勝利に導いた。持統天皇の時は太政大臣になり、天皇・皇太子の次の地位にあった。高市皇子の子、長屋王は聖武天皇の時、皇族として左大臣にまで昇った。ところが対立する藤原四兄弟（武智麻呂、房前、宇合、麻呂）の陰謀説が強いいわゆる「長屋王の変」で服毒自殺に追い込まれた（七二九年）。八年後、藤原四兄弟は天然痘により全員死亡し、長屋王の祟りと噂された。

この一書第三は、藤原氏が長屋王と血縁関係のある宗像氏を嫌って、『日本書紀』完成後、加筆したものという仮説も成り立つのではないか。三女神を宗像氏から取り上げ、同じ水運に従事していた水沼君の神に換え、さらに三女神の本拠地として三女神を生んだ天照大神の墓である宇佐嶋に降臨したということにし、日神（＝天照大神＝卑弥呼）の墓であった宇佐神宮の墓も三女神の墓のように見せかけたのではないか。こうすることによって、天皇が宇佐神宮の神託を受けたと言って独自の行動に出られるのを封じようとしたのではないか。皇族である長屋王を陥れるくらいであるから、当時の藤原氏はそのようなこともしかねない。藤原氏は、この一書（第三）の記事を『日本書紀』に加筆し、宇佐神宮に対しては、第二神殿寄進の条件として比売神を三女神とするように強要したのではないか。

宇佐神宮の由緒には、比売神を祀る二之御殿は神託により天平五年（七三三）に建立されたとしている。時期はぴったり合う。応神天皇、比売神、神功皇后の三つの御殿の造立時期が異なるのも、このような裏事情からかもしれない。

その後、天皇家と藤原家は婚姻関係によって強く結ばれ、宇佐神宮のことも称徳天皇の「宇佐神宮神託事件」（七六九年）までは始祖の墓という意識があったが、こうした藤原氏の思惑により、天皇家の宇佐神宮への関心は次第に薄れ、始祖神天照大神については伊勢神宮だけを意識するようになっていったのではないか。

伊勢神宮には皇族独身女性を斎宮として派遣しているのに対し、宇佐神宮へは宇佐使と称する勅使を天皇即位の奉告のほか間隔をおいて定期的に送るにとどめている。

また、宗像氏も天皇家とのつながりがなくなり、中国への朝貢という公式の貿易もなくなったので、次第に凋落していくことになった。

なお、水沼君の在地とされる久留米市大善寺町にある玉垂宮の由緒に「筑後国三潴庄鎮守、高良御廟院大善寺玉垂宮の祭神は、玉垂命（籐大臣《とうだいじん》・高良大明神とも称した）・八幡大神・住吉大神でおよそ千九百年前の創祀と伝えられています」とある。そのほか、旧三潴郡（現、久留米市中心部以西の筑後川南岸一帯）にある航海の神を祀る村社以上の神社は、三島神社（大山祇神を祀る）一六社、風浪神社（ワタツミ三神、住吉三神を祀る）三社、住吉神社一社で、宗像神を祀る神社は無格の厳島神社が二社あるのみである（Ｗｅｂサイト「国文学研究資料館」の「館蔵社寺明細帳データベース」）。

また、籐大臣とは神功皇后の三韓出兵に大功のあった人物で、ここで没したとされているが、「記紀」には現れない。「籐」とは「藤原」のことではないかと思ったりするのである。

伊勢神宮と宇佐神宮

宇佐神宮上宮の建っている亀山が箸墓古墳に酷似していることのほかに、宇佐神宮には、まだ不思議なことがある。境内の配置が伊勢神宮にそっくりなことだ。

図13に伊勢神宮と宇佐神宮の地図を示すが、参道と社の配置、川や池の位置、参道の長さなど、そっくり瓜二つといってよいほど酷似している。たとえば、境内の西側から北側に川が流れ（伊勢神宮は五十鈴川、宇佐神宮は寄藻川）、東側と南側は山に囲まれている。南側の山の裾には川がある。参道は北側からついている。西側から橋を渡って境内に入る参道もあり、そこから南へ向かって直線の参道があり、その長さは約三〇〇メートル。そこから左へ曲がり、東南東へ二〇〇メートルの所に本殿がある。直線参道の東側に池がある。神宮の入口の川の方向が似ている橋の所で川の位置を合わせると宇佐神宮上宮と伊勢神宮正宮の位置はぴたりと一致する。また、古代海岸線を想定した場合、両神宮から北に数キロメートルで海に面する。さらにいえば、伊勢神宮は奈良桜井市の崇神天皇の都とされる磯城《しき》のほぼ東八〇キロメートル、宇佐神宮は台与が筑紫の国で一時都としたという松峡宮《まつおのみや》（現在、松尾宮、筑紫野市永岡八幡宮の境内にある。大宰府天満宮の南五キロメートル）のほぼ東八〇キロメートルに位置する。

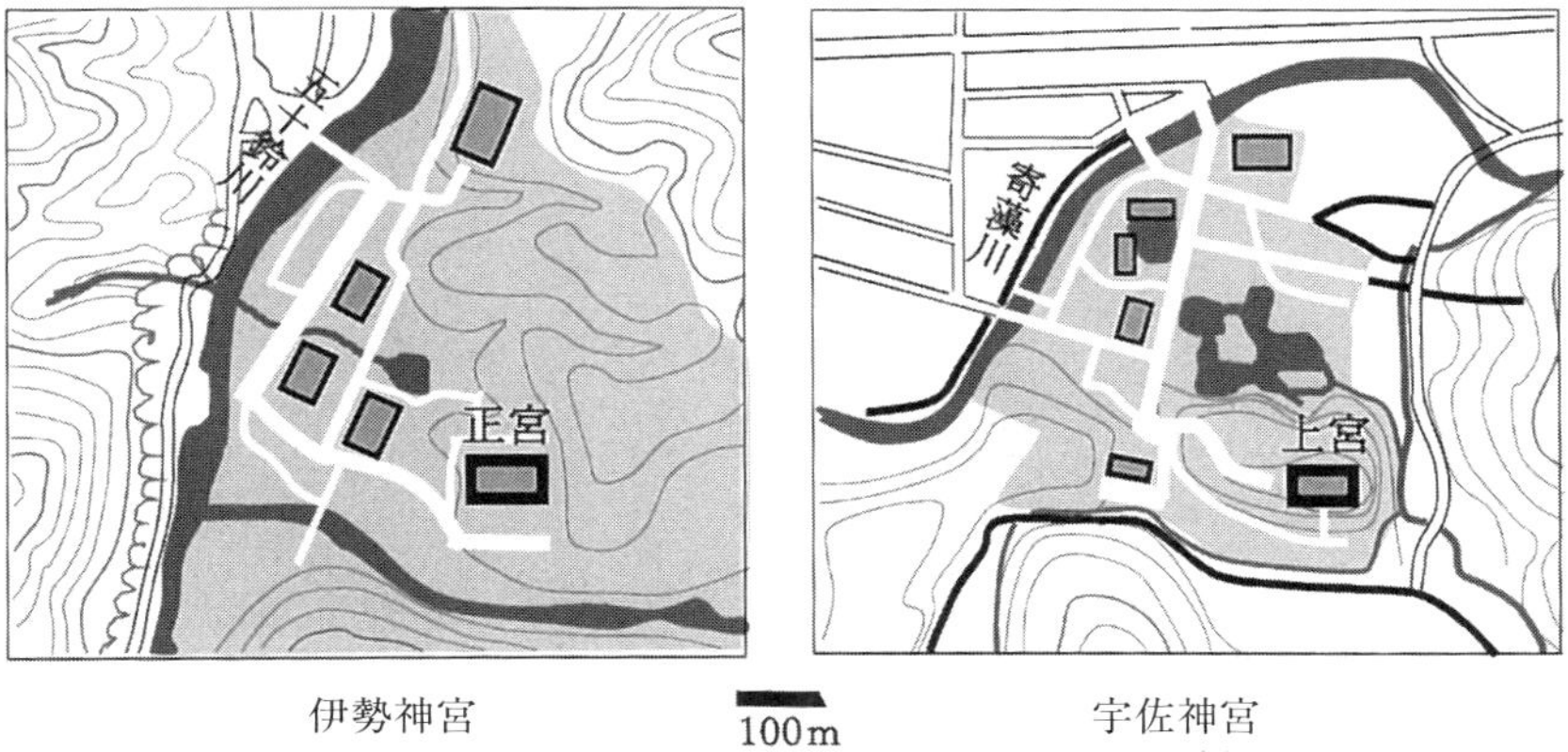

図13　伊勢神宮と宇佐神宮の境内（国土地理院地図をもとに作成）

とても偶然の類似とは考えられない。

どちらが真似たかといえば、宇佐神宮の上宮は山の上にあり、地形からいって真似し難いので、伊勢神宮が宇佐神宮を真似たのだと考えられる。なぜ伊勢神宮は宇佐神宮を真似て造ったのか。宇佐神宮が天皇家に関係がないのであれば、そのようなことにはならない。宇佐神宮が天皇家の始祖に関係があるからこそ、天皇家の始祖神を祀る伊勢神宮の境内はそれに似せて造ったと見るのが妥当であろう。

『日本書紀』垂仁紀に「天照大神を祀ることを命じられた倭姫命は祀る場所を探しまわった末、伊勢の五十鈴川の辺で天照大神のお告げを受け、この地で祀ることにした」と記されている。宇佐神宮の地形と似たところを探し求めて、この地を選んだのではないか。逆に宇佐神宮の方が伊勢神宮を真似たとしても、何の権限があって宇佐神宮が伊勢神宮の境内を真似ることができるのか、よっぽどの理由が必要である。

前述したように、宇佐神宮は天皇家との関係を語らないが、神社建立に際し、藤原氏の意向を強く受けたと考えられ、藤原氏が宇佐神宮と天皇家との関係を抹殺しようと考えたのではないだろうか。

宇佐家の伝承

最後の最後に宇佐公康氏の『宇佐家伝承　古伝が語る古代史』（木耳社）に出会った。

この本には、驚くべきことが記されていた。

まず、宇佐国の領域について、「古の菟狭《うさ》国の神都は、筑前・筑後・肥後・肥前・大隅・薩摩の六ヶ国には在らず。筑豊・日向・肥後・備前、この四か所の所領のうち、最たるものは備前にして、古の菟狭国の神都は備前なり。備前・備中・備後・美作は古の菟狭国第一の神都にして、第二は九州、第三は蒲郡以西をもってこれに当つ」とあるという。

筑豊（筑紫国＋豊国）、日向、肥後、備前は、台与が張政から与えられたとした、筆者が想定した領域と全く合致しているではないか。備前について筆者は、「記紀」に神武天皇東遷の折、吉備で準備をしたとあるので豊国の友好国としていたのだが、宇佐家伝承では備前こそ第一の神都であるという。

また、宇佐神宮の亀山は墳墓であり、上宮中央の比売大神を祀っている二之御殿の真下には石棺があることが確認されているという。この本を先に知っていれば、亀山が墓であるかどうかをいろいろ議論する必要はなかった。ただし、宇佐公康氏は、この石棺が卑弥呼や神功皇后のものとすることには断固反対され、これは宇佐都《うさつ》臣命《おみのみこと》の墳墓に違いないといわれている。宇佐都臣命とは、神武天皇と菟狭津《うさつ》媛命《ひめのみこと》とのあいだに生まれた命で、次に示す宇佐家伝承の本当の応神天皇の父であるという。

その応神天皇について、「宇佐家の古伝によると、大神《おおがの》比義《ひぎ》の心眼に童子の姿で幻じて、『誉田天皇広幡八幡麻呂』と名乗って出現した神霊は、応神天皇の神霊ではなく、神功皇后と武内宿禰との不義密通によって生まれ、四歳にして早世した誉田天皇と僭称する男児の亡霊である。本当の応神天皇は神武天皇の皇孫である。そのいわれは、神武天皇が東遷の途上、筑紫の菟狭の一柱《あしひとつ》騰宮《あがりのみや》に四年のあいだ滞在し、菟狭津彦の妹、その実は妻の菟狭津媛命に娶《めあ》って生まれた宇佐都臣命またの名は宇佐稚屋《うさのわかや》が、越智宿禰《おちのすくね》の女常世織姫命《とこよおりひめのみこと》に娶って生まれた宇佐押《うさおし》人《と》で、菟狭族から出て西日本を統一してから、中央に進出して古代日本の国家が成立したと伝えられている」という。

　神功皇后が石を挟んで出産を遅らせた応神天皇のほかに、もう一人応神天皇がいたというのだ。

　これが事実を語っているとすると、宇佐家古伝は次のように解釈できないか。神功皇后と武内宿禰との間で生まれた初代応神天皇は早世し、宇佐亀山に葬られた。本当の応神天皇すなわち去来紗別尊は菟《う》狭津彦命《さつひこのみこと》すなわち仲哀天皇の妹、その実は妻の菟狭津媛命すなわち神功皇后と神武天皇との間にできた子の宇佐津臣命またの名は宇佐稚屋が、越智宿禰の女常世織媛命を娶って産まれた宇佐押人である。

つまり、菟狭津彦命を仲哀天皇、菟狭津媛命を神功皇后、宇佐押人を去来紗別尊に置き換えると、去来紗別尊は神功皇后（台与）と神武天皇の血をひく祭政兼務の天皇として話がつながるのである。

　前に述べたホムツワケ（誉津別尊）は垂仁天皇の子、すなわち崇神天皇の皇孫である。崇神天皇は神武天皇と同一人物ととらえられているから神武天皇の皇孫ということになり、宇佐家伝承にいう宇佐押人と重なる。

　筆者は、卑弥呼は祭祀王であり、台与も祭祀王として張政から指名されたととらえている。そして倭国では祭祀王が政務の最高権力者より上に立つ存在であったと考えている。菟狭津媛命の子孫が応神天皇であるとするならば、菟狭津媛命は祭祀の最高権威者すなわち祭祀王の台与ではないかと考える。

　台与にしてみれば、父親を公表しにくい初代応神よりも豊国王家の神武天皇との子を授かりたいと思ったのかもしれない。

なお、『日本書紀』では、「このとき宇佐津姫を神武天皇の従者中臣氏の祖天種子命に娶わされた」、とあることについて、宇佐公康氏は、「『日本書紀』が編纂された八世紀に、宇佐家においては、ことさら、この事実をはばかり、ウサツヒメ（菟狭津姫命）は勅命によって侍臣アマノタネコノミコトに娶せたと、捏造して公表したために、その通りに記述されたのであって、アマノタネコノミコトの『天種子』は、文字通り天孫のタネ（胤）という意味を表したもので、宇佐家が後世に創作し、付会した尊称である」という。

ここでいっている「公表」とは、七一三年に元明天皇が出された「風土記作成」の詔により、「宇佐郡風土記」を作成するとき、添付された『古事記』を見て、神功皇后の子である誉田天皇が天皇家を継いだことになっていることを知り、神武天皇と菟狭媛命の子が応神天皇であるという事実を書き込むことをはばかったということではないか。

武内宿禰について

その実在性

武内宿禰は景行・成務・仲哀・神功皇后・応神・仁徳天皇に仕え、三百歳まで生きたとされる。

筆者は、成務天皇以前の天皇は、台与（神功皇后）と同時代の大和東遷に尽力した皇族あるいは武将という仮説を立てている。

それに従うと、二四八年、台与が十三歳で新女王に就任した時、武内宿禰が少し年上で十八歳（二三〇年生れ）であったと仮定すると、応神天皇の死が三一〇年であるから、この時八十歳、次の仁徳天皇まで仕えたということも、まったくありえないことではなくなる。

卑弥呼の時代、伊都国は武雄市にあったとしてきたが、武雄市には前述のように、武内宿禰の父親を祀っている唯一の神社である武雄神社があり、市内には武内という地名も残っている。『日本書紀』には、神功皇后（台与）が筑紫国入りするとき、伊都国王が引島（彦島）まで出迎えに行っている。武内宿禰は伊都国の皇子の一人と推定することも可能なように思える。応神紀に、天皇が武内宿禰を筑紫に遣わして、人民を監察させたとき、宿禰の弟が「宿禰が筑紫を割いて取ろうとしている」と讒言《ざんげん》したという事件が記されている。また、このとき身代わりに進んで死んだ者もいたという。このことは、武内宿禰が筑紫国を統率することのできる家柄にあることを示している。伊都国皇子であれば可能なことと思われる。しかし、武内宿禰は終生神功皇后（台与）・応神・仁徳天皇に大臣として仕え、伊都国王を継ぐことはなかった。

あるいは、武内宿禰は卑弥呼のもとで活躍した難升米《なしめ》という仮説も可能なように見える。帯方郡から派遣された張政が、檄を難升米に渡したことからもわかるように難升米は、当時、一番の人望ある人物とみられる。難升米は張政の意図をよく理解し、卑弥呼更迭、台与の擁立に協力し、新しい女王のもとで働いた。いくら張政が帯方郡の軍師という権限を振りかざしても、所詮、よそ者であり、筑紫国内によき理解者がいて助力してくれないと事は進まない。筑紫の諸将は難升米の判断に従ったと考えられる。台与は難升米を重用し、終生手元から離さなかったとも考えられる。

そのフィクション性

筆者は、「記紀」の原資料は厩戸皇子・蘇我馬子のときに創られたという仮説を立てている。

武内宿禰が仕えた天皇と、蘇我馬子が仕えた天皇を並べてみた。

武内宿禰は、景行天皇→成務天皇→仲哀天皇→神功皇后→応神天皇

蘇我馬子は、敏達天皇→用明天皇→崇峻天皇→推

古天皇→厩戸皇子

これを見た瞬間、目がくらむ思いをした。何という類似なのだ。

四人目の天皇がともに女性ということばかりでなく、三人目の仲哀と崇峻はともに短命でしかも他殺の疑いが濃いのである。馬子が崇神殺しの黒幕であることは『日本書紀』崇峻天皇紀に明記されているし、武内宿禰も仲哀殺しの犯人ではないかと疑いをかけられてもしかたがない状況にいたと『古事記』仲哀紀には記されている。五人目の応神天皇は初代天皇であるし、厩戸皇子は推古天皇のもとで政務を代行し、辛酉の改革を進めようとしており、推古が没すれば天皇位に就くのは確実視されていたのである。新しい国を切り開こうとしていたのである。

関裕二氏は次のように言っている。

> 神功皇后は、六世紀から七世紀にかけて登場した女帝たちをモデルに創作されたにすぎないと通説は高をくくる。しかし、現実は逆だったのではあるまいか。蘇我系の王家が神功皇后の故事をなぞったのではなかったか。すなわち、神功皇后が「トヨ」だったから、推古天皇は「トヨ」を名乗り、豊浦宮を拠点にしたとしか思えない。推古天皇と蘇我馬子のコンビは、神功皇后と武内宿禰の再来と考えられたのだろう。
>
> （『応神天皇の正体』河出書房新社）

大臣蘇我馬子をモデルにして武内宿禰の活躍を創出したのかもしれない。関氏の考えるように推古天皇や厩戸皇子は台与を神功皇后として「記紀」の原資料を創り上げ、自分たちも台与にあやかって「豊《とよ》御食炊屋姫《みけかしきやひめ》」、「豊聡耳《とよとみみ》」と名のり、宮を「豊浦宮」と名づけたということは十分考えられる。

第八章　雑　考

『魏志』倭人伝の路程は張政の誇張報告

短里説について

『魏志』倭人伝に表されている里数は、朝鮮半島南端から対馬へ渡るのに千里、対馬から壱岐へ渡るのにまた千里などと書かれていて、実際の行程と比べると一里は七五メートル程になる。魏の時代、一里の長さは、四三四メートル程度であったであろうとされている。

古田武彦氏は『三国志』全巻にわたり長里（一里＝四三四メートル）と短里（一里＝七六メートル）が使われたと主張していたが、韓の面積および倭人伝の記事以外は長里で説明されているという意見（安本美典氏ら）が大多数である。篠原俊次氏（季刊『邪馬台国』三五号、梓書院）は、『三国志』において、中国本土内での道程を示す箇所を全部抽出し、その中から場所を確定できる二点間の道程八か所について調べた結果、ほぼ長里に近い結果を得ている。その他の記事も長里と考えて矛盾はないようである。しかし古田氏の反論もあって、結着がついていない。古田氏が亡くなられたあとは論争として取り上げられることもなくなったようである。氏が短里表示であると強く主張された、いくつかの事柄についても、長里として説明した方が理にかなっている。

「江東」問題

古田氏の主張要旨

江東を『史記』では「方千里」としているが、『三国志』では「方数千里」としている。『史記』は漢時代の長里で、『三国志』は短里で表しているからである。(『邪馬壹国の論理』ミネルヴァ書房)

『史記』における「方千里」は、「項羽本紀」にある。項羽は江東の地を治めていた楚《そ》の将軍であったが、秦の始皇帝の死後の各地の反乱に乗じて挙兵し、一度は秦を滅ぼし「西楚の覇王」を名乗った。しかし、漢王劉邦の反乱に敗れ、長江の辺の烏江《うこう》まで落ち延びたとき、船を用意して待っていた烏江の亭長が「江東は小さいながらその地は方千里あり、民は十万人おります。その地の王になり得ます。願わくは大王に急いで渡っていただきたく存じます。今船を持っているのは私だけです。漢軍が来ても渡ることはできません」と項羽に進言したときの「江東千里」である。烏江は現在の馬鞍山市付近であるから、「江東」は江蘇省の長江以南と浙江省と考えれば、ちょうど長里の方千里の広さとなる。

『魏書』における「江東数千里」という語は、かの「赤壁の戦い」の前、魏の曹操が大軍を率いて長江を下って攻めてきたとき、呉の孫権が対策を家臣に問うたところ、多くの家臣が降伏を進言したのに対し、軍師周瑜が君主孫権に向かって「曹操は漢の国賊であります。将軍(孫権)は、神のような武勇と才覚、それに父兄の功績をもって、江東を方数千里まで割拠し、軍は精強で、(臣下の)英雄たちは業務を楽しんでいます。今は、天下を横行して漢家のために穢《わい》を取り除くべきです。曹操が自ら死地に来ているのに、どうして迎え入れるのですか。将軍のために計略を立てることをお許し願いたい」という周瑜《しゅうゆ》の君主への進言の中の言葉なのである。文脈から孫権の拡げた支配地を指していることは明白である。江東の地の広さを言っているのではない。孫権のその時の支配域が項羽の残した本拠地と同じ広さと解したら、孫権は全く支配地を広げることができなかった愚将ということになる。「江東の地」とは「江東の地を本拠とする孫権の支配地、すなわち孫権の国」を意味する。その支配地が拡げられて「方数千里まで割拠した」といっている。これは、例えば、奈良県の大和地方を本拠とする大和王権の支配地が日本全土に及んでいるので、日本全土もまた「大和」というのと同じである。呉の最大領地は、西は赤壁のある湖広盆地、南はベトナム北半まで、長里で、東西三千里、南北五千里に及ぶ。項羽の本拠地が江東方千里、孫権のときの支配地域が方数千里、長里として説明した方が適切である。

「赤壁の戦」問題

古田氏の主張。

その時の実践状況に精しい『江表伝』(西晋の虞《ぐ》溥《ふ》の著)によると、「周瑜軍は十舫《ぼう》(もやい船)に魚油をしみこませた枯柴を積み、長江(揚子江)の中ほどに出たとき、「降伏する」と大声で叫び、さらに二里半に接近したとき、枯柴に火を付け、曹操軍の船団に突入させた」。冬場乾季の長江の川幅を問い合わせたところ、四〇〇～五〇〇メートルだとわかった。記事は敵船団に二里半のところで火を付けたといっている。長里ならば二里半は千メートルを超えることになる。短里ならば一八〇メートル程度でぴったりである。

(『よみがえる九州王朝』ミネルヴァ書房)

古田氏の得られた情報は現在のものである。千八百年前も同じ状況であったか検討する必要がある。

赤壁は湖広盆地のほぼ中央にある。盆地であるから、現在でも盆地名のとおり周辺に湖が多い。赤壁の西一五キロメートルには洪湖が広がる。太古、盆地が形成されたとき雨水がたまり、一面湖となっていたものが、流出口の渓谷が深くなるにつれ、水面が下がり、また、湖に流れ込む川が運ぶ土砂が湖底に堆積することによって、さらに水深が浅くなる。

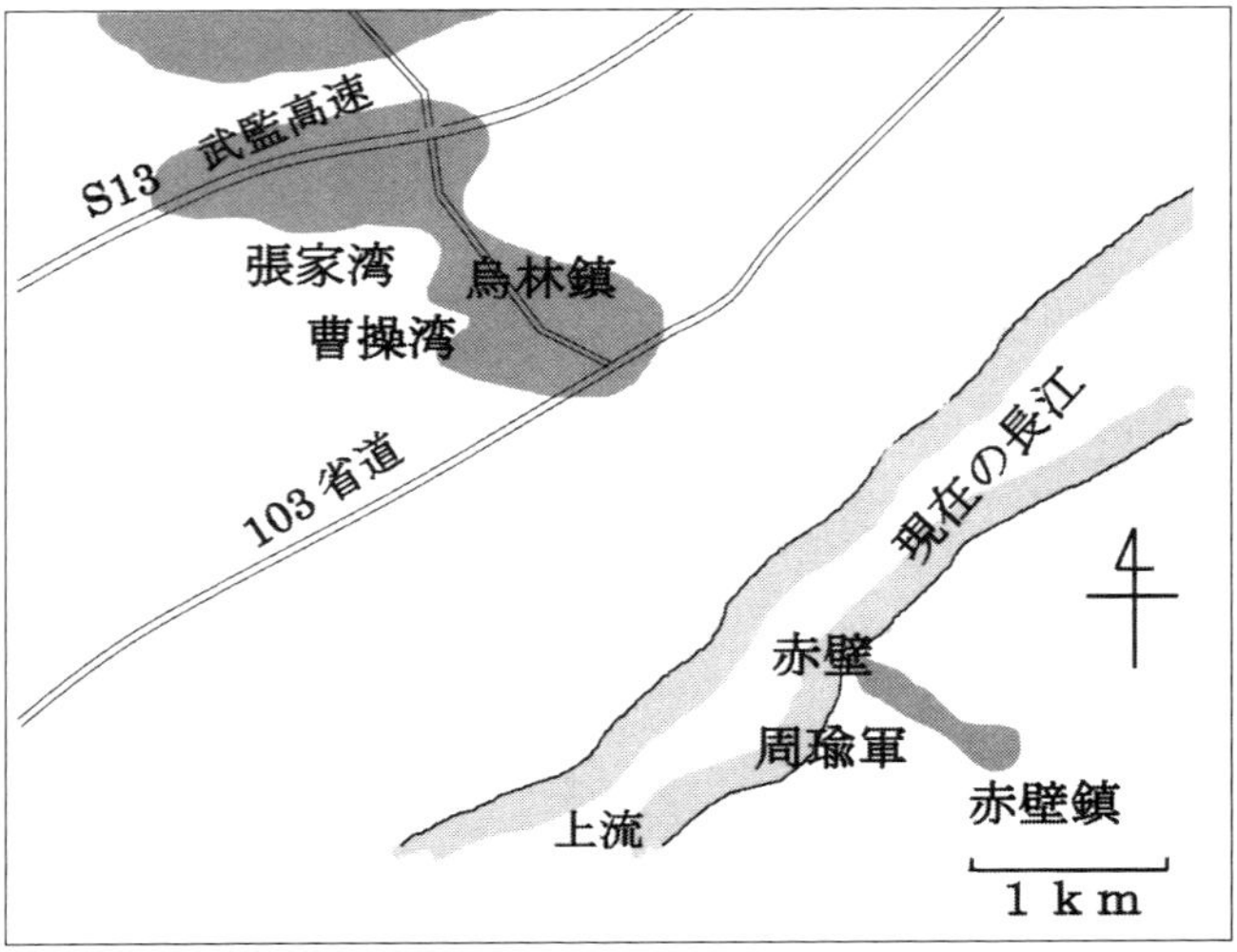

図 14　赤壁付近

これが永年続き現在の姿になっているのである。一八〇〇年という年月は決して短くはなく、日本では、大阪の河内湖が埋まり、筑紫では遠賀川河口付近にあった岡湊が埋まった。河川が流れ込んでいるところの古代の海岸線は、現在の標高三～五メートルの所をたどればおよそのことが得られると云われている。当時の湖広盆地は今よりもさらに湖面が広く多かったと推測される。川の流れもさらにゆるやかであった。

グーグルマップをみると赤壁の西北三キロメートルの所に曹操湾という地名がみえる（図14）。近くには張家湾、古家湾などもある（曹操の家臣に張憙の名がみえる）。いずれも現在は陸地になっており、当時は湾になっていたと考えられる。またグーグルマップの写真をみると、それらの湾の東側の烏林鎮というところは、住宅が密集し町を形成しており、周囲は水田ではなく畑地のようにみえる。赤壁は東南から続く丘陵地が長江によって切断された形になっている。その丘陵が長江を渡って西北側へさらに伸びているようにもみえる。河川の分水嶺をたどると曹操が赤壁の戦で敗れ、退却した道筋と一致する。長江は赤壁のところがネックになり、その上流

（西南側）は大きく川幅が広がり、特に北岸は湾のような形になっていたと思われる。周瑜軍は赤壁（南岸）の上流側に陣を構え、曹操軍はそれに対峙するように、北岸の湾状のところに大船団を繋留したと考えられる。曹操湾は、周瑜軍からは西北の方向で、長里で八里離れている。曹操軍は二十万人ともいわれ、全員が船で下って来たのである。一〇〇人乗りの船でも二〇〇〇隻を要する。川幅が四〇〇～五〇〇メートルでは、船が川幅いっぱいに溢れかえってしまうのではないか。この状況で周瑜軍は東南の風が吹くのを待っていたのである。『三国演義』では、諸葛亮孔明が呪術を使って約束の日に東南の風を呼び起こした、という話になっている。その東南の風に乗って、枯草を積んだ船を西北に走らせ、曹操軍に二里半（約千メートル）の所で枯柴に火を付けた。少し離れすぎの感があるが、曹操軍が偵察船を出してこないはずはなく、これ以上近づくことができなかったものと考えられる。

「渤海周縁、連環の論理」問題

古田氏の主張。

東夷伝に書かれた里数記事は左のようだ（図15）。「（イ）韓地は方四千里。（ロ）高句麗は方二千里。（ハ）夫余《ふよ》は方二千里。（ニ）高句麗は遼東の東千里に在り。（ホ）東沃沮《とうよくそ》は東北に狭く西南に長い、千里なる可し」。すべて短里であらわすと、図のように朝鮮半島の形がよく収まる。

これを半島北部のみを長里にすると、そこはこの図の数倍になるので形が崩れてしまう。

（『邪馬壹国の証明』角川文庫）

古田氏は、実際の地図を用いることなく、ご自分の描いた概念を図に表している。実際の地図に当てはめるとどうなるか、やってみたのが図16である。

図中、韓と高句麗に示す円は短里の方四千里と方二千里に等しい面積である。夫余のそれは長里の方二千里に等しい面積である。東沃沮の長方形の長辺の長さは長里での千里である。

夫余は「長城の北、玄菟《げんと》を去ること千里、南は高句麗、東挹婁《ゆうろう》、西は鮮卑に接し、北に弱水あり」と記されているので、黒竜江支流の松花江流域と考えられる。地図（『地図帳』二〇〇三年版。昭文社）に扶余（現、松原市）という都市がみえる。弱水は黒竜江であろう。扶余は玄菟（遼東の首都、現潘陽《はんよう》付近）より北に約四〇〇キロメートル（長里で約千里）のところ、松花江の辺である。図より、夫余、東沃沮は長里でよく合う。

高句麗は「遼東の東千里に在り。南は朝鮮濊貊《わいばく》、東は沃沮《よくそ》、北は夫余に接する。都は丸都である。大山深谷多し」と記されているので、鴨緑江の万里長

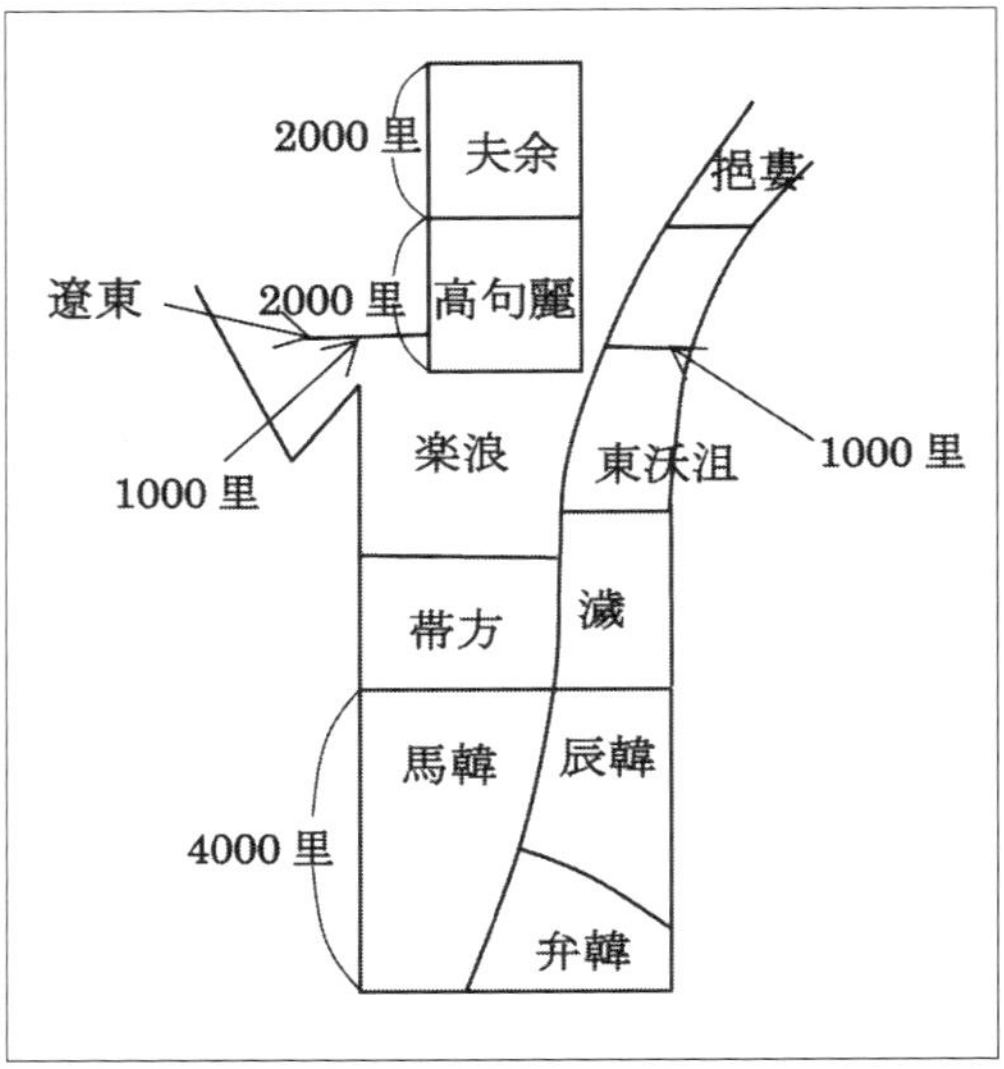

図 15　短里による韓半島
（古田武彦『邪馬壹国の証明』角川文庫をもとに作成）

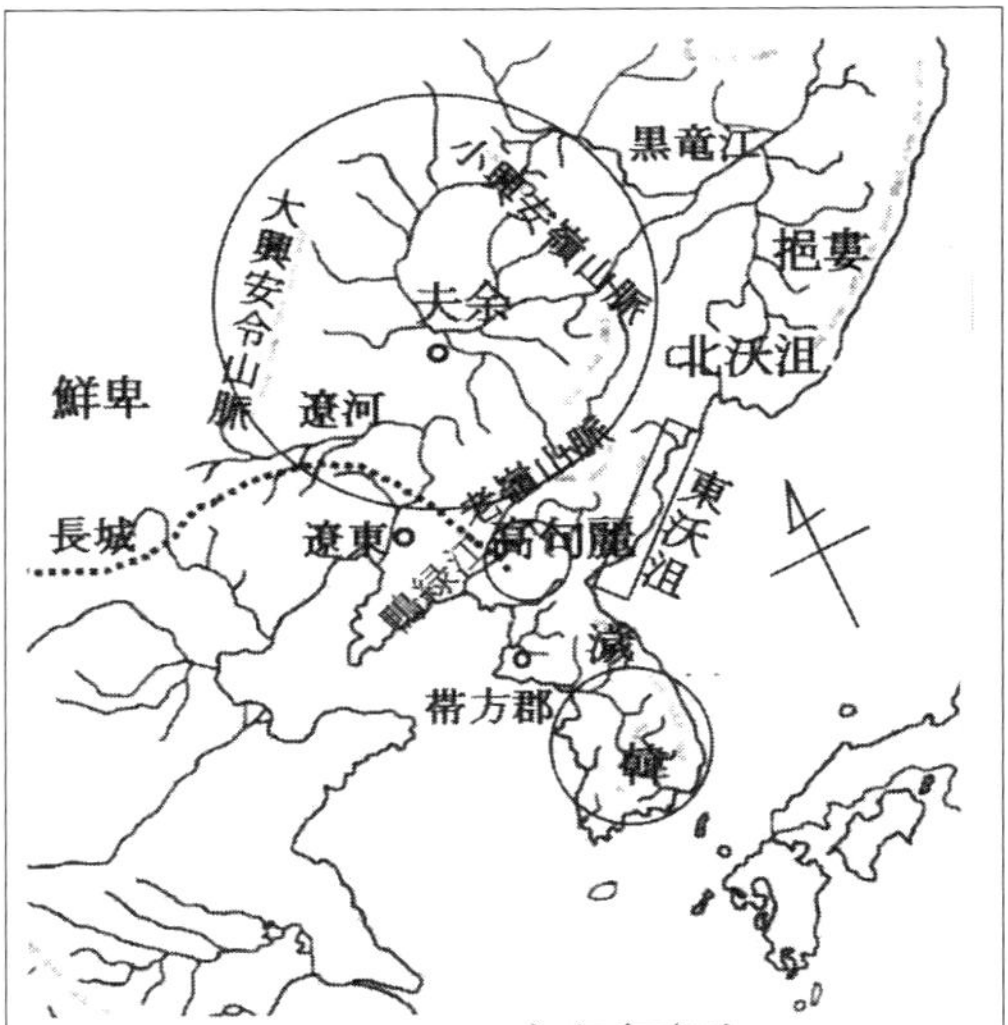

図 16　朝鮮半島とその北方地域の国々

城より上流域を占めると考えられるので、短里で方二千里は小さ過ぎて周辺の国に接することが出来ない。国境は山脈で形成される。首都、丸都《がんと》（集安）は潘陽の東南東約四〇〇キロメートル（長里で約千里）の所にある。実際の高句麗の広さは長里で方千里といったところであるが、当時の高句麗は中国に度々反抗した強国であり、「多大山深谷」と記されているように、上流の方はよくわからないこともあって、大目に見積もったと考えられる。韓以外は長里で表されていることがわかる。古田氏の概念図は半島の北方地域が大きく崩れている。

ちなみに、対馬と壱岐の方四〇〇里と方三〇〇里もそれぞれ短里の四〇〇里平方、三〇〇里平方の面積に等しい長方形、円とほぼ合う。

「天柱山」問題

『魏書』十七に「成遂将其衆就蘭、轉入灊山。灊中有天柱山、高峻二十餘里。道険狹、歩徑裁通、蘭等壁其上」と記されているが、古田氏はこれを「太祖の命をうけて、長社（河南省長葛県の西）に屯していた張遼が、天柱山にこもった叛徒、陳蘭・梅成の軍を討伐し、これを滅ぼした、という記事の一節である。その天柱山の高さが『二〇余里』だというのである。天柱山の高さは一八六〇メートルで、短里とすればぴったりである」（『邪馬壹国の論理』ミネルヴァ書房）とある。

他の人が「山の高さでなくて、道程だ」と説明しても古田氏は受け付けない。文脈から言えば、軍事上必要な数字は山の高さではなくて、敵のたてこもった場所までの道程である。その道のりが「高峻二〇里」すなわち「高く険しい道が二〇里続く」と採るべきなのは当然であろう。敵は天柱山の頂上に居るわけでもない。グーグルマップの写真をみると、天柱山は安徽省安慶市潜山県にある。山頂は巨大な岩柱が屹立している。陳蘭・梅成が立てこもったのはおそらく岩柱下の茶庄村というすこし開けた所であろう（図17）。現在、天柱山郵政所の名が見える。ふもとの天柱山鎮（潜水という川の辺）から北北西に天柱山頂上まで水平距離約九キロメートル、ふもとの茶庄村まで約六・三キロメートル。茶庄村まで車道があるが、ヘアピンカーブがあるなど急勾配であることが見て取れる。茶庄村から潜水川まで水平距離でもっとも近い所は天柱山鎮より四キロメートルほど上流の白水村で、その間であれば三・五キロメートルである。そこから登ればさらに急斜面で、グーグルマップの写真を見ると、現在でも車道はなく、尾根沿いの山道が見えるだけである。道程は水平距離の二・五倍くらいとすれば、ちょうど、長里の二十里（八・七五キロメートル）である。

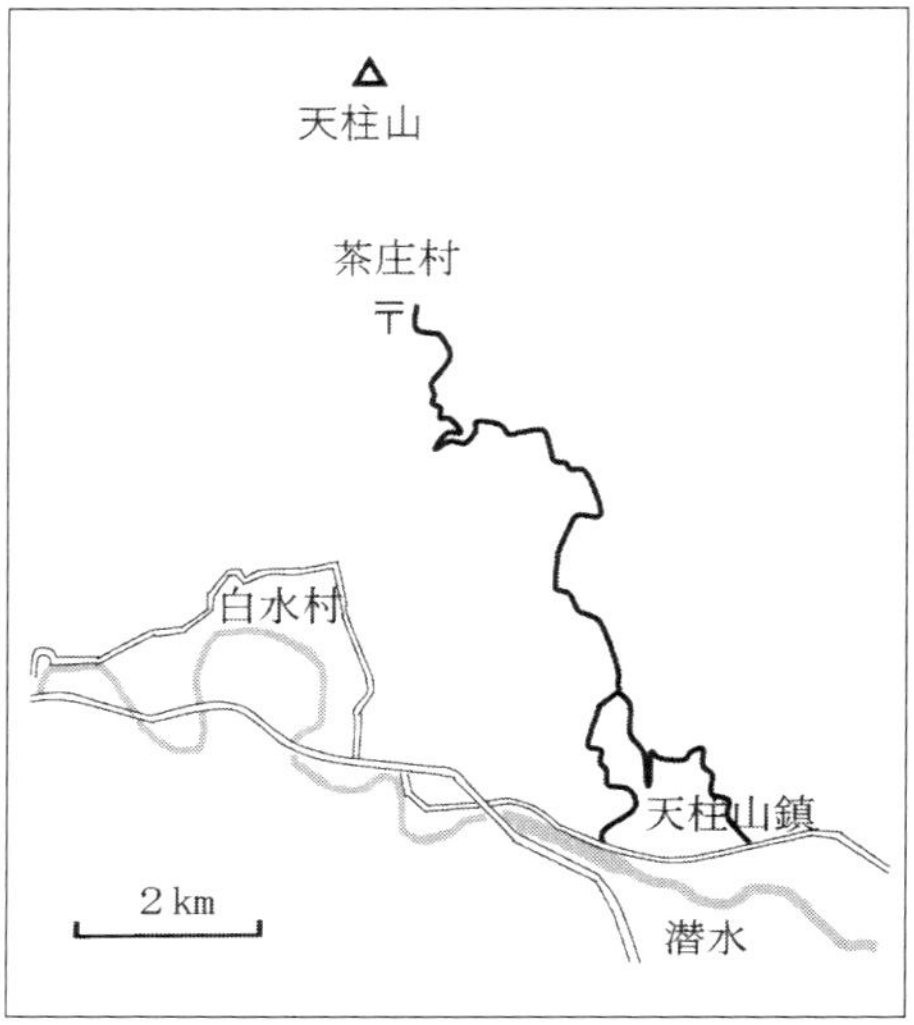

図 17　天柱山周辺

「千里の馬」問題

古田氏の主張。

「千里は長里ならば四三四キロメートル、短里ならば七五キロメートル程度である。人を乗せた軍馬で、一日四三四キロメートル行軍するのは不可能に近い。普通の軍行は日に長里で三〇里（一二キロメートル余）なので、七五キロメートルも行くことができるのは名馬である」（『日本古代新史』新泉社）

「千里の馬」の出典は、漢の『韓詩外伝』に「驥《き》（＝名馬）をして伯楽を得ざらしむれば、安《いずく》んぞ千里の足を得ん」や韓愈《かんゆ》雑説の中の「千里の馬は常に有るけれども伯楽は常には居ない」である。「千里の馬」は「一日に千里を走る」ということであるが、馬に要求されるのは、その速さである。大谷投手が「一時間に一六〇キロメートルの球を投げる」といっても、大谷投手の球が一六〇キロメートル先まで届くという意味ではないことと同じである。古代においては、誰にでもわかる時間の最小単位は「一日」であった。『三国志』では、「一日」は日の出から日の入りまでの昼間を指す。一昼夜の行軍の場合は「一日一夜行」と表現されている。昼間十二時間で千里（約四三四キロメートル）の速さは、時速三五キロメートルとなる。競走馬は時速六〇キロメートル程度、駅伝選手は時速二〇キロメートル程度であるので、馬が、現在のように改良されていない時代、比較的長時間走るとすれば時速三五キロメートル走れるのは名馬になろう。伝令が、この馬を乗りついで走らせれば、一日で千里先まで伝えることができる。

すなわち、「日速千里の馬」である。名馬とは、伝令が使うような速く走れる馬の中でも特別に速い馬のことである。

張政の誇張報告

しかし、倭人伝においてなぜ短里で書かれているのかについては、古くは白鳥庫吉（東洋史学者、東京帝国大学教授）が、「魏使が恩賞目当てに誇張して報告した」という誇張論を唱えたが、特定の地域では短里が使われていた（安本美典氏ら）という意見の方が多い。魏朝において長里と短里を併用することは考え難いことで、短里は辺地でそこの民族で使われていたのではないかという。その証拠が見つかれば、それで結着するのであろうが、いまのところ、そのような情報はないようである。

とすれば、やはり誇張説が復活するのではないか。白鳥は「『恩賞目当て』あるいは、当時、魏は公孫氏や高句麗を討ち、楽浪、帯方の二郡を置いて勢いが盛んであり、魏の中央政府が倭国征討を唱えようとしていた。戦乱を嫌う地方（帯方郡）の役人が、この動きを封じるため、倭は遠隔の地であると報告した」（「卑弥呼問題の解決」〈『白鳥庫吉全集第一巻』岩波書店〉）としているが、実証的な根拠がないとして退けられてきた。そうであろうか。

「恩賞目当て」に誇張報告をしたかもしれない人物がいる。『魏志』倭人伝に登場する塞曹掾史張政である。彼は低い身分ながら抜擢されて、邪馬台国救援使節団の長として倭地に渡り、邪馬台国を大国に造り変えた。恩賞を得るためには、そのことを証明しなければならない。その経過報告だけでなく、倭国の風俗、近辺の国々、その他でき得る限りの情報を集め、書にした。そして、邪馬台国の位置については、当時、魏と対峙していた呉の東にあるように経路を誇張して報告した。もともと漢の時代から、倭国は会稽東治の東にあるのではないかという未確認情報に合せるためである。そうすることによって魏皇帝を満足させようとしたのではないか。

その際、古田氏が指摘する「周《しゅう》髀《ひ》算経《さんけい》」を知っていて、誇張の度合いを決める時に、それを採用したのかも知れない。その方が、万一、誇張を咎められた場合の口実になる。「周髀算経」とは、後漢末に成立したもので、「周の地で、夏至の日の南中時、地面に垂直に立てた八尺の周髀の影の長さは一尺六寸であるが、南へ千里の所では一寸短く、北へ千里の所では一寸長くなる」とされている。谷本茂氏が計算したところ、千里は七六〜七七キロメートルとなった（「『周髀算経』の里単位について」『季刊邪馬台国』三五号、梓書院）。

三韓の大きさ方四千里も張政の報告である。そうでなければ帯方郡から南や東に行って狗邪韓国まで七千里にならない。

倭人伝の最後に記されているように、張政は帰国に際して、台与が献上品とともに付けた二十人の朝貢団と臺（魏の宮殿）に詣でている。張政にとっては、その朝貢団は成果の証人となるのである。

この張政による倭国についての詳細な報告があったがために、陳寿は倭国について多くのことを書き記すことができたとも考えられるのである。

陳寿は二三三～二九七年に生きた人であるから、張政が倭国へ派遣された時（二四八年）は陳寿一五歳の時となる。張政も比較的若かったと考えられるので ほぼ同時代に生きた人といえる。したがって、張政の帰国後の動向は、直接会ったことがあるかどうかはともかく、耳に入っていたと思われる。

陳寿は張政に好感をもてなかったのではないか。報告書に偽りを記すような人物はやはりその人柄がにじみ出るもので、証拠はなくても何となく信用できない人物と感じ取ったのではないか。それが倭人伝において張政の活躍を最低量の記述にとどめるということになったのではないだろうか。

陳寿の解釈

「会稽東治の東」

張政の倭国への路程の誇張報告が魏臺に残り、それを陳寿が採用して倭人伝を書き上げたとすると、陳寿は倭国への路程をどのように解釈したのであろうか。

陳寿は「倭地は、道里を計るに、会稽東治の東にあるべし」と記している。『後漢書』では「会稽東冶」となっている。当然、陳寿は、この路程を長里（一里＝四三四メートル）で示されていると解釈したはずである。張政の報告書で長里と短里が併用されていたとしても、陳寿がそれを倭人伝の中で断っていないところをみると、陳寿はそれを知らなかったことになる。古田武彦氏は、「魏では、すべて短里で認識されており、『郡より女王国まで万二千余里』と書かれているので、陳寿は『帯方郡から万二千里南に邪馬台国がある』と考えたのだ。そうすれば、邪馬台国の位置は会稽の東の辺りに来る。東治が東冶でも誤差の範囲である。もし長里とするならば、帯方郡から万二千里（五二〇〇キロメートル）南ということは、邪馬台国は遙か赤道を越えていってしまう」（『よみがえる九州王朝』ミネルヴァ書房）というようなことをいっておられる。しかし、これはあまりにもひどい考え方ではなかろうか。陳寿は万二千里南に倭国があるとは書いていない。ある時は南に、ある時は東に、そしてある時は南東に行き、その合計の道程が万二千余里と書き記しているのである。それを単純に「南に真直ぐ」と陳寿が計算したと考えることは、陳寿の思考能力を幼児並に低く見積もっていることになる。

陳寿は、魏に残された資料は、すべて長里であると受け取った。短里があるなど夢にも思わなかったのではないか。陳寿は彼の知り得た情報をもとに計算した。すなわち、『三国志』に書き連ねた情報である。陳寿の計算した道里を推定してみる。

まず遼東を基点にする。遼東や帯方郡の位置は魏の国内であるから、ほぼ正確に知っていたであろう。帯方郡の位置は平壌の南七〇キロメートル付近ではないかといわれている。遼東から帯方へ南北方向の距離は南七〇〇里（三〇〇キロメートル）くらいである。ソウル近郊なら南へ千里（四三〇キロメートル）である。帯方郡から倭国へは倭人伝の資料で考える。帯方郡から倭国の北端狗邪韓国へは南や東に方向を変えながら七〇〇〇里である。倭の位置は帯方郡の南東ということなので、南と東に同じ道程だけ行ったと考えると、狗邪韓国の南北方向の位置は郡から南へ三五〇〇里ということになる。帯方郡より女王国まで「万二千余里」で、狗邪韓国からは残り五千余里であるが、対馬から一大国（壱岐）までは南一〇〇〇里、末羅から伊都国まで東南五〇〇里とあるが、他は方向が不明である。しかし、冒頭に倭地は郡の南東にあると記されているので、この五千里余も南東へ行くことになり、ジグザグではなく南東へ直線的に行くことも考えれば、南北方向の位置は狗邪韓国の南二五〇〇から三〇〇〇里と見積もられる。

合せて、遼東から狗邪韓国は南へ四二〇〇里から四五〇〇里、邪馬台国へは六七〇〇里から七五〇〇里ということになる。

一方、中国本土側では、洛陽から遼東まで東北へ四〇〇〇里（『三国志』巻三／『魏書』三／明帝紀）とある。実際の洛陽・遼東間直線距離は約一二〇〇キロメートル（約三〇〇〇里）なので道程として妥当である。南北方向へは北へ二五〇〇里程度となる。呉の都建業（現、南京市）の位置は正しく知っていたとして、洛陽から南北方向に南へ七〇〇里（三〇〇キロメートル）。呉の国の広さは古田氏がよく取り上げていた江東方数千里（『三国志』巻五四・『呉書』九・周瑜魯粛呂蒙伝第九）という情報から、会稽（現、紹興市付近）は建業の南一〇〇〇里、東冶（現、福建省福州市付近）は建業の南三〇〇〇から四〇〇〇里と見積もる。そうすると、会稽は遼東の南四二〇〇里、東冶は遼東の南六二〇〇里から七二〇〇里となる。

このように考えると、倭国の北端狗邪韓国は会稽のほぼ東に、南端の邪馬台国は東冶のほぼ東に位置することになる。

会稽、東冶は、当時魏と覇権を競っていた呉の領地である。陳寿は「倭国は呉の東にある」ことを確かめたのだ。会稽、東冶の実際の位置は異なるが、陳寿とて蜀の出自で、後に魏に仕えた身であり、三国の争いの戦場となった長江以北の地理には詳しいが、行ったこともなく、情報も少ない長江より南の呉の領域の知識はおぼろげであったのだ。

実際、『三国志』呉書において三国の争い以外の南方の地点間道程が記されているのはまれである。筆者は「固陵・査瀆間数十里」を見つけたにすぎない。

会稽・東冶間は海路を使ったという記事もある。

日数表示の解釈

もう一つ陳寿の思考を検討しなければならない。

それは日数で示された「南投馬国に至る水行二十日、南邪馬壱国へ至る水行十日陸行一月」の部分である。筆者は第二章で、里数は実際に合う短里として、投馬国は豊国として帯方郡から水行二十日、邪馬台国は同じく帯方郡から水行十日陸行一日とした。しかし、陳寿が里数を長里と受け取ったとしたら、この日数の部分をどのように理解したのだろうか。帯方郡から邪馬台国まで水行十日陸行一日で行ける道程ではない。陳寿は苦慮したに違いないと思うのである。筆者が求め得た合理的な考えは、投馬国を狗邪韓国内の港のある小国と考え、「帯方郡から狗邪韓国内の投馬国まで水行二十日、投馬国から邪馬台国まで水行十日・陸行一月」である。帯方郡から狗邪韓国までの七千里を二十日で船で行くということは、一日十四時間漕ぐとして、韓国西岸沿いの黄海に流れ込む対馬海流の反転流や南岸沿いの対馬海流の助けを借りても時速一〇キロメートル程度は出さなければならず、かなり苦しいが不可能な値でもない。対馬海峡は対馬・壱岐・末盧へ各三日昼夜を問わず交替で漕げば何とか渡れる計算である。残りの二千余里は一か月の陸行（一日三〇キロメートル）で行けることになる。これで、邪馬台国への日数よりも投馬国への日数が先に書かれていた謎も解ける。

あるいは二章で述べたように、伊都国から千五百余里（約六五〇キロメートル）にかかる時間と考えたかもしれない。これだと水行十日陸行一月でも十分行けることになる。投馬国への水行二十日も伊都国あるいは不弥国からの日数である。この場合は、伊都国の南も海であると解釈したことになる。九州の地形を知らないのであるからやむを得ないことである。

いずれにしても、原資料に「一日」とあったのを、陳寿は「道程は長里で表されている」と解釈したので、「陸行一日」はあまりにも短く、「一月」の誤りであると受け取ったのである。

この「南投馬国へ水行二十日、南邪馬台国へ水行十日陸行一日（原文一月）」という情報は、後の渡航者あるいは台与の派遣者から聞き出された情報と考えられる。台与が豊前にいたときであれば、投馬、邪馬台国とも帯方郡からの所要日数を表していると考えられることは前に述べた。もし台与が都を大和へ遷した後のこととすれば、「帯方郡から豊前まで南へ水行二十日、豊前から大和まで東へ水行十日、陸行一日」となり、投馬国までの道程が先に書かれていたこと、日程ともに、また、当てはまることになる。しかしこの場合は豊前から大和までは南ではなく東でなければならない。原資料に東とあったのを陳寿の前述の解釈から陳寿は南でなければならないと思い修正したことが考えられる。

張政は倭国へ渡るに先立ち倭国についての情報を集めたに違いなく、その時、韓の面積も邪馬台国への道程も記録がないことを確認していたに違いない。既に確かな情報があれば虚偽の報告はし難いことになるからである。『隋書』倭国伝に記されている「東夷の人は里数を知らず、日を以って計る」とも符合する。

その後、この倭国への道程は訂正されることなく、後代まで伝えられることになる。『隋書』では「倭国は、百済や新羅の東南、水陸三千里のところにある」とし、『新唐書』では「京師（長安）から万四〇〇〇里、新羅の東南にあたる」とされている。長安から遼東を経由して旧帯方郡まで六〇〇〇里とすれば、そこから倭国まで八〇〇〇里（三〇〇〇キロメートル余）となり、倭国の都を大和としても実際の倍の道程である。遣唐使の行路のひとつとみなされる上海付近経由であると、長安・上海間は四〇〇〇里ほどとみなされるので、上海から倭国まで一万里となる。一四〇二年に李氏朝鮮でつくられた地図「混一《こんいつ》彊《きょう》歴《れき》代《だい》国《こく》都《と》之《の》図《ず》」も、朝鮮半島の大きさ、倭国の位置は、この『魏志』韓伝および倭人伝の情報に基づきつくられたと考えられる。ただし、日本列島の形はその後の情報ということになる。この日本列島の形が邪馬台国時代の中国の認識だという人がいるが、十二世紀に南宋でつくられた「古今華夷区域総要図」では中国東の海中に国名を楕円で囲んだだけの島が沢山浮かび、「日本」は長江の沖に、「倭奴」はその右上にかなり離れて記されている。各島の形や大きさは全く示されていない。そのほか洋上にある国として、「東海」、「扶余」、「毛人」、「流求」、「昌国」、「蝦蛦」などがみえる。

再考「水行十日、陸行一月」

『魏志』倭人伝に「南投馬国へ水行二十日、南邪馬台国へ水行十日、陸行一月」とあることに対し、前項では、①投馬国、邪馬台国とも帯方郡を出発点とする説と、②投馬国は中継点で、帯方郡から投馬国を経て邪馬台国へ到達する説が考えられることを示した。また、それは倭人から聞き出したものとした。そのどちらの可能性が高いのだろうか。

投馬国、邪馬台国へのそれぞれの水行行程は二十日と十日で、二倍の違いがある。①の場合、それを帯方郡から九州のどこかにたどり着くための行程だとすると、邪馬台国へは十日で末盧（松浦半島または唐津）に着くのであるから、投馬国はそれからなお十日、つまり、帯方郡・末盧間と同じ行程を末盧から行かねばならない。それは末蘆から途方もなく遠くになってしまう。投馬国については人口、官名が明記されているのだから、邪馬台国に隣接した国であろうとする推察にも矛盾する。①の説は矛盾が多いことがわかる。②の場合はどうであろうか。帯方郡から筆者の想定した投馬国＝豊前まで二十日、豊前から大和まで水行十日、陸行一日（原文一月）

であるが、帯方郡・末盧間約八百キロメートル（帯方郡がソウルの場合）～千百キロメートル（同ピョンヤン南方数十キロの場合）を二十日で行くとすれば、一日当たり四〇～五五キロメートル、豊前行橋市付近から大阪湾河内湖奥（東大阪市、生駒山麓）間、水路約四五〇キロメートルを十日で行くとすれば、一日当たり四五キロメートルとなり、一日の水行行程がほぼ一致する。また一日の行程も五〇キロメートルほどとなり、これを昼間一二時間で行くとすれば、時速四キロメートルほどで、人の歩く速さに近く妥当な速さである。このことから、日数表示の情報は帯方郡・大和間の移動に要する日数であった可能性が強い。すなわち、台与が都を大和に遷したあとに朝貢したときの報告によるものになる。中継点の投馬国（台与国＝豊国）も旧都であるから当然言わねばならない場所である。

そうすると、あらたなことが見えてくる。行程を里数で示した張政は卑弥呼の都である邪馬台国について言及しなかったことも考えられるのだ。それは張政が来倭したとき、卑弥呼の都はすでに陥落しており、卑弥呼は北方へ退避していたとする筆者の推定に符合する。ただし、投馬国の戸数や官名は張政の報告に入っていたと考えられる。七万戸は女王国の戸数になる。里数表示の部分は奴国、不弥国を除いて張政の報告とすれば、対馬千戸、一大国三千戸、伊都国千戸と記してきて、女王国や投馬国のような大きな国の戸数を記さないはずはない。

つまるところ、陳寿は魏使と倭人からの最新の情報を主体にして帯方郡から倭国への行程をまとめたのではないか。すなわち、二四八年に倭へ渡った張政の情報と二六六年に朝貢した台与の遣使からの情報である。

ところが、張政が倭国へ渡った時には卑弥呼の都は既に陥落しており、しかも、張政は里数を数倍に誇張した。一方、台与が朝貢した時には都を大和へ遷した後の邪馬台国までの日数が聞き出された。その行程の情報を組み合わせて作った『魏志』倭人伝の陳寿の倭国への行程説明は、後人には理解し難いものになってしまったということであろう。

『魏志』の写書は「聞き書き」もあった

『魏志』倭人伝において、景初二年（二三八）、卑弥呼が朝貢し、その返礼の品々を列記しているところで、小さい字で補足したところがある。本文の中の「絳地」について「臣松之は、地は綈に対応する。漢の文帝は皀衣《そうい》（黒い衣）を着るが、これを弋綈《よくてい》と言うのである。この字は体をなさない。魏朝の過失にあらず、写書者の誤記である」と説明している。

すなわち、「地」は「綈」の誤りだというのである。これは字の「形」が似ているからでなく、「音」が似ているから、すなわち「聞き書き」であったことを示唆している。同じように音による間違いは、もう一か所ある。「真珠、鉛丹各五十斤」である。「斤」は重さの単位であり、真珠を重さで量るのはおかしい。ほかの箇所では「白珠五千」のように個数であらわしている。「真珠」と「鉛丹」を並べて記したこともおかしい。「真珠」は「真朱」または「辰砂」の誤りであるという指摘（市毛勲『朱の考古学』雄山閣）があったがその通りだと思う。ここも「音」の誤りである。このことは、一度に多くの写本を作るために、一人が原本を読み上げ、多数の人がそれを書にするといった手法が採られていたことが推測される。これは誤りを生じやすい手法であり、『魏志』倭人伝に全く誤りがないと信じることはかなり危険である。

邪馬台国畿内説について

奈良県桜井市三輪山近くで纏向遺跡《まきむくいせき》が発見されて

以来、邪馬台国畿内説に賛同する人が増えている。

その主な根拠は、

①年代的に纏向遺跡の出現は、三世紀前半から四世紀初めと、まさに卑弥呼の時代に合致すること。

②纏向遺跡から出土する土器は、九州から南関東にいたる全国にわたるもので、纏向が当時の日本列島の大部分を統括する交流センター的な役割を果たしていたと思われること。

③初期の前方後円墳は大和を中心に出現しており、墳形、墓の巨大化、葺石、特殊器台、巫女や家形の土製品といった技術は、吉備・阿讃の東瀬戸内地方から導入されたとみられ、北九州にその元をみつけることはできないこと。

④「景初三年」など卑弥呼の遺使との関係をうかがわせる銘のある三角縁神獣鏡が畿内を中心に出土していること。このことは、畿内勢力が中国の年号と接しうる時代にあったと考えられること。

⑤『日本書紀』神功紀では、『魏志』と『後漢書』の倭国の女王を直接神功皇后に結び付け、神武天皇の東遷の後の時代のこととしていること。『晋書』帝紀では邪馬台国を「東倭」と表現していること。また、『隋書』では、都する場所ヤマトを「魏志に謂うところの邪馬臺なるものなり」と同一視していること。

⑥北九州は二世紀前半まで栄えたが、その後衰えたのに対し、大和は二世紀後半から栄えはじめ逆転している。また、九州には大きな都市遺跡あるいは卑弥呼の墓とみられる大きな墓がみつかっていない。

といったところである。

この根拠について検討してみよう。

①纏向遺跡の始期が邪馬台国成立の時期と一致しているからといって、それが直ちに邪馬台国といえない。必要条件ではあるが、十分条件ではない。「記紀」では神武天皇は「東によき国ありと聞く」といって東遷を始めたのである。筆者の説では、豊

国の王女であった台与が卑弥呼の死後、宗女として邪馬台国を引き継ぎ、九州を統一したのち、その余勢を駆って、全国統一を目論み興隆著しく、統一したのちの都として最適な大和へ攻め込んだのである。卑弥呼が九州にいたとき、纏向もまた発展していることに何の矛盾もない。

②「記紀」では神武天皇が東遷する前に、同族の饒速日命が大和に降臨して、長髄彦とともに都市を建設したと記している。筆者の考えでは、その時期は、卑弥呼が北九州で活躍している頃、三世紀前半である。また、饒速日命は交易国家豊国の人なので、交易者として纏向に商業都市をつくったのではないかと第四章に示した。

③第四章で述べたように、初期の前方後円墳が吉備、阿讃の技術によるとみられるのは、瀬戸内海を制していた豊国が取り入れたとみるのが最も合理的である。豊国が、瀬戸内海を東西に交易していた交易国家とすれば、その性格は伝統を守るというより、常に新しい魅力的なものを取り入れていく進取の気概が強かったと考えられる。吉備で考案された前方後円墳の原型を真っ先に取り入れたと考えられる。庄内式の時代（三世紀前葉）の定型化前の前方後円墳の分布は、東は大和の四基、西は九州武雄の杵島山古墳まで瀬戸内海を東西に広がっている。それは、筆者から見れば、台与・豊国の抑えた地域なのである。大和の地にあるのは、『日本書紀』のいう所の饒速日命一族のものではないか。饒速日命は神武天皇の東遷前に、大和の王（天神の子）であったと『日本書紀』に記されている。

④三角縁神獣鏡は既に、中国ではまったく発見されないことから仿製鏡とみられること。しかも、すでに五〇〇枚を超える枚数が見つかっている。二世紀後半の平原遺跡からは、直径四六センチメートルもの仿製大型鏡が出土しており、わが国の鏡製作技術は高度なものであったことがうかがえる。

鏡製作にあたって、卑弥呼に下賜された鏡に刻んであった年号を含む文字を写したことは十分に考えられることである。鏡は呪器として使われていたので、呪文を勝手に変えることなどできない。また、鏡は持ち運びできるものである。台与が卑弥呼から受け継ぎ、それを大和へ持ち込んだことは、容易に考えられることである。

さらに、黒塚古墳（天理市柳本）における出土状況をみると、被葬者の頭上に置かれていたのは、画文帯神獣鏡であり、三角縁神獣鏡は棺の外に並べられていた（三十三枚）（森浩一『古代史おさらい帖』筑摩書房）。しかも、森浩一氏によれば、発掘時、半数は鋳放しのままで、鈕の穴に鋳物土が詰まっていたという。また、紫金山古墳（昭和二二年発掘）でも三角縁神獣鏡は棺外にのみ置かれていたという。このことから三角縁神獣鏡は重要な鏡ではないと考えられる。

⑤『晋書』は六四八年、『隋書』は六三六年、いずれも唐の時代に編纂されたもので、この時代、倭の都が大和にあったことは唐にも知られている。邪馬台国東遷のことを知らなければ、三世紀の「邪馬台国」も大和にあったに違いないと思うのは当然であろう。『晋書』の場合はかつて漢の時代に倭国が九州にあったことを認識し、「東倭」と名づけたのだ。現在、日本において「畿内説」を唱えておられる方々と同じ考えを持ったということだ。この記事は「邪馬台国畿内説」を証明するものにはならない。

⑥既に第二、三章で述べているように、卑弥呼の時代、女王国は狗奴国との抗争で疲弊していた。敗北が決定的になったので、魏に救援を求めたのである。大都市や豪勢な宮殿を建てる余裕はなかった。『魏志』倭人伝が伝える「邪馬台国七万戸」は広義の邪馬台国（女王国）の人口であり、「婢千人を侍らしむ」は報告者張政の誇張である。

以上のように、畿内説が根拠としている事柄はいずれも邪馬台国が畿内にあったことの決定的な根拠とはならず、むしろ、豊国東遷の裏付けとなるものである。

さらに、疑問点を挙げると

①『魏志』倭人伝には、塞曹掾史張政は卑弥呼の後に立った台与にも檄を告げている。それなのに、伊都国から一か月もかかる大和の地への道程が示されていないことについて、張政は伊都国から動かなかった（大和へ行かなかった）とするのは理屈が合わない。

②鬼道で物事を決めていく政治を行える国の大きさとしては、筑紫国位が限度の大きさと考える。

③「邪馬台国七万戸（約三〇万人）」ということにも畿内説は無理がある。前述の寺澤氏の計算でも、大和盆地では五万人ぐらいが精いっぱいということである。畿内説のいうところの女王国（大和から瀬戸内海沿岸、北部九州）の人口とすると、今度は少なすぎる。

筑紫国（福岡平野、筑後平野、佐賀平野）ならば三〇万人は不可能ではない。

④『魏志』倭人伝にいう「その国、本また男子をもって王となす。とどまること七・八十年、倭国乱れて、相攻伐すること歴年、すなわち共に一女子を立てて王となす。名づけて卑弥呼という」について、畿内説は、後半の倭国が乱れたあとのまとまりだけを取り上げて、西日本の国々が相談して卑弥呼を共立したとしている。前半の「その国は本来、男子が王になり、それが七・八十年続いた」ことには触れようとしない。卑弥呼共立が三世紀初頭とすると、倭国乱れる前の「男子王」の時代は、まさに伊都倭国・倭奴国の時代になってしまうからだ。伊都倭国・倭奴国の領域が西日本域にわたるとは考古学的には考えられない、というのは共通した認識である。「その国、男子をもって王となす」とする国が九州北部の国で、共立してできた国が西日本という何十倍も大きな国という

のはおかしなことではないか。その国が大和地方の国としても同じことである。「その国」とは共立してできた国と同じ領域であってはじめて表現できる言葉である。すなわち、邪馬台国はもと倭奴国といわれていたのが卑弥呼共立によって、王家が替わり、卑弥呼出自の国名をとって改名されたとみるのがごく自然な表現であると考える。『後漢書』も「倭奴国」と「女王国」は同じ地域（大倭王は「邪馬台国」に居する）と考えている。

その上、第二章で示した「道程論」の危うさがあり、また、安本美典氏が指摘している①畿内で発見された古墳にみられる副葬品を入れる習慣および副葬品の種類が北九州のものと同じで、北九州から伝わったとみられること、②畿内の弥生時代の銅鐸文化がこの時代消えてしまったこと、③鉄や絹といった産物は北九州において盛んであったこと、④南方性の風俗が『魏志』倭人伝に記されていることについて、ほとんど反論がなされていないことなど、畿内説には否定すべき事項が多すぎる。

最近、纏向遺跡の発掘に携わった関川尚功氏は弥生遺跡の「唐古・鍵遺跡」や「纏向遺跡」から、大陸系遺物がまったく出ないことから、「邪馬台国大和説」に疑問をいだかれている（「考古学の立場からみた『邪馬台国大和説』への疑問」邪馬台国の会第三三五回講演会概要、二〇一五年）。

高地性集落と巨大地震

弥生時代において、主に瀬戸内地方にみられる高地性集落は、第一次が弥生中期後半から後期初め（前一世紀後半〜一世紀）、第二次が弥生後期（二世紀）、第三次が三世紀前葉にピークがあると云われている（寺澤薫、前出）。高地性集落とは、日常の生活を送るには適さないような山上や急斜面の丘陵の上に造られ、一時的な避難場所とも異なり、そこで生活を営んでいる集落である。その理由については、近畿と北九州の間でなにか異常な緊張を生みだしたのであろうとする以外、結論を得ていない。

最近、地震研究者の発掘調査から古代の地震跡も発見されるようになってきた。

寒川旭氏(元通産省工業技術院地質調査所に勤務)は、著書『地震の日本史』(中公新書)で、弥生から古墳時代までの地震の痕跡を示す遺跡を調べられている。地層の断面をみると地震の際に生じる液状化現象の痕を見ることができる。水を含んだ砂層が上の粘土層を引き裂き、その上の層に噴出しているのがわかるという。寒川氏の示した弥生各期に発見された地震痕のある遺跡を期毎に整理すると、次のようになる。

①Ⅰ期(前三世紀):久宝寺遺跡・田井中遺跡・志紀遺跡(以上八尾市)、池島遺跡(東大阪市)

②Ⅱ~Ⅲ期前後(前一〇〇年前後):原川遺跡(掛川市)、針江浜遺跡(滋賀県高島市)、正言寺《しょうごんじ》遺跡(長浜市)、津江田湖底遺跡(草津市)

③Ⅲ期(前一世紀):松林遺跡(高松市)

④Ⅲ~Ⅳ期(前一世紀~一世紀):下内膳遺跡(淡路島東部、洲本市)、瓜生堂遺跡(東大阪市)

⑤Ⅴ期の初め頃(紀元一世紀ころ):淡路島野島断層

⑥Ⅴ期(二世紀):上沢《かみさわ》遺跡(神戸市)、二伝寺《にでんじ》砦《とりで》遺跡(藤沢市)、林・藤島遺跡群泉田地区(福井市)、臼久保遺跡(茅ヶ崎市)、黒谷川宮の前遺跡(徳島県板野郡板野町)、黒谷川郡頭《こうず》遺跡(同板野町)

⑦Ⅴ期末(二〇〇年前後):黒谷川宮の前遺跡の二回目の地震

⑧古墳時代(庄内式併行期、三世紀前半):黒谷川宮の前遺跡の三回目の地震、下田遺跡(堺市)、志紀遺跡(八尾市)

震源地については、図18が示され、図中、六八四

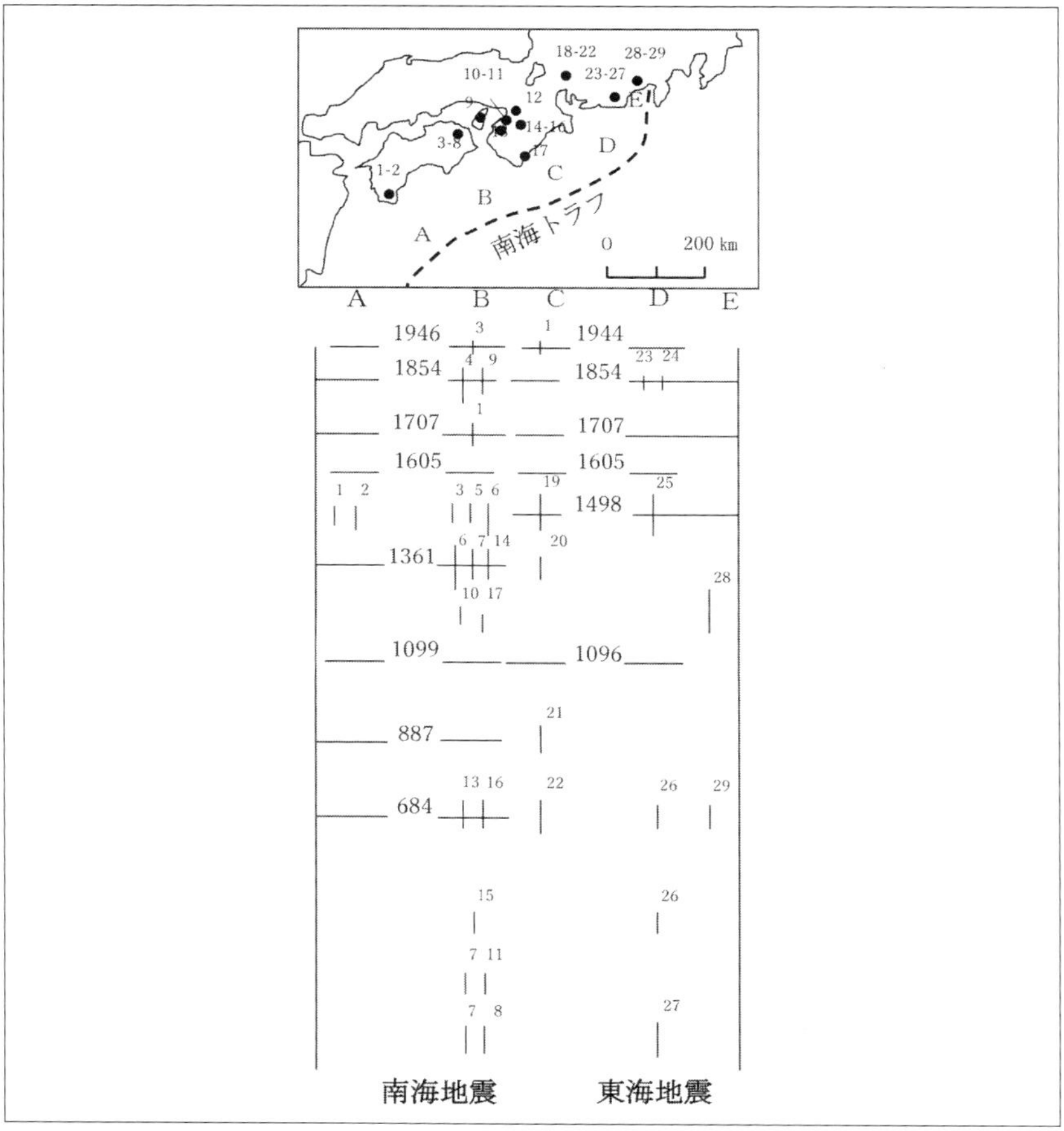

西暦で示したのは史料から求めた地震の発生年。数字で示したのは遺跡で見つかった地震痕跡で、上の図の●は遺跡の位置、下の図の太線は地震痕跡の年代の幅を示す。

遺跡名　1：アゾノ　2：船戸　3：宮ノ前　4：神宅　5：古城　6：中島田
7：黒谷川宮ノ前　8：黒谷川郡頭　9：志筑廃寺　10：石津太神社
11：下田　12：池島・福万寺　13：川辺　14：カヅヤヤマ古墳
15：赤土山古墳　16：酒船石　17：川関　18：東畑廃寺
19：尾張国府跡　20：門間沼　21：地蔵越　22：田所
23：御殿二之宮　24：袋井宿　25：元島　26：坂尻　27：鶴松
28：上土　29：川合

図 18　南海トラフの巨大地震の発生時期
（寒川旭『地震の日本史』中公新書より）

年の前の地震は、新しい方から四世紀（南海トラフB・D海域で発生）、古墳時代（同B海域）、最下段がV期からV期末（同B・D海域）である。

黒谷川宮の前遺跡にみられる地震の震源地は南海トラフB海域（淡路島の南二〇〇キロメートル）と考えられている。氏によると「ここは弥生V期中頃とV期末に耕されていた上下二層の水田耕作土を検出した。最古の砂脈は下部の水田耕作土に削られており、弥生V期中頃の地震によるものである。二回目の地震による砂脈は両方の耕作土を引き裂き、新しい水田面上に噴砂が流れ出していた。そして、この水田は地震と共に廃絶した」という。この二回目の地震（V期末＝二〇〇年前後）は、ちょうど、第二次高地性集落の発生時期であるし、倭国乱の起きた時期でもある。大きな噴砂とその後の水田の廃絶は、大きな津波に襲われた可能性を想定させる。ここでは古墳時代庄内式併行期（三世紀前半）にも地震痕が発見されている。V期に発生した地震は徳島県板野郡（黒谷川郡頭遺跡）のほか、静岡県袋井市（鶴松遺跡）でも痕跡が発見されているので、南海トラフBとD海域で発生した可能性がある。また、寒川氏が二〇一三年の第二一回GSJシンポジウム「古地震・古津波から想定する南海トラフの巨大地震」で発表された図（「地震考古学から見た南海トラフの巨大地震」）には、下内膳遺跡（淡路島洲本市）や瓜生堂遺跡（東大阪市）のⅢ～Ⅳ期（前一世紀～一世紀）の地震の痕跡から、震源はやはり南海トラフのB海域であることが示されている。これは第一次高地性集落の発生時期と合致している。

すなわち、南海トラフを震源とする地震発生時期と高地性集落の発生時期は一致するのである。

南海トラフで地震が発生すれば、それは巨大である可能性が高く、大きな津波の発生が予想される。

現に、二千年前の地震による津波堆積物と見られる五〇センチの厚さに及ぶ層が土佐市蟹ケ池で見つかっている（高知大学・岡村眞教授チームによる。

「日本経済新聞」二〇一四年五月十六日付）。

平成二四年（二〇一二）に内閣府が発表した南海トラフの地震における津波高の予想値は、南あわじ市九・〇メートル、堺市四・〇メートル、さぬき市四・六メートル、備前市三・七メートル、江田島市三・六メートル、山口県上関町三・九メートル、などとなっており、瀬戸内地方でも低地の平野に津波が押し寄せることが予想されている。また鳥羽市二四・九メートル、御前崎市二一メートル、下田市二五・三メートルなどと、東海地方はさらに大きな被害が予想されている。V期は南海トラフD海域でも地震が発生しているので、大きな津波がこの地方にも押し寄せたと考えると、第二次高地性集落が東海地方にまで及んでいることとも符合する。

九州豊前地方には、一次、二次、三次とも高地性集落が造られていないが、ここは海に向かってなだらかな傾斜を持つ地形で、当時は海岸沿いにほとんど平地がない。ここの住民はもともとこの傾斜部に住んでいたとみられるので、津波の被害に遭わない地域である。

一旦、津波によって田畑が海水に覆われれば、その塩分によって、農作物は育たず、超不作の状態がかなり長い間続くことになる。津波の恐怖から、集落を高地に遷し、平地の田畑は使いものにならないので、弥生時代においても、縄文時代さながらの狩猟による食料獲得も行わなければならなくなったことが推測される。当然、慢性的な食料不足となり、食料の奪い合いで近隣の氏族たちとの争いが増えたと考えられる。数年経って、平地の田畑の塩分が抜け、津波の恐怖が癒えると、また平地での生活に復帰し、高地の集落は消えることになる。

プレートの境目で巨大な地震が発生すると、連動してその前後に各地で大きな地震が発生することがある。寒川氏は、前述書で、九世紀の『日本三代実録』の記事を紹介し、「八一八年の関東北部で発生した地震をはじめとして、八三〇年秋田、八四一年信濃と伊豆、八五〇年鳥海山の南、八六三年富山・新潟県境付近、八六四年から二年間富士山の火山活動が活発で青木ヶ原を形成、八六八年播磨に大きな地震が発生し、八六九年に宮城・福島県沖の太平洋海底で巨大地震（貞観地震）が発生している。発生した津波は多賀城の城下町まで押し寄せ、千人ほどが溺死した。その後、八七一年鳥海山噴火、八七八年相模の地震の後、八八七年に今度は南海トラフで巨大地震が起きた。この時は、五畿七道諸国でも海潮が陸に押し寄せ、無数の溺死者が出たが、摂津国（大阪平野北部）の被害が最も甚大であった。その後、八八〇年出雲でも大きな地震が発生している」ことを示している。瀬戸内が津波に襲われた記録があるのだ。

過去の例を挙げずとも、最近の巨大地震「東日本大震災」（M九・〇、死者一万五千人余、二〇一一年三月十一日）の前後でも直近の「平成二八年熊本地震」（M六・五、死者四九人、二〇一六年四月）、から遡れば、「三陸沖地震」（M七・四、死者二人、二〇一二年一二月）、「東日本大震災の余震」（M七・〇、死者三人、二〇一一年四月）、「新潟県中越沖地震」（M六・八、死者六八人、二〇〇七年七月）、「能登半島地震」（M六・九、死者一人、二〇〇七年三月）、「福岡県西方沖地震」（M七・〇、死者一人、二〇〇五年三月）、「新潟県中越地震」（M六・八、死者四〇人、二〇〇四年十月）、「十勝沖地震」（M八・〇、死者四八人、二〇〇三年九月）、「兵庫県南部地震」（M七・二、死者六四一八人、一九九五年一月）、「北海道南西沖大地震」（M七・八、死者二三〇人、一九九三年七月）、「日本海中部地震」（M七・七、死者一〇四人、一九八三年五月）と、死者の出た地震が続いている。寒川氏は、九世紀の例から、今後近いうちに南海トラフでの大地震発生の懸念を述べられている。

また、南海トラフでは、九十年から一五〇年間隔で地震が発生していることが示されており、一世紀から四世紀にかけても、南海トラフの巨大地震とそれに連動して各地で大きな地震が発生したとみられる。

高地性集落発生の原因が、すべてではないにしても、地震による津波が大きな要因を占めると考えることもできるのではないか。今後、各地で津波の痕跡がみつかるかもしれない。

寒川旭氏も高地性集落の発生したころに南海トラフの地震が生じていると言っておられる(『森浩一の古代史・考古学』深萱真穂・『歴史読本』編集部編、中経出版)。もっと注目されるべきではないか。

瀬戸内海や伊勢湾に津波が押し寄せた場合の北部九州の混乱については第二章で述べたが、近畿においては纏向の都市建設に結びついたのではないか。すなわち、津波の恐れのない最良の地として奈良盆地が選ばれたのだ。それまで栄えてきた吉備や出雲、あるいは摂津で津波災害を経験した人たち、また、琵琶湖でも地震によって西岸は地盤沈下を起し、集落が湖底に沈んでしまった人たちが、安全な場所である纏向に集まってきたのではないか。伊勢湾に面した尾張地方からも来たに違いない。そのため、纏向には多方面からの土器が持ち込まれたと考えられる。そして、共同で交易都市建設を行ったのではないか。多方面から集まったとしても、その理由・目的が同一であれば共同作業はスムーズに行われたと思われる。

その都市建設の指導者が、「記紀」に登場する饒速日命と長髄彦だったのではないか。そして、三世紀末から四世紀に神武天皇の東遷によって、纏向は征服され、後の天皇が別の所を都としたため、四世紀中頃には廃絶することになったと考えられる。

前方後円墳は溜池と豊穣祈念祭祀場だった

三世紀末頃から、研究者によってはもっと早くから、前方後円墳というそれまでにない形の墳墓が畿内大和に出現している。それがまたたくまに全国に伝播したという。通説は、この頃、邪馬台国が畿内大和に成立し、全国を統一したからだという。

しかし、前方後円墳は非常に大きい。これを造営するためには多大な労力が必要となる。そのために民衆を動員するとなると強権が必要となる。しかし、強権だけで、この事業を推し進めることができたのであろうか。仁徳天皇の墓といわれていた大仙古墳は墳墓部だけで長さ四八六メートル、三重の濠が掘られ、それを含めた墓部の全長は八四〇メートルにも及ぶ。積み上げた土の量は一四〇万立法メートル、造営するのに毎日二〇〇〇人が働いたとして一五～二〇年かかるという計算もある(堺市Ｗｅｂサイト)。しかも仁徳天皇は特に徳の高い天皇で、民の貧しいことを見て、税を何年も免除したと「記紀」に記されている。

古代エジプトのピラミッドは、かつてエジプト王の強権によって、奴隷を強制労働させることによって造営されたと思われていたが、そうではなく、雨期にナイル川が増水し、田畑が水没し農作業ができない時に、王が民衆にピラミッド建設を行わせ、その労働報酬を支払うという一種の公共事業であったことがわかっている。

前方後円墳の造営も何か民衆に利することがあったのではないか。「記紀」には、天皇の事業として、池造りが盛んに記されている。水田を作るためには灌漑用の水が必要であり、池造りは農業経営上、重要な施設である。

前方後円墳造営の発端は池造りだったのではないか。すなわち、平地の中で小丘のある場所の周りに濠を掘り、掘上げた土を小丘の上に積み上げていって濠の中に小高い島をつくる。この島を円丘とその前にやや低い方形の台地を造り、農業従事に欠かせない雨乞いなどの祭祀をこの台地の上で行うことにしたのではないか。そして、それを主導した王の墓にした。すなわち、その池の守り神に王が自らなったのが前方後円墳造営の始まりだったのではないか。そうであれば、前方後円墳造りは農民のための公共事業となり、それを王墓とすることは、まさに一石二鳥の利を得ることになる。平地であれば、大仙古墳のように周溝を池にすればよく、山際ならば、池に近い所に墓をつくればよい。要するに、池を掘った土で墓を造るのである。灌漑用の溜池は小さなものでは役に立たない。それなりの大きさの池を掘って、その土で前方後円墳をつくると、やはり数十メートルから一〇〇メートルという大きさになるのではないか。池造りならば強権を発動しなくても、農民は率先して協力したのであろう。

その造り方をみると、例えば、纏向地域の景行天皇・崇神天皇陵は東向きに、前方後円墳の集中している奈良盆地北部の佐紀地域の神功皇后陵、成務天皇陵等は北向きに造られている。すなわち、土地の傾斜に対して低い側を前方にしている。谷の出口に直線状の堤を造り、その上流部を掘って池を造り、その土で中央部に前方後円墳を造っている。東辺の纏向地域では傾斜が急なため、池（周溝）を二段、三段にしている。纏向も佐紀も比較的早期の墓であり、墓の方向は、その土地の形状によって定められており、埋葬者の思想や信仰によるものではないことがわかる。

寺澤薫氏（『王権誕生』講談社）は、奈良盆地の古墳について「これらの古墳を、ヤマトを支配領域とするオウの墓とするにはあまりに大きく多すぎる」といっておられる。溜池目的のものならば、一世代にいくつ造っても問題にならない。

灌漑用水池と祭壇ということであれば、これが、全国的に大流行したことは十分に想像できることである。

大和王権に敵対意識のない西日本地方の豪族は前方後円墳を真似したし、対抗意識のある東日本の豪族は前方後方墳を採用したのではないかと考えられる。

　前方後円墳の造営が、当初は池と祭壇造りが主目的であったものが、次第に王墓造りが主目的になっていったことも容易に想像できる。一地域に必要な灌漑用水池は限られ、それ以上の池は必要ないからである。一方、王墓としては、同じ場所に祖先と隣接して造りたいという要望がある。次第に用水池とは関係なく強権によって王墓をつくるようになったのではないか。しかし、それは長続きするものではなく、次第に大きな墳墓は造りにくくなり、六世紀半ばになって、畿内ではとうとう前方後円墳は造られなくなったのも道理である。

　ここまで書いて、しばらくして、井上秀雄氏（東北大学教授）が次のように言っておられたことを発見した。「邪馬台国の国家形成はまだ部族国家の段階で、丘陵の突端に木を切り白石を葺いて王者の権威を宗教的に誇示した。この際、たんに古墳の築造にとどまらずその周囲に堀を掘り、農業用水を兼ねさせた。この時代の日本人は用水池の堀まで含めて神聖な古墳と考えていたであろうが、堀の経済的効用が古墳造営に重要な社会的意味を持たせた」（『古代朝鮮』講談社）。初版は一九七二年に刊行されている。このことを取り上げている研究者が見当たらないのはどういうことであろうか。否定されるのであれば、どのような理由なのであろうか。

家屋文鏡の舞台装置

　家屋文鏡は、宮内庁の所蔵資料説明によると、「この鏡は、奈良県佐味田《さみた》宝塚古墳から明治十四年に出土したものである。鏡背には、それぞれ異なる四棟の建物を描いており、日本製の鏡（倭鏡）であると考えられている。このような文様を鋳出した鏡は他にはなく、唯一本鏡のみである。また、本鏡は考古学だけでなく、建築史や美術史などの分野においても極めて有名な鏡である。この四棟の建物を何と見なすかについては諸説あるが、古墳時代の首長居宅における建物群との関連も指摘されている。また、建物以外にも蓋《きぬがさ》・鶏・雷・樹木などが表現されており、当時の倭人の世界観を考える上でも重要な鏡といえる」とある。四世紀頃の製作と見なされている。図柄を図19に示す。

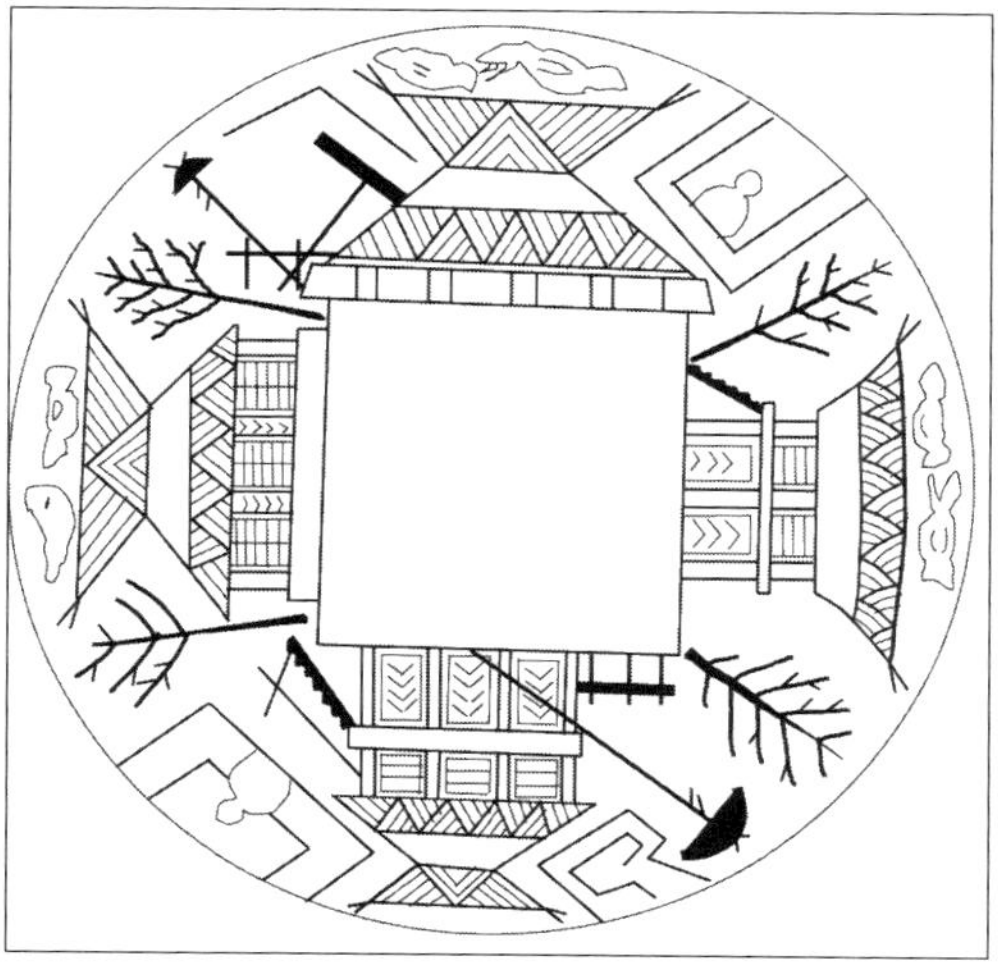

図 19　家屋文鏡
（辰巳和弘『古墳の思想』白水社をもとに作成）

この図の上部と下部の建物に衣笠（柄の長い傘）が添えてあるので、この棟は有力者の建物であるといわれている。そのことに異論はないが、上部建物の左側にある建物から斜めに突き出た太い線について、扉と解釈し、この図は戸口の上に扉を上げて、つっかい棒で支えているというのが通説となっている（佐原真、辰巳和弘、小笠原好彦各氏等）。

筆者は、これを有力者が家臣や庶民に詔を発する露台、舞台の床であると考える。跳ね上げ式の舞台装置なのである。斜めに突き出た太い線は舞台の床で、上に跳ね上げ、つっかい棒で支えているところである。下部の建物を見ればそれがわかる。太い線は水平に描かれ、三本の縦線の上部に横たわっている。舞台の床を降ろし、水平に設置したところを表している。細い縦線や横線は舞台床を支える杭類である。

通常は床を跳ね上げておき、詔を発する場合は、家臣や庶民を舞台の前に集め、その後、おもむろに

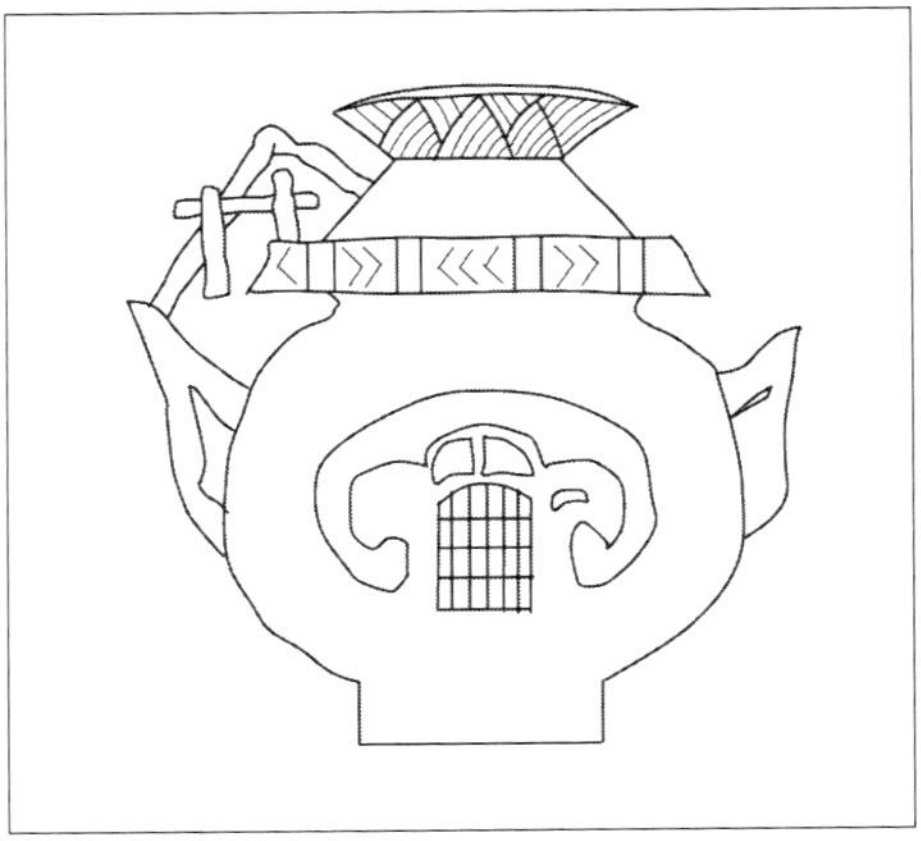

図20　東大寺山古墳出土の刀柄飾り

床を降ろし、その上から有力者が出ていって、衣笠の下で詔を発するのである。正面から見ると、舞台が天から降り、その上から天子が現われるという景色になる。有力者の威光を現在の舞台の幕以上に高める演出効果が得られるすごい装置だといえる。詔を発する時以外は跳ね上げているので、床は神聖な場所として保たれ、有力者以外の者が乗ることはできない。

そのために、家屋紋鏡の図柄では太い線で描き、それを強調しているのである。

また、東大寺山古墳出土の刀の柄飾り（図20）にも、衣笠はないが上部建物の図柄が作られている。跳ね上がった床、支え棒、床を支える杭が太く大きく作られている。単なる出入口の扉ならば、これほど強調する必要はないであろう。また、刀の柄飾りに図19下部の建物ではなく上部の建物が選ばれていることは、権力者にとってこの建物こそが最も誇示すべき建物、すなわち議事を行う公館であることを示しているといえる。

図19の下部の建物は権威者が祭祀を行うための建物である。それは高層建築となっており、最上階で祭祀者が神のお告げを受ける。階下に伝達者が待機しており、そのお告げを露台に出て民衆に伝えるのである。

図21に前述した図19上部の断面想像図を示す。衣笠の直径が一・八メートル程度とすると、この建物

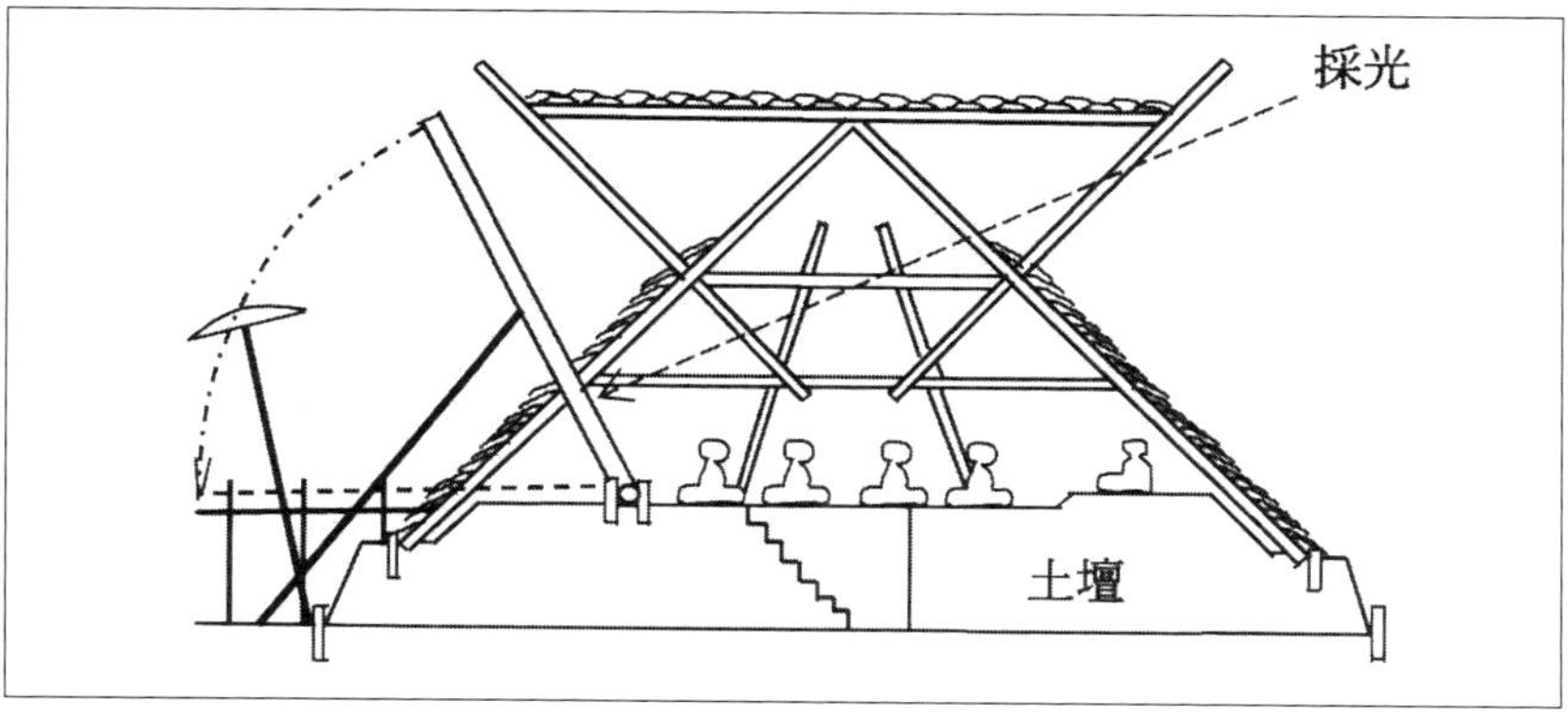

図21　権力者の公館の断面想像図

の幅は一二メートルになる。側面も同じ幅だとすると、面積は一四四平方メートル、実質使用できる面積は八〇平方メートル程度、会議場としてちょうど良い広さになる。四隅の斜柱が天井で束ねられていると、隣接の柱と床で三角形が形成される。いわゆるトラス構造で、横から力を受けても変形しない剛性の高い構造である。群馬県の榛名山《はるなさん》の麓にある三ツ寺Ⅰ遺跡において、約一〇メートル×八メートル（三間×三間）の柱穴列跡の中に柱穴跡のない広い空間となっている首長者の正殿跡とみられる住居跡が発見されているが、あるいは、このような構造だったのかもしれない。

これによって、権力者が重要な会議を行うにふさわしい内部に柱のない広い密室ができる。床は土壇としている。あるいは土塁を廻らせた高床建築であった可能性もある。入口は土壇を切り込み、階段を付ければ入ることができる。そして政務を行う権力者が家臣と協議して、決定事項を露台から民衆に伝える。

入母屋屋根の上部が逆台形なっていることについては、言及が見当たらないが、これは天井部に採光、排煙のために大きな天窓を設け、それに雨が降り込まないように付けた庇と筆者は見る。この入母屋屋根の逆台形部は側面からみると妻になっていて、妻を開け、光を採り入れる。中央最上部が最も雨が降り込みやすいので、庇を長くしなければならない。採光を考えると、この形が適切である。吉野ケ里遺跡（佐賀県）では、復元した竪穴住居の一部（南のムラ）に、入母屋屋根の妻部を開口したものが建てられている。中に入ってみると、かなり明るい。しかし、屋根を逆台形にしていないので、風があると雨が降り込むことが予期される。特に権力者が協議する方の建物は、壁がなく地面まで屋根で覆われており、協議中は扉類も閉めておくのであろうから、上部からの採光がなければ、中は真っ暗である。

家形埴輪に切妻上部が開いたものが無いようであるが、壁に開閉式の窓が作られるようになると、冬に暖気が逃げてしまうという欠陥もあり、妻部からの採光は使われなくなり、逆台形の形は屋根の装飾として、しばらく残ったのではないか。

第九章　まとめ（年表）

卑弥呼は筑紫国の女王であった。南の狗奴国（熊本・日向地方）に攻められ、危うくなったので魏に度々救援を申し入れたが、四年後救援の軍師張政が来倭したときには都邪馬台国（山門・八女地方）は陥落、退却し筑後川を渡り吉野ケ里に立てこもっていた。

張政は劣勢を挽回するため、卑弥呼を更迭し、隣国で筑紫国とは友好国であった豊国と合併を目論んだ。豊国王を合併後の王としようとしたが、筑紫国側の反発が強く、これを諦め、豊国の王女台与《とよ》を卑弥呼の宗女としてシンボル的な王に任命し、政治は筑紫国の諸小国王と豊国王の合議で行うこととした。強大になった筑紫・豊国連合国の兵力と魏の皇帝の幡であった黄幢《こうどう》をひるがえし、張政は狗奴国《くなこく》を降伏に追い込んだ。降伏条件は日向国の割譲と狗奴国王への出雲追放（征服命令）である。台与は豊国皇子を日向統治に派遣した。張政の帰国に際し、台与は使者二十名を随行させ、厚く礼をし、改めて倭国王に任命された。台与は魏の皇帝から指名された倭国王であり、また、国の施策の可否を占い、始祖卑弥呼を祀る巫女でもある。このことによって卑弥呼・台与からつながる最高権威の祭祀王としての天皇家が形成されていったのではなかろうか。倭国のさらなる拡張を促された台与は都を大和に移すことを考え、日向国に派遣していた皇子に大和征服を命じた。皇子（神武天皇）とその子孫は政務権力者として、代々大和を治めていくことになる。その後、台与とその子（応神天皇）は大和へ移動したが、祭祀王として留まった。台与の子孫が政務権力者の地位をも得るのは三・四代あとの去来紗別《いざさわけ》の時である。去来

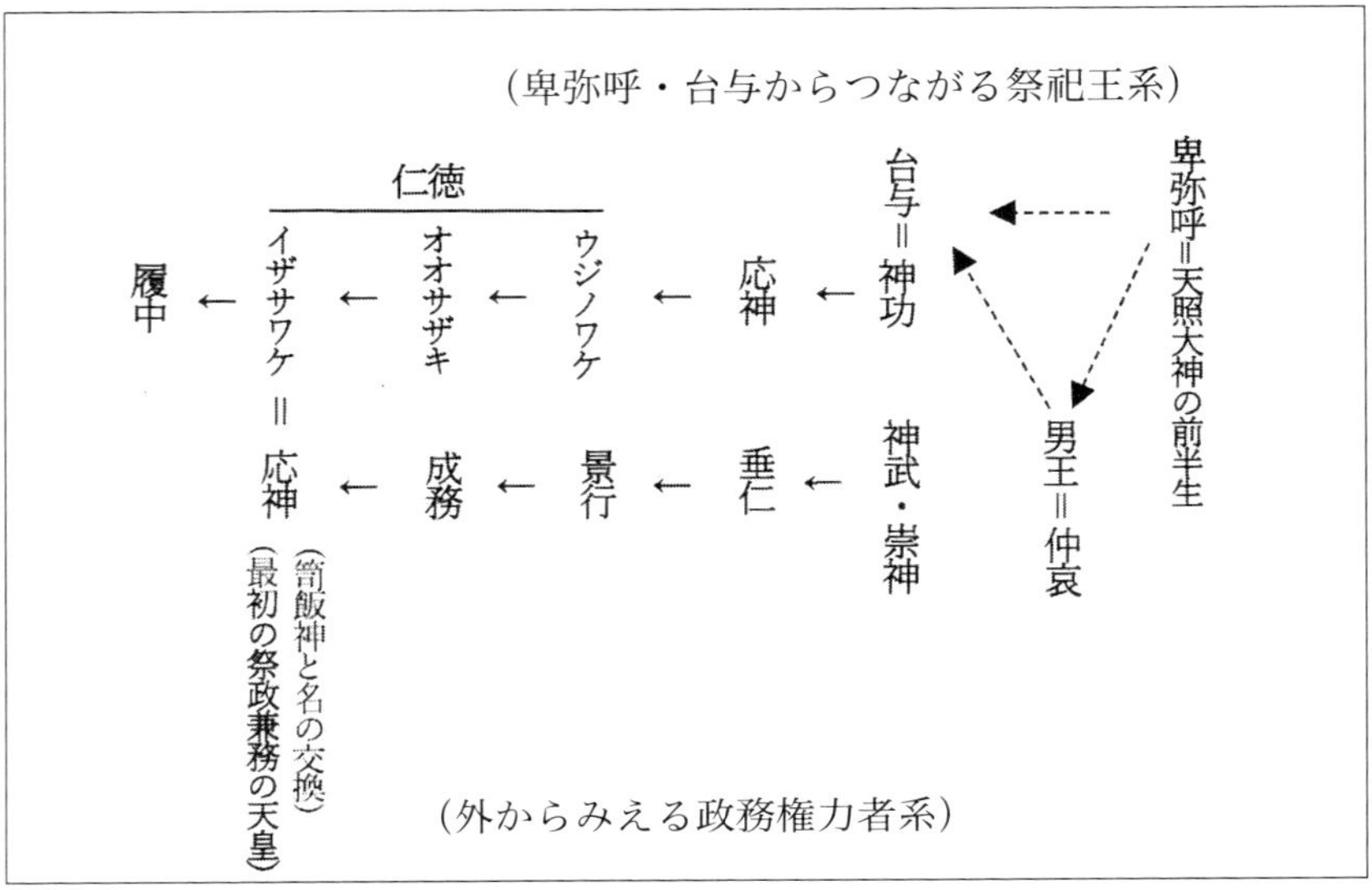

図22　祭祀王系と政務権力者系

紗別は婚姻により崇神天皇、葛城氏につながり、和《わ》珥《に》氏の女を妃に迎え、豪族たちの強力な支援を受けて祭政兼務の天皇になった。「記紀」では「笥飯《けひ》の神と名を交換して応神天皇と名のった」「仁徳天皇紀の後半に和珥氏の女八田皇女を妃にした」と記し、去来紗別の名を消した。去来紗別を初代天皇に重ね、その前に、それまでの政務権者を並べるためである。そのことによって、卑弥呼・台与から連なる祭祀王系と神武から連なる政務権者系を融合させた歴史書ができあがった。

「記紀」の原資料作成者は厩戸皇子である。彼は隋と対等外交を目指し、その一環として倭国の歴史書の編纂を朝廷に勤める渡来人らの知識人に命じた。その時、倭国の建国を古く見せるため、辛酉革命説を採り入れ、建国を紀元前六六〇年としたのが、事実を大きく歪める結果となった。

各事項を『魏志』倭人伝・『日本書紀』・『古事記』・考古学的事実との関連をまとめて示すと次のように

なる。

卑弥呼：北部九州筑紫の国の女王。支配領域は筑前、筑後、佐賀平野のかつて甕棺墓のあった地域であり、これは後漢書の倭奴国も同じである。

倭国乱で伊都国王失墜の後、統一する王がおらず、それを見た南の狗奴国が攻めてきたため、筑紫国内がまとまってそれに対抗するためシンボルとして共立された。国の祭祀を行う。

「記紀」では、天照大神の岩戸に隠れる前の姿としてあらわされている。

張政：狗奴国の攻勢に対処するため帯方郡から全権を持って送りこまれた軍師。

劣勢の筑紫国を立て直すため隣の友好国豊国と合併し、戦力的に優勢に立ち、狗奴国に降伏を促し、三国合併を成し遂げた。

「記紀」では、高皇産霊命（高御産巣日神、高木神）、神功皇后紀では住吉神として登場。

男王（卑弥呼の後に立てられた）：豊国王。張政の筑紫国・豊国合併政策により合併後の王として張政に任命された。

「記紀」では、仲哀天皇。

台与：豊国の王女。豊国王の筑紫国との合併後の王就任に対し筑紫国内の反発が大きかったため、代わりにシンボルとして女王に任命された。

「記紀」では「月の神」、天照大神の岩戸から出た後の天照大神、および神功皇后の大半であらわされている。

狗奴国：筑紫国の南に位置する肥後国＋日向国。張政の策略によりほぼ無条件降伏し、合併される。

日向国を豊国に譲る。豊国は統治のため豊国皇子（後の神武天皇）を派遣。

「記紀」では素戔嗚尊（須佐之男命）としてあらわされ、日向割譲を「千座の置戸の献上」、統治のための皇子派遣を「天孫降臨」であらわしている。

邪馬台国：筑後の八女・山門地方。張政の来倭の時は既に都は陥落し、卑弥呼は筑後川北岸に退却していた。その地は吉野ケ里が有力。
「記紀」では、天照大神が素戔嗚尊との誓約の後、神田を荒らされ、御殿も破られ、天岩屋に引き下がった。これは卑弥呼の時代に邪馬台国が陥落したことを示す。

投馬国：豊国、台与の国。豊前・豊後・筑豊平野の大半・長門・瀬戸内海のいくつかの島を支配した交易国家。

伊都国（『魏志』倭人伝の）：佐賀県武雄市。もと福岡県糸島市にあったが、倭国乱のとき失墜し、王は武雄市に逃れた。

一大率：帯方郡の郡使の代官。代官に倭国の状況を常時報告させることによって、郡使は必要な時以外は一八〇キロもある危険な対馬海峡を度々渡らずに済んだ。

韓国、倭国の道程表示（いわゆる短里）：褒賞目当てに張政が行った誇張報告。陳寿はすべてを長里表示と思って計算し、倭の位置を「会稽東冶の東」と考えた。

卑弥呼の墓：宇佐神宮上宮。同場所に初代応神天皇、台与の墓も造り、皇祖の墓地となっている。

台与の墓：箸墓古墳のちに宇佐神宮上宮皇后廟に移された。

神武天皇：豊国の皇子で武将。狗奴国の日向割譲で日向に派遣され、その後、台与（神功皇后）の大和遷都のための大和征服に先鋒として派遣された。

応神天皇：初代天皇＋未来紗別。去来紗別は「笥飯《けひ》の神と名前を交換した」という記事によって、去来紗別の名が消され、応神紀には朝鮮半島との交渉が、仁徳天皇の後半には八田皇女との結婚などの記事が組み込まれた。去来紗別は祭祀王である台与、東遷し大和で政治を始めた権力者である神武天皇や崇神天皇、および大和の豪族葛城氏の血を引き、和珥氏の女を妃にし、豪族の支援をバックに祭政兼務の倭国王となった最初の天皇である。

また、神話は複数の事実を融合させたり、一つの事実を分割表示したり、時代を変えて再登場させたりして作られている。例として、次のように挙げられる。

・高天原から天孫降臨：筑紫国から瓊瓊杵尊の日向国への降臨＋朝鮮半島方面の高天原から中つ国（筑紫国）への降臨
・国譲り：日向国＋出雲国
・天照大神＝卑弥呼（岩戸隠れ前）＋台与（岩戸隠れより出た後）
・大和への東遷統治：東遷を神武天皇、その後の統治を崇神天皇として分割表示
・神功皇后＝台与（筑紫国内行幸、新羅出兵）＋卑弥呼（魏へ朝貢記事）、在任期間は卑弥呼から台与まで（西暦二〇〇年から二六六年まで）
・瓊瓊杵尊（降臨：日向国統治のための派遣）＝山幸彦（彦火火出見尊）（兄弟の争い）＝鸕鷀草葺不合尊（結婚と出産）＝神武天皇（大和東遷）。各代に連続して再登場し別の事柄を記した。

筆者の想定した年表を次に示す。

五七年　倭奴国（後の筑紫国）王（伊都国王が務める）が倭国の代表として後漢に朝貢「委奴国王」の金印を授かる

五九年　新羅と国交を交わす（『新羅本紀』）

一〇七年　伊都国王が倭国王（大倭王）として朝貢。この頃、後漢、倭に監察官の代官（一大率）を置く

一七三年　女王卑弥呼、辰韓（後の新羅）に使者派遣（「卑弥呼＝日女子で女王の意」（『新羅本紀』）
没後、伊都国平原に葬られる

一六〇年頃より　後漢衰弱
・党錮の禁（一六六、一六九）
・黄巾の乱（一八四）

・伊都国王、後漢の後ろ盾の威力失う

一八〇～一九〇年頃　南海トラフ（紀伊水道沖、浜松沖）で大地震発生、津波が瀬戸内、東海を襲う。平地が使えず大飢饉発生、高地性集落発生、内乱となる（倭国乱）

一九三年　大飢饉のため、食を求めて新羅に渡る者千余人（『新羅本紀』）

その頃　奴国、クーデターにより伊都国王を追放し糸島地域を含む福岡平野全域を占める

・伊都国王、武雄地域に遷都

・各国、奴国王の大倭王（倭国王）就任を認めず

二〇〇年頃　南の狗奴国の攻勢に対処するため、「卑弥呼」を大倭王（倭奴国王）に共立し、倭奴国再統一。魏では王家が替わったので、「邪馬台国（女王国）」と命名した。

二三九年　卑弥呼、後ろ盾を得るため、魏に朝貢

二四〇年　魏、梯儁《ていしゅん》を倭に派遣し、詔書・印綬を授ける

二四三年　再度朝貢、掖邪狗《えきやく》らに印綬を拝受

二年後、倭の難升米《なしめ》に黄幢が下賜されたが帯方郡に留まる

二四七年　三回目の朝貢

魏、倭国と狗奴国の交戦状況を聞き、倭国救援強化のため、塞曹掾史張政派遣

・張政、倭国強化のため豊国・狗奴国の合併統一戦略をたてる

・友好国豊国と合併、新王に豊国王を指名

・新王に対し筑紫側諸王の反発により千人の死者がでる

・張政、豊国王を諦め、豊国王女台与を王とし、国政を豊国王・筑紫諸王の合議制とすることで承諾を得る

後に豊国王を暗殺

・台与、女王を引き継ぐため卑弥呼を葬る

卑弥呼の墓を宇佐亀山の上に造る

二四九年　張政、狗邪韓国の要請により台与を帯同して、兵を率いて辰韓に進軍。辰韓の将軍于老《うろう》を殺害し、辰韓を震撼させ多大の金銀を獲得

『新羅本紀』に《倭人于老を殺す》

二五〇年頃　応神誕生

・張政、合併で強力になった国力を背景に狗奴国（肥後・日向）に降伏を迫る

・狗奴国王は、日向割譲、本土安堵を条件に降伏、併合を承諾する

豊国皇子を日向統治に派遣

二五〇年代　台与、大和遷都を決意。日向に派遣していた将軍に大和征圧を命ずる

・総大将神武は岡湊で軍勢を集め、友好国吉備で軍備を整え、大和を征服。初代統治者となる

・台与、応神と共に大和に移動するが、祭祀王として扱われ、政務には就けず

二六六年　台与、晋に朝貢

二六九年　台与没し、墓の大きさを宇佐亀山に合わせて造る（箸墓）

二七〇年　大鞆和気《おおともわけ》（応神）、祭祀王を引き継ぐ

・その後仁徳（菟道稚郎子・大鷦鷯）が継承

・政務は崇神（＝神武）から垂仁、景行、成務へと引き継がれる

・垂仁、天照大神の魂を伊勢に、台与の墓を宇佐亀山に遷す

三六〇年頃　去来紗別（応神）即位

「記紀」では仁徳後半生に組み込まれ、《敦賀の筒飯《けひ》大神と名を交換し誉田別《ほむたわけ》（応神）とした》という記事を挿入

初めての祭政兼務の天皇誕生

四〇〇年　去来紗別（応神）没し、履中即位

五世紀　倭の五王は筑紫国王、狗邪韓国を守るた

め新羅に度々出兵
筑紫国は大和王権から半ば独立した行政を行っていた
四六四年頃　雄略、宋への外交に乗り出す。筑紫王興はこれを請けいれ、先鋒を受け持つ
四七七年頃　筑紫王武に替わる。武、雄略に遠慮して筑紫の都を大宰府から八女に遷都
五〇七年　継体即位
五二七年　磐井の乱、筑紫国敗れ衰退（筑紫各地が屯倉や物部の領地になる）
六二〇年　厩戸皇子・蘇我馬子、「天皇紀・国記等」をつくる
六七三年　天武天皇即位
諸家に口伝されている「帝紀・本辞」を修正し、稗田阿礼に誦習させる
六八一年　天武天皇、川島皇子ほかに「帝紀・上古の諸事」の編纂を命じる
七一一年九月　元明天皇、稗田阿礼が誦習している「旧辞」の成文化を太安万呂に命じる
七一二年正月　『古事記』が太安万呂から奏上される
七一三年五月　元明天皇、『風土記』作成の詔を発す（『古事記』を添付）
七二〇年　『日本書紀』完成
七三一年　藤原氏、宇佐亀山で祀っている比売神（卑弥呼）を神託により宗像三女神として神社を建立

附録
三国史記の倭国に関する記事

参考文献　金富軾著・金思燁訳『三国史記』明石書店

『三国史記』新羅本紀

紀元前五〇年（始祖　赫居世《パルクヌイ》八年）倭人が兵を率い、辺境を犯そうとしたが、始祖に神徳ありと聞いて、すぐに還っていった。

紀元前二〇年（同三八年）馬韓と修好するために瓠《ホ》公を遣わした。瓠公は、その族姓が詳らかではないが、もと倭人であったらしく、瓠《ひょうたん》を腰につけて海を渡ってきたので瓠《ホ》公と呼んだ。

紀元十四年（南雄《ナムヘ》十一年）倭人が兵船百余隻で海辺の民戸を掠奪したので、六部の精兵をもってこれを防いだ。

五七年（儒理《ルリニ》三四年）王は病に臥し、臣下に「脱解《トヘ》は身分が国戚につらなり、位は輔臣（宰相）であるが、その功名は著しい。朕の二子はその才がはるかに及ばない。吾の死後は脱解に王位を継がせよ。我が遺訓を忘れてはならぬ」といわれた。

脱解王はもと多婆那国の出身で、その国は倭国の東北一千里のところにある。初めその国王が女国の王女を妻に迎えた。妊娠して七年後に大きな卵を生んだ。王は「人が卵を生むのは不祥であるから、棄てるが宜しい」といった。妻は忍びないとして、錦で卵を包み宝物とともに箱に入れ、海に浮かべ、行くままに任せた。初め、金官国の海辺に至ったが、金官の人々は怪しんで取り上げなかった。その後、辰韓の阿珍浦口に至った。それは始祖赫居世の在位三九年（紀元前十九年）であった。時に海辺で老母が縄でもって海岸に引き上げ、箱を開けると小さな小児が入っていた。その母、これを養い育てたところ、身長九尺にも達した。風貌は秀明、知識は人並みはずれていた。ある人曰く「この児の姓はわからないが、初め、箱が海に浮かんで来たとき、鵲《かささぎ》が一羽鳴きながらついてきたので、その『鵲』の字を一部を省いて『昔』を姓にし、また、箱を解いて出てきたので、名を『脱解』にしたら宜しかろう」といった。

　脱解は初め魚釣りを業とし、母親を養っていて、一時も怠ることはなかった。母は「汝は常人と違い、骨相がことにすぐれているから、学問に従事し功名を立てなさい」といった。これより学問に専精し地理に通じた。（ある日）楊山の麓にある瓠《ホ》公の家を眺めると、そこは吉地であった。そこで詭計《きけい》を設けて、これを取り住みついた。その地は後に月城となった。

　南解王五年（十八年）に至って、王は脱解の賢明なことを聞いて、娘を妻にさせ、七年に大輔（宰相）に登用し、政事を委ねた。儒理王は死に際に「先王（南解王）は『吾が死んだ後は子や婿を問わず、年長者で賢者に王位を継がせよ』と言われたので私が先に王位に就いたのであるが、今はその王位を脱解に伝えねばならない」といった。

五九年（脱解三年）五月、倭国と国交を交わし、使者を派遣し合った。

七三年（脱解十七年）倭人が木出島に侵入。王は角《ソブル》干《ハン》（一等の官位）羽烏を遣わしたが克てず、羽烏は戦死した。

一一一年（祇摩《キマ》十年）四月、倭人が東辺に侵入した。

一二三年（祇摩十二年）三月、倭国と講和した。

一五七年（阿達羅《アタルラ》五年）三月、倭人が修好のため訪れた。

一七三年（阿達羅二十年）五月、倭の女王卑弥呼が遣使を送ってきた。

一九三年（伐休《ボルア》十年）六月、倭人大飢饉。食を求めてきた者千余人。

二〇八年（奈解《ナヘ》十三年）四月、倭人が国境を犯したので、伊伐飡《イボルチャン》（一等官位）の利音を遣わし、将兵を率いてこれを防いだ。

二三二年（助賁《ジョブン》三年）四月、倭人が俄かに攻めて来て金城を取り囲んだ。王が親《みず》から出て戦うと、賊は潰走した。軽騎を遣わしてこれを追撃し、一千余級を殺獲した。

二三三年（助賁四年）五月、倭兵が東辺をあらした。七月伊飡の于老が沙道で倭人と戦った。風に乗せて火を放ち、船を焼くと、賊はみな水に飛び込み水死した。

二四九年（沾解《ジョムヘ》三年）四月、倭人が舒弗邯《ソブラン》（一等官位の将軍）の于老を殺した。

二八七年（儒禮《ユレ》四年）倭人が一禮部を襲い、これを焼き払った。一千人を捕虜として連れ去った。

二八九年（儒禮六年）五月、倭兵が来ると聞いて、舟や舵を修理し、甲冑と兵器を繕った。

二九二年（儒禮九年）六月、倭兵が沙道城を攻め落とした。一吉飡《イルギルチャン》（七等官位）の大谷に命じ、兵を率いこれを完全に救わせた。

二九四年（儒禮十一年）夏、倭兵が長峯城を攻めてきたが、克てなかった。

二九五年（儒禮十二年）春、王は臣下に「倭人がしばしば我が城邑を犯し、百姓は安居できない。吾は百済と謀って、一時海を渡りその国に討入りたい。いかがか」といった。舒弗邯の弘権はそれに対し「吾らは海戦になれていません。冒険をして遠征すれば、不測の危険があるかも知れません。百済は詐《いつわり》が多く、常に我が国を呑み込もうという心が常にあるので、共に謀るのは難しいと思います」と答えた。王は「道理だ」といった。

三百年（基臨《キリム》三年）正月、倭国と修好した。

三一二年（訖解《ホルヘ》三年）三月、倭国王が使いを遣わし、王子の婚姻を求めたので、阿飡《アチャン》（六等官位）の急利（この時国政の要務・軍事を委ねられていた）の娘を送った。

三四四年（訖解三五年）二月、倭国がまた使いを遣わし、婚姻を請うたが、既に女性を嫁がせているので辞退した。

三四五年（訖解三六年）二月、倭王が絶交の書を送ってきた。

三四六年（訖解三七年）倭兵が突然風島に来て、辺戸を掠奪し、また進軍して金城を取り囲んで急に攻めてきた。王は兵を出して戦おうとしたが、伊伐飡の康世は「賊は遠方から来ているので、その矛先には当たるべきではありません。ゆっくり構えて、その疲れるのを待ちましょう」といった。王はこれをよしとし、門を閉じ、外に出なかった。賊が食料が尽きて兵を引いたのをみて、康世は強い騎兵を率いて追撃を命じ、これを追い払った。

三六四年（奈勿《ナムル》九年）四月、倭兵が大挙して攻めてくると、王は聞いて、敵し得ないのではないかと恐れた。そこで草偶人（草人形）を数千造り衣と兵器を持たせ、吐含山《トハムサン》（慶州の東にある）の下に並べた。勇士一千を斧峴の東原に伏せた。倭人が多勢をたのんで直進してきたのを伏兵が不意を突くと、倭人は大敗走したので、これを追撃しほとんど全滅させた。

三九二年（奈勿三七年）正月、高句麗（広開土王）が使いを遣わしてきた。王は高句麗が強盛なので、伊飡の大西知の子の實聖を人質として送った。

三九三年（奈勿三八年）五月、倭人が来て金城を囲んで五日間も解かなかった。将士は皆、出て戦うことを請うたが、王は「今、賊は船を棄て、奥に入り込み、死地にある。その矛先に当るべきでない」といった。

城門を閉じていると、賊は功なく退いていった。そこで王は勇騎二百を遣わし、その帰路を遮った。

また、歩率一千を遣わし、獨山に追い詰め、挟撃して大敗させた。殺したり、獲えた者は甚大であった。

四〇二年（實聖《シルソン》元年）三月、倭国と通交を興す。奈勿の王子未斯欣を人質に出した。

四〇五年（實聖四年）四月、倭兵が来て明活城を攻めたが、克てず帰った。王は騎兵を率いて獨山の南で待ち伏せし、再戦しこれを破った。殺獲した者三百余。

四〇七年（實聖六年）三月、倭人が東辺に侵入した。六月再び南辺に侵入。奪掠二百人。

四〇八年（實聖七年）二月、王は、倭人が対馬島で兵営を置き、兵・武具・資財・食糧を貯えていることを聞き、「我が方を襲撃することを未然にするために、我は精兵をもってその兵や貯えを撃破しようと欲す」といった。舒弗邯の末斯品は「臣は兵は凶器と聞いています。戦は危険だと思います。たとえ海を渡って侵入し攻めたとしても、万一、利を失うと悔やみを払いのけることはできますまい。嶮しい所に関を設け、敵が来ても侵入できないように防ぎ、有利な時は出て行ってこれを捕えるのに勝るものはないのです。これはいわゆる『人を誘っても、人に誘われてはならぬ』ということで、これが上策です」といった。王はこれに従った。

四一八年（訥祇《ヌルチ》二年）王弟卜好が高句麗から、奈麻（十一等官）の堤上とともに還って来た。秋、王弟の未斯欣が倭国から自ら逃げ還って来た。

四三一年（訥祇十五年）四月、倭兵が東辺に侵入し、明活城を囲んだが、功なく撤退した。

四四〇年（訥祇二四年）倭人が南辺に侵入し、生口《せいこう》（奴隷）を掠取して去った。六月にも東辺に侵入した。

四四四年（訥祇二八年）四月、倭兵が金城を十日間囲んだが、食糧が尽きて帰って行った。王は兵を出してこれを追撃しようとした。しかし、左右の者たちは、「兵家の説は『窮している敵は追うな』といいます」といったが、王は聞かず、数千余騎を率いて、獨山の東に追いつめ合戦に及んだ。そのため賊に敗れ、将士の死者は過半数になった。王はあわてて馬を棄て、山にのぼったが、賊はこれを数重に取り囲んだ。その時、突然霧が発生し、一尺先も見えなくなった。

賊は陰（神）の助けがあるのだろうと兵を収め退帰した。

四五九年（慈悲《ザビ》二年）四月、倭人が兵船百余艘をもって東辺を襲撃し、進んで月城を囲んだ。四面から矢や石が雨のごとく降り注いだ。王城はよく守り、賊が撤退しようとした時に、出兵、これを襲撃し敗走させた。追って北から海口に至ると、賊の溺死者は過半数に及んだ。

四六二年（慈悲五年）五月、倭人が活開城を襲って破り、一千人を捕虜として連れ去った。

四六三年（慈悲六年）二月、倭人が歃良城を侵したが、克てず退却した。王は伐智と徳智に命じ、兵を統率して待ち伏せし、要撃してこれを大敗させた。王は、倭人がしばしば領土を侵すので、縁辺に二城を築いた。

四七六年（慈悲十九年）六月、倭人が東辺に侵入したので、王は将軍徳智に命じ、これを攻撃し敗走させた。

二百余人を殺したり、捕虜にした。

四七七年（慈悲二十年）五月、倭人が兵をあげ五道を犯したが、功なくおわり還っていった。

四八二年（照知《ビチ》四年）五月、倭人が辺境を侵した。

四八六年（照知八年）四月、倭人が辺境を犯した。

四九七年（照知十九年）四月、倭人が辺境を犯した。

五〇〇年（照知二二年）三月、倭人が長峯鎮（慶州の東）を攻めて陥落させた。

六六二年（文武《ムンム》二年）正月、唐は王を「開府儀同三司上柱国楽浪郡王新羅王」に冊封した。

六六三年（文武三年）四月、唐は、わが国を鶏林大都督府とし、王を「鶏林州大都督」に任じた。

六七〇年（文武十年）十二月、倭国が国号を「日本」と改めた。自ら日の出る所に近いから、これをもって名づけたと言っている。

六九八年（孝昭七年）三月、日本国使が来たので、崇禮殿で引見した。（『続日本紀』には六六七年、新羅使、一吉飡金弼徳、副使奈麻、金任想らが日本に来たことが記されているが、新羅へ使いを送ったことは記されていない）

七〇三年（聖徳《ソンドク》二年）七月、日本国使が来た。総勢二百四名であった。（『続日本紀』大宝三年九月、従五位下波多朝臣広足を新羅大使として遣わす）

七二二年（聖徳二一年）十月、日本の賊の進路を遮断するため、毛伐郡城を築いた。

七三一年（聖徳三〇年）四月、日本国兵船三百艘が海を越えて我が東辺を襲った。王は将兵を出動させて、これを大破した。

七四二年（景徳《キョンドク》元年）十月、日本国使が来たが、受け付けなかった。

七五三年（景徳一二年）八月、日本国使が来たが、高慢で無礼であったので、接見しなかったところ、ただちに還っていった。

八〇二年（哀荘《エジャン》三年）十二月、均貞に大阿飡の位を授け、仮の王子とし、倭国の人質としようとしたが、均貞はこれを辞退した。

八〇三年（哀荘四年）七月、日本と修好して友好関係を結んだ。

八〇四年（哀荘五年）五月、日本国が遣使を送って来て、黄金三百両を進上した。

八〇八年（哀荘九年）二月、日本国使が来たので、王は厚い礼でこれを待遇した。

八六四年（景文《キョンムン》四年）四月、日本国使が来た。

八七八年（憲康《ホンガン》四年）八月、日本国使が来たので、王は朝元殿で引見した。

八八二年（憲康八年）四月、日本国王が遣使を送ってきて、黄金三百両と明珠十個を進上した。

『三国史記』百済本紀

一六六〜二一四年　肖古《ソコ》王

二一四〜二三四年　仇首《クス》王（肖古王の長男）

二三四〜二八六年　古尓《コイ》王

二八六〜二九八年　責稽《チエクケ》王（古尓王の子）

二九八〜三〇四年　汾西《ブンソ》王（責稽王の長男）

三〇四〜三四四年　比流《ビル》王（仇首王の次男？）

三四四〜三四六年　契《ケ》王

三四六〜三七五年　近肖古《クンソコ》王（比流王の次男）

三七五〜三八四年　近仇首《クンクス》王（近肖古王の子）

三八四〜三八五年　枕流《チムル》王（近仇首の長男）

三八五年　辰斯《ジンサ》王（枕流王の弟）即位

三九二年（辰斯八年）七月、高句麗王談徳（広開土王）兵四万を率いて百済北辺を攻め、石峴等十余城を陥落させた。十月、関弥城も陥落させた。

三九二年（阿莘元年）十一月、阿莘《アシン》王即位（枕流王の長男）

三九五年（阿莘四年）八月、王は左将の真武らに命じ、高句麗を征伐させたが、高句麗王談徳は親《みず》から浿水の河辺に陣を引き防戦した。我が軍は死者八千人の大敗をした。十一月、浿水の役の報復をしようと、王みずから兵七千を率いて漢水を過ぎ、青木嶺（開城付近）の下に至ったが、大雪の為、凍死者が多数出たため、軍を漢山城に廻し、軍士をねぎらった。

三九七年（阿莘六年）五月、王は倭国と友好を結び、太子の腆支を人質に出した。

四〇二年（阿莘十一年）五月、使を倭国に遣わし、大珠を求めた。

四〇三年（阿莘十二年）二月、倭国の使者が来たので、その労に特に厚く迎えた。

四〇五年（阿莘十四年）九月、阿莘王が亡くなった。

王の二番目の子訓解が摂政をしながら腆支の帰国を待っていたが、末弟の碟禮が訓解を殺し王位についた。腆支は倭国にあって、訃報を聞き、哭泣して帰国を請うた。倭王は兵士百人を護衛につけて送った。

国境に至った時、漢城の人の解忠が「大王の死後、王弟の碟禮が兄を殺して自ら立っています。軽々しく入国しないように」と願い出た。腆支は倭兵を留め置き自衛しながら海島で待つと、国人が碟禮を殺し、腆支は迎え入れられ即位した。

四〇九年（腆支五年）倭国は使いを遣わして夜明珠を送ってきた。王はこれを優礼でもって接待した。

四一八年（腆支十四年）夏、倭国に使いを遣わし、白綿十匹を送った。

四二〇年三月、久尓辛《クイシン》王即位（四二七年十二月没）

四二八年（毗有《ビユ》二年）倭国より使者が来た。従者は五十人であった。

四五五年三月、蓋鹵《ケロ》王即位（毗有王の長男）

四七五年（蓋鹵二十一年）九月、高句麗軍に漢城を囲まれ、脱出するも捕まり殺害された。新羅に救援を求めに行っていた子の文周《ムンジュ》王が即位。都を熊津《コムナル》（公州）に遷す。

四七七年九月、文周王が佐平の解仇の暗殺され、文周王の子三斤《サムクン》王（十三歳）即位。

四七九年十一月、三斤王が没し、東城《トンソン》王（諱は牟大）即位（文周王の弟、昆支の子）

五〇一年十二月、東城王が没し、次男の武寧《ムノン》王（諱は斯摩）即位。

五二三年五月、武寧王が没し、子の聖《ソン》王（諱は明穠）即位。

五三八年（聖王十六年）春、都を泗沘《サビ》（扶余）へ移した。国号を南扶余とした。

五五四年七月、聖王が没し、第一子の威徳《ウイトク》王（諱は昌）即位。

六〇八年（武《ム》王九年）三月、隋の文林郎裴清は倭国に奉使するのに、わが国の南路を経て行った。

六五三年（義慈《ウイジャ》十三年）八月、王は倭国と友好を通じた。

六六〇年六月、唐軍の蘇定方は兵十三万を統率し、新羅軍五万と連合して百済攻撃を開始。百済王義慈は奮戦したが、泗沘城を囲まれ離反者も出て唐軍に降伏、唐に送られた。唐の高宗は、義慈を責めたがその後許し、子の扶余隆には司稼卿をあたえた。義慈は唐で没した。

　武王の甥の福信は倭国に人質として行っていた扶余豊を王として迎え反撃を試みた。福信の軍は新羅・唐軍と各地で戦ったが、次第に福信の横暴が激しくなり、ついに扶余豊は福信を殺害した。扶余豊は倭国と高句麗に兵を請うたが、六六二年、白江で援軍の倭軍が船四百隻を焼かれ大敗を喫し、扶余豊は行方不明となった。唐軍からは扶余隆も参戦した。扶余隆は後に、唐から熊津都督帯方郡主に任じられたが、既にそこは新羅の勢力圏になっていて帰国することができず、高句麗に寄留し、そこで没した。

■参考文献

『古事記』倉野憲司校注、岩波書店、一九六三年
『古事記』(上・中・下)全訳注次田真幸、講談社、一九八〇年
『日本書紀』(一・二)坂本太郎・家永三郎・井上光貞・大野晋校注、岩波書店、二〇〇三年
『日本書紀』(上・下)全現代語訳宇治谷孟、講談社、一九八八年
『倭国伝』全訳注藤堂明保・竹田晃・影山輝國、二〇一〇年
『三国史記』金富軾著・金思燁訳、明石書店、一九九七年
朝尾直弘『岩波講座　日本通史』第二巻古代1、岩波書店、一九九三年
寺澤薫『日本の歴史02　王権誕生』講談社、二〇〇〇年
原田大六『悲劇の金印』学生社、一九九二年
森浩一編『三世紀の考古学　中巻　三世紀の遺跡と遺物』学生社、一九八一年
高島忠平「東アジアと倭の政治」(季刊『邪馬台国』一二九号、梓書院、二〇一六年)
奥野正男『邪馬台国はここだ』梓書院、二〇一〇年
谷川健一・金達寿共著『地名の古代史』河出書房新社、二〇一二年
柳田康雄『伊都国を掘る』大和書房、二〇〇〇年
柳田康雄「伊都国王墓が語るわが国の誕生」(『伊都国フォーラム「伊都国から日本の古代を考える」伊都国女王と卑弥呼』糸島市教育委員会、二〇一五年)
安本美典『封印された邪馬台国』PHP出版、一九九九年
寒川旭『地震の日本史』増補版、中央公論社　二〇一一年
「森浩一の古代史・考古学」(深萱真穂・『歴史読本』編集部編、KADOKAWA、二〇一四年)
松本清張『吉野ヶ里と邪馬台国』NHK出版　一九九三年
奥野正男『邪馬台国の東遷』梓書院、二〇一二年
梶原大義『伊都国の興亡』東洋出版、二〇〇四年
高島忠平「弥生のクニを育んだ母なる大地」(高島忠平・森浩一編『吉野ケ里』朝日新聞社、一九八九年)
安本美典「邪馬台国は東遷した」(荒木博之・奥野正男編『邪馬台国は東遷したか』三一書房、一九九四年)
古田武彦『邪馬台国はなかった』朝日新聞社、一九九二年
古田武彦『よみがえる九州王朝』ミネルヴァ書房、二〇一四年
森浩一『語っておきたい古代史』新潮文庫、二〇〇一年

藤尾慎一郎『九州の甕棺墓　弥生時代甕棺墓の分布とその変遷』国立歴史民族博物館報告書二一集、国立歴史民族博物館、一九八八年
高橋忠平「九州地方説」（歴史読本編集部編『ここまでわかった！　邪馬台国』新人物往来社、二〇一一年）
宮崎康平『まぼろしの邪馬台国』講談社、二〇〇八年
松本清張『松本清張の日本史探訪』角川文庫、一九九九年
西谷正『魏志倭人伝の考古学』学生社、二〇〇九年
古田武彦『古代の霧の中から』徳間書店、一九八五年
平野邦雄編『邪馬台国』吉川弘文館、一九九八年
斎藤国治『古天文学への道』原書房、一九九〇年
安本美典『倭王卑弥呼と天照大御神伝承』勉誠出版、二〇〇三年
安本美典『邪馬台国はその後どうなったか』廣済堂出版、一九九二年
水野祐『古代日本を統一したのはだれか！　大和王朝成立の秘密』ベストセラーズ、一九九二年
井沢元彦『逆説の日本史1　古代惣明編封印された［倭］のなぞ』小学館、一九九三年
安本美典『倭の五王の謎』廣済堂出版、一九九二年
安本美典『大和朝廷の起源』勉誠出版、二〇〇五年
河村哲夫『神功皇后の謎を解く　伝承地探訪録』原書房、二〇一三年
佐藤正義「『筑前国続風土記』等における神功皇后伝承」（季刊『邪馬台国』九七号、梓書院、二〇〇八年）
古田武彦『古代史の宝庫』朝日新聞社、一九九七年
鷲崎弘朋『邪馬台国の位置と日本国家の起源』新人物往来社、一九九六年
安本美典『卑弥呼と邪馬台国』ＰＨＰ出版、一九八三年
関川尚功「考古学からみて邪馬台国大和説は成り立つか」（季刊『邪馬台国』一二九号、梓書院、二〇一六年）
関裕二『なぜ饒速日命は長髄彦を裏切ったのか』ＰＨＰ研究所、二〇一一年
志村裕子『筑紫の自然と神々』（季刊『邪馬台国』一二九号、梓書院、二〇一六年）
橋本輝彦・白石太一郎・坂井秀弥『邪馬台国からヤマト王権へ』ナカニシ屋出版、二〇一四年
石野博信「ヤマト王権の成立と伊都国」（「伊都国フォーラム『伊都国から日本の古代を考える』伊都国女王と卑弥呼　王権誕生の軌跡を追う」糸島市教育委員会、二〇一五年）
森浩一『考古学と古代日本』中央公論社、一九九四年
関裕二『古代史の秘密を握る人たち』ＰＨＰ研究所、二〇〇

一年
水野祐『評釈魏志倭人伝』雄山閣出版、一九八七年
上田正昭『上田正昭著作集2　古代国家と東アジア』角川書店、一九九八年
直木孝次郎『直木孝次郎古代を語る5　大和王権と河内王権』吉川弘文館、二〇〇九年
熊谷公男『日本の歴史03　大王から天皇へ』講談社、二〇〇一年
金達寿『日本古代史と朝鮮』講談社、一九八五年
森公章『倭の五王』山川出版社、二〇一〇年
古田武彦『古田武彦の古代史百問百答』ミネルヴァ書房、二〇一五年
板楠和子「乱後の九州と大和政権」（小田富士雄編『古代を考える磐井の乱』吉川弘文館、一九九一年）
赤城毅彦『「古事記」「日本書紀」の解明　作成の動機と作成の方法』文芸社、二〇〇六年
古田武彦『失われた九州王朝』ミネルヴァ書房、二〇一〇年
梅原猛『海人と天皇』小学館、二〇〇二年
加藤徹『漢文の素養』光文社、二〇〇六年
森博達『日本書紀の謎を解く』中央公論社、一九九九年
三笠宮崇仁編「日本民族の形成」（『日本のあけぼの　建国と紀元をめぐって』光文社一、九五九年）
亀井孝・大藤時彦・山田俊雄編『日本語の歴史1　民族のことばの誕生』平凡社、二〇〇六年
吉井巌『天皇の系譜と神話1』塙書房、一九六七年
宇佐公康『宇佐家伝承　古伝が語る古代史』木耳社、一九九〇年
関裕二『応神天皇の正体』河出書房新社、二〇一二年
篠原俊次「『魏志』「倭人伝」の里程単位」（季刊『邪馬台国』三五号、梓書院、一九八八年）
古田武彦『邪馬壹国の論理』ミネルヴァ書房、二〇一〇年
古田武彦『邪馬壹国の証明』角川書店、一九八〇年
古田武彦『日本古代新史』新泉社、一九九三年
白鳥庫吉「卑弥呼問題の解決」（『白鳥庫吉全集第一巻』岩波書店、一九六九年）
谷本茂「『周髀算経』の里単位について」（季刊『邪馬台国』三五号、梓書院、一九八八年）
市毛勲『朱の考古学』雄山閣出版、一九九八年
森浩一『倭人伝を読みなおす』筑摩書房、二〇一〇年
森浩一『古代史おさらい帖』筑摩書房、二〇一一年
井上秀雄『古代朝鮮』講談社、二〇〇四年
佐原真『魏志倭人伝の考古学』岩波書店、二〇〇三年

辰巳和弘『古墳の思想』白水社、二〇〇二年
小笠原好彦「首長居館遺跡からみた家屋文鏡と囲形埴輪」(『日本考古学』九巻十三号、日本考古学協会、二〇〇二年)
洪漕植資料「三國時代　加耶・百済と倭」(国際学術シンポジウム『考古学からみた日韓交流の実像』二〇一五年十月十一日、於佐賀県立名護屋城博物館)
「奴国の丘歴史資料館常設展示図録」春日市教育委員会、二〇〇五年
「伊都国歴史博物館　常設展示図録」伊都国歴史博物館、二〇一一年

おわりに

以上、魏志倭人伝に示す塞曹掾史張政は、有能な軍師として働いたとし、その経緯を主に「考古学の成果」と日本での唯一の文献である『日本書紀』『古事記』から求め、また「記紀」の原資料を厩戸皇子と蘇我馬子が作成したという『帝紀』『国記』等であると想定して、その後の展開を推量した。その結果、卑弥呼から天武天皇まで、今まで謎とされていたところの、邪馬台国の所在地、卑弥呼死後の台与への引継ぎ、天孫降臨と宮崎高千穂の関係、神功皇后の九州内での伝説の多さ、応神天皇がなぜ重要視されるか、継体天皇にまつわること、倭の五王について、歴史が繋がるストーリーを作り上げることができた。

特に、あまり取り上げる人がいないが、現在にまではっきりと伝わっている三つの事柄の説明は重要と考える。①伊勢神宮の祭神の天照大神とは誰のことか。②神武天皇はなぜ軽視されてきたのか。③八世紀、宇佐神宮はなぜ天皇に神託を出せる権威があったのかである。

天照大神が「卑弥呼＋台与」であれば、考古学的にも、『魏志』倭人伝などの文献学的にも説得力があり、それ以上の説明はいらないであろう。神武天皇が台与の臣下の将軍的人物であれば、後に重要視されなかったことの説明になる。また、宇佐神宮が卑弥呼・応神・台与の墓であるなら、天皇家がそこから出される神託に神妙なのは当然である。以上のことが、否であるなら、多くの人に納得がいくような十分な説明が必要である。

また、倭人伝にいう伊都国の所在地、一大率についても言及した。

思うに、日本の歴史書に建国の偽りを入れたのが厩戸皇子であり、『魏志』倭人伝の資料となる倭国の報告書に偽りを入れたのが張政ということになった。厩戸皇子は中国に対して強烈な対抗意識を持っていたため、倭国の建国を中国とほぼ同じ紀元前七世紀に設定しようとしたのであり、張政は己の業績を喧伝するため倭国の位置をあたかも呉の東にあるかのようにみせかけた。陳寿は張政に好感を持てず、倭人伝の最後で張政の働きを全く伏せてしまった。

張政が台与を次期女王に指名し、その子孫が国の最高権威者として現在まで続いていることから、倭国は中国の従属国であったと考える人がおられるかもしれないが、それは「否」である。張政は、最初豊国の男王を次期王に指名した。ところが倭国内の反対により台与を指名し直すことを余儀なくされたのだ。卑弥呼や台与は巫女である。神に、これから行うことの正否の判断を伺う役目の人である。中国にそのような習慣はなく、倭国独自のもので、その人を最高権威者としているのだ。

日本は、地震、それに伴う津波、火山の爆発、毎年のように襲ってくる台風による水害、風害、伝染病など、人間の努力では克服できない自然災害がたくさんある。古代においては、そのような災害は神がもたらすと考え、災害をもたらさないように祭祀を行うことは、政治の上でも最重要行事であった。国の安泰を願う祭祀を行う最高権威者である祭祀王として卑弥呼や台与は登場したのだ。これは中国の指図ではない。しかし、台与は中国側から指名されている上に、始祖卑弥呼を祀る巫女である。したがって、倭国内で彼女あるいはその子孫を他の者と交代させることはできない。中国皇帝の指示に背き、神の命に背くことになるからだ。

また、七世紀に入り、厩戸皇子は「日の出る処の天子、日の沈む処の天子に書を送る。つつがなきや」という書を奏上し、対等交渉を求め、中国の皇帝を怒らせたが結局認めさせている。

もとより、筆者は古文・漢文も読めない浅学・薄識の身で調べた研究文献も少なく、孫引きも多い。しかし、それがかえって大胆な発想ができるという利点を生み出す。いわば、「知らぬが仏」という類である。あまり知りすぎると、特に権威ある大先輩の見識をうかがってしまうと、なかなかそれから脱却することができない。できるだけフリーな立場でゼロから出発することが肝要と考えている。

このストーリーは、あくまで推量であって、真実を証明したものではない。仮説として使った資料、特に『日本書紀』『古事記』のみならず、中国の文献においても信憑性に問題があるからである。また、考古学的知見も、年代比定は研究者によって五十から百年の幅があるし、纏向遺跡の発掘は、まだほんの一部だという。これから発見される事実によっては、考えを変えなければならない事態も十分考えられる。年代の細かな比定はまだ困難な状況にあるようだ。

理工系の事柄であれば、この推量から実現される物をつくるか、ある実験をして万人が納得する結果を出せばよいのだが、歴史の推量ではそれができない。唯一それを証明する物が発掘されることを待つのみである。それも、例えば「親魏倭王」の金印が墓から発見されたとしても、その墓がただちに卑弥呼の墓と断定することはできない。金印は移動させることができる。受け継いだ台与の墓かもしれないし、何代かあとの王の墓かも知れない。書類が最も説得性があると思うが、その発見はかなり難しいのではないか。

同じ資料でも、異なる仮説に基づいて解釈すれば別のストーリーが出来上がるかも知れない。

本書は、素人の妄想という観点で、古代史に興味をお持ちの方の一興になれば幸いである。

歴史学の基礎に疎い者の書であるから、基本的な誤りもあるかと思う。ご指摘いただければありがたい。

この謎解きの思考をしている間に、二人の研究者が亡くなられた。

古田武彦氏（〜二〇一五年十月十四日）は、「邪馬台国はなかった」「九州王朝説」など、それまでの通説をくつがえされた。その反論に対し、中国の資料など膨大な資料調査を行い再反論されている。その資料調査にどれだけの時間と労力を費やしたかを想像するとき、畏敬の念を禁じ得ない。

森浩一氏（〜二〇一三年八月六日）は、比較的フリーな立場から発想されており、そのご意見は筆者にはもっとも説得力をもって受け入れることができた。ご自分のことを「僕」と記されていることにも、親しみがわいた。氏追悼の書『森浩一の古代史・考古学』（深萱真穂・『歴史読本』編集部編、ＫＡＤＯＫＡＷＡ）に、映画監督の篠田正浩氏に「張政にウエイトをおいてドラマ化できないか検討して下さい」と伝えていたことが載っている。想像たくましく物語を創っても支障のない人に『魏志』倭人伝の謎解きを依頼されたようにもとれる。アマチュアは気が楽である。どのようなことを書いても、面白がられるか、無視されるかで、頭から信じる人など皆無なのだから。

お二人には面識どころか講演会でご尊顔を拝することもなかったのではあるが、その著書は随分参考にさせてもらい、感銘をうける箇所があった。

両氏の御冥福を祈ります。

本書の出版が決まり、第一回の校正がおわったところで、森浩一氏の『倭人伝を読みなおす』（筑摩書房）を初めて知り購入した。いくつか本文に引用加筆したが、この書には、文字の使用は既に卑弥呼の時代から一部始まっていたであろうこと、「卑弥呼以死」の「以って死す」の意味が明確に「それがため死んだ」という意味であること（この論をはじめに唱えたのは市井の古代史研究者の阿部秀雄氏であることも明記しておられる）、邪馬台国の所在地については「八女周辺」とする真野和夫氏の著『邪馬台国論争の終焉』を称賛されていること、そして、張政の働きについては「張政が主導して、卑弥呼を廃し、狗奴国王を倭国の王に推そうとしたが反対が多くあきらめ、卑弥呼の宗女台与に倭王を継がせた」という阿部氏の説に賛同し、さらに台与に東方への遷都を命じたのではないかと言われている。また、「漢代の中国では墓を身分ごとに規制するさい重視されたのは墳高である」という記事がある。卑弥呼の墓を造るとき帯方郡から来た張政が指導したとすると墳高の高い墓を造るために小山の上に土を盛り山全体を墓と見立てることをしたのではないか。そうならば宇佐神宮亀山はそれにぴったりと合うことになる。

この書を早くに知っていれば、筆者は「卑弥呼以死」などで、あまりもたつかなくてもよかったと思う一方、尊敬する氏の考えを知ってしまったら、その考えが脳裏に強く残り、張政の仕事の推察にはかえって障害になり、遠回りをすることになったのではないかと思う。今は知らなかったことが幸いしたように思っている。

また、最終校正の前に『宇佐家伝承　古伝が語る古代史』（木耳社）を見ることになったのも大きかった。

最後に、本書の考古学的知見は、寺澤薫氏の『王権誕生』（講談社）と安本美典氏の数冊の書によるところが多かった。あらためて両氏に敬意を表する次第である。

二〇一八年十一月吉日

田口紘一

田口紘一（たぐち　こういち）
1942 年生まれ。1964 年，熊本大学工学部機械工学科卒業。九州大学工学部を経て国立有明工業高等専門学校勤務。工学博士。国立有明工業高等専門学校名誉教授。退職後に古代史の謎解きに興味をもつ。共著に『精密加工学』（コロナ社），『ドリル・リーマ加工マニュアル』（大河出版）がある。
福岡市在住。

「記紀《きき》」から読《よ》み解《と》く
『魏志《ぎし》』倭人伝《わじんでん》とその後《ご》の倭国《わこく》
軍師《ぐんし》張政《ちようせい》の策《さく》と卑弥呼《ひみこ》、そして天孫降臨《てんそんこうりん》

■

2019年2月1日　第 1 刷発行

■

著者　　田口　紘一
発行者　　杉本　雅子
発行所　有限会社海鳥社
〒 812 - 0023 福岡市博多区奈良屋町 13 番 4 号
電話092(272)0120　FAX092(272)0121
http://www.kaichosha-f.co.jp
印刷・製本　モリモト印刷株式会社
ISBN978-4-86656-042-7
［定価は表紙カバーに表示］